龙岩学院"奇迈书系"出版基金资助
龙岩学院重点学科应用经济学项目资助
龙岩学院产学研合作项目（LC2014014）资助
龙岩学院第四批教改项目（2017JY19）资助
福建省教育科学"十三五"规划项目（FJJKCG18-153）资助
福建省高等学校学科（专业）带头人培养计划海外访问学者项目资助

生态文明视野下的区域物流发展研究

郑国诜　著

中国矿业大学出版社

图书在版编目（CIP）数据

生态文明视野下的区域物流发展研究 / 郑国诜著
. —徐州：中国矿业大学出版社，2020.3

ISBN 978-7-5646-4529-8

Ⅰ.①生… Ⅱ.①郑… Ⅲ.①物流—经济发展—研究—中国 Ⅳ.①F259.22

中国版本图书馆 CIP 数据核字 (2019) 第 177910 号

书　　名	生态文明视野下的区域物流发展研究
著　　者	郑国诜
责任编辑	徐　玮
出版发行	中国矿业大学出版社有限责任公司
	（江苏省徐州市解放南路　邮编221008）
营销热线	(0516) 83884103　83885105
出版服务	(0516) 83995789　83884920
网　　址	http://www.cumtp.com　E-mail:cumtpvip@cumtp.com
印　　刷	湖南省众鑫印务有限公司
开　　本	787 mm×1092 mm　1/16　印张　14.75　字数　260 千字
印版印次	2020 年 3 月第 1 版　2020 年 3 月第 1 次
定　　价	78.00 元

（图书出现印装质量问题，本社负责调换）

前　　言

　　全面落实经济建设、政治建设、文化建设、社会建设、生态文明建设"五位一体"是我国现代化建设的总体布局。建设生态文明是中华民族永续发展的大计,是我国走生产发展、生活富裕、生态良好的文明发展道路的内在要求,是迈向人与自然和谐共生现代化征程的必然选择。大力推进生态文明建设必将要求各个地区、各行各业深入贯彻生态文明理念。

　　以生态文明理念指导区域物流实践,发展生态文明型物流,实现区域物流的绿色循环低碳转型,对促进区域经济和谐发展、创造国际可持续发展环境、提高区域生态文明建设水平、全面建成小康社会具有重要的理论与实践意义。基于此,本书以生态文明视野探讨区域物流发展问题。

　　第一章,阐述了本书的研究背景与意义,并对国内外的相关研究进展进行了论述。第二章,对作为理论基础的马克思物质变换和流通理论、现代物流理论、区域经济协调发展理论、生态文明理论进行了阐述。第三章,分析了区域物流的发展过程与特点,并从内涵、表现形态、系统结构、特征与功能等方面对生态文明型物流进行了理论探讨。第四章,分析了我国区域生态文明型物流发展存在的问题,并深入剖析制约我国区域生态文明型物流发展的原因。第五章,对发达国家发展区域生态文明型物流的经验进行了分析与阐述。第六章,指出生态文明型物流表现形态在区域的实践构成了区域生态文明型物流的基本发展模式,对生态文明型物流的基本发展模式以及融合了基本模式的区域生态文明型物流与生态文明经济互促发展的模式进行了阐述。第七章,为促进区域生态文明型物流发展模式的有效运行,对协调区域生态文明型物流相关主体的利益关系进行分析。第八章,为推动区域生态文明型物流发展,对我国构建生态文明制度体系、完善规划建设及其执行体系、构筑科技支撑体系、构造宣传教育与人才培养体系、健全国际竞争与合作机制等一系列保障措施进行阐述。第九章,对我国区域生态文明型物流的发展进行总结与展望。

  在本书的写作过程中,博士生导师廖福霖教授给予了悉心指导,李建平教授、祁新华教授、黄茂兴教授、戴双光教授提出了很多富有启发性的宝贵意见和建议。本书的出版,获得了龙岩学院"奇迈书系"出版基金和相关科研项目的资助,以及中国矿业大学出版社编辑的大力支持,在此一并谨致谢忱!

  因作者水平有限,书中难免有疏漏和不妥之处,敬请读者批评指正。

郑国诜
2019 年 2 月

目　　录

第一章　绪论 …………………………………………………………… 1
　　第一节　研究背景与研究意义 ……………………………………… 1
　　第二节　国内外相关研究进展 ……………………………………… 4
　　第三节　研究思路与研究方法 ……………………………………… 24
　　第四节　研究内容与结构安排 ……………………………………… 25
第二章　理论基础 ……………………………………………………… 26
　　第一节　马克思物质变换和流通理论 ……………………………… 26
　　第二节　现代物流理论 ……………………………………………… 31
　　第三节　区域经济协调发展理论 …………………………………… 38
　　第四节　生态文明理论 ……………………………………………… 40
第三章　区域物流发展趋势分析 ……………………………………… 44
　　第一节　区域物流的发展过程与特点分析 ………………………… 44
　　第二节　生态文明型物流诠释 ……………………………………… 47
　　第三节　区域生态文明型物流是区域物流的发展趋势 …………… 56
第四章　我国区域生态文明型物流发展存在的问题与原因 ………… 75
　　第一节　我国区域生态文明型物流发展存在的问题 ……………… 75
　　第二节　我国区域生态文明型物流发展存在问题的原因 ………… 102
第五章　发达国家区域生态文明型物流发展经验借鉴 ……………… 108
　　第一节　发达国家发展区域生态文明型物流的政策与措施 ……… 108
　　第二节　发达国家发展区域生态文明型物流的成效分析 ………… 116
　　第三节　发达国家区域生态文明型物流发展经验对我国的启示 … 133
第六章　区域生态文明型物流的发展模式 …………………………… 145
　　第一节　区域生态文明型物流的基本发展模式 …………………… 145
　　第二节　区域生态文明型物流与生态文明经济互促发展模式 …… 151

第七章　协调区域生态文明型物流相关主体的利益关系 …… 177
第一节　区域生态文明型物流相关主体的利益关系分析 …… 177
第二节　区域生态文明型物流相关主体的利益关系协调 …… 184

第八章　我国发展区域生态文明型物流的保障措施 …… 194
第一节　构建生态文明制度体系 …… 195
第二节　完善规划建设及其执行体系 …… 200
第三节　构筑科技支撑体系 …… 203
第四节　构造宣传教育与人才培养体系 …… 205
第五节　健全国际竞争与合作机制 …… 207

第九章　结论与展望 …… 210
第一节　主要结论 …… 210
第二节　不足与展望 …… 212

附录 …… 214
附录1　区域绿色（生态文明型）物流问卷调查 …… 214
附录2　我国现代物流业发展相关的主要政策文件 …… 219

参考文献 …… 225

第一章 绪 论

第一节 研究背景与研究意义

我国在社会主义建设中取得了显著成就,特别是最近40年来,经济都以高速或中高速增长,经济总量已在2010年跃居世界第二位,创造了世界奇迹,但负面影响也不容忽视。据统计,我国每年因环境污染、生态破坏而造成的经济损失至少为4 000亿元。面对资源能源紧缺、环境污染严重、生态系统退化的严峻形势以及发展中不平衡、不充分、不协调、不可持续的问题,建设生态文明成为必然选择,也已经成为国家的发展战略。2007年,建设生态文明进入中国共产党第十七次全国代表大会政治报告,2011年成为国民经济和社会发展第十二个五年规划纲要的重要内容。2012年中国共产党第十八次全国代表大会政治报告对推进生态文明建设作出了全面的战略部署,提出努力走向社会主义生态文明新时代,确立了生态文明建设的突出地位,明确了生态文明建设的目标,指明了建设生态文明的现实路径。2017年中国共产党第十九次全国代表大会政治报告提出:建设生态文明是中华民族永续发展的千年大计,建设美丽中国,为人民创造良好生产生活环境,为全球生态安全作出贡献。

建设生态文明是关系人民福祉、关乎民族未来的长远大计。大力推进生态文明建设必然要求生态文明的研究不但要回答"生态文明是什么,做什么"的问题而且要系统回答"怎么做"的问题,不仅要理清生态文明的理论问题,更应尽快更好地落实到实践层面以解决现实问题。研究方向是深化细化,增加对具体区域和具体领域实现路径与目标的关注,从宏观进一步落实到中观和微观的层面,让生态文明理念进一步转化为行动力和生产力。在生态文明建设中,要求生态文明理念对不同地区、不同产业的实践起指导作用,区域物流发展也一样需要其指导。因此,在生态文明视野下探讨区域物流发展,把生态文明理念贯彻到区域物流实践,实现区域物流的绿色循环低碳转型,对促进区域经济全面协调可持续、创造国际可持续发展的环境、提高区域生态文明建设水平、全面建成小康社会,为把我国建成富强民主文明和谐美丽的社会主义现代化强国奠定坚实基础具有重要的理论与实践意义。

第一,在生态文明视野下探讨区域物流实践对实现区域物流的绿色循环低碳转型具有重要的理论与现实意义。"重生产轻物流"的现象在我国一向比较严重,对生产物流的重视不够,把物流发展与生产生活方式的绿色循环低碳转型相结合更是欠缺。我国国土面积广阔,区域地理条件与经济社会发展差异明显,区域分工具有较大的互补性,在此基础上形成对区域物流的较大需求。然而,物流渠道不畅,使得大量商品滞销,"增产不增收"的现象常常出现,造成资源的不必要浪费;由于地方保护主义,难于形成按经济区发展需要的经济布局,区域分工因而难以发挥比较优势,资源配置不够优化的现象也大量存在,对区域物流的发展造成不良影响。此外,区域物流发展过程中利益关系不协调、破坏生态环境,影响可持续发展的现象也不少。本书在生态文明视野下探讨区域物流发展,提出发展生态文明型物流的观点,通过问卷调查对我国生态文明型物流发展存在问题的原因进行了分析,同时借鉴发达国家发展生态文明型物流的经验,结合我国实际设定区域生态文明型物流发展的阶段性目标,并从发展模式、利益关系协调、保障体系建设等方面探讨了我国区域生态文明型物流实践的战略措施,对指导区域物流的绿色循环低碳转型具有一定的理论与现实意义。

第二,区域物流的绿色循环低碳转型有利于促进区域经济全面协调可持续发展。促进区域经济协调发展,缩小区域间的发展差距,是我国经济社会发展的一个重要原则。区域经济协调发展实践的实质是处理好区域经济公平与效率的关系。我国在寻求区域经济公平和效率的道路上,大致经历了三个阶段性发展过程:1949年后到改革开放期间的30年左右追求均衡公平发展,改革开放初期开始重视效率与公平的问题,现在正朝效率与公平相协调的目标转变。2001年,《中华人民共和国国民经济和社会发展第十个五年计划纲要》明确指出,加快中西部地区发展,合理调整地区经济布局,促进地区经济协调发展。"十一五"期间进一步提出了促进地区协调发展的战略布局,推进区域间公共服务均等化、在产业发展上体现各区域的比较优势、在区域间关系上形成优势互补良性互动的机制成为区域经济协调发展的三个重点。2011年颁布的"十二五"规划纲要强调区域基本公共服务均等化、区域发展总体战略和主体功能区战略的实施,重视区域发展和谐关系的构筑。在注重效率与公平相协调的发展阶段,区域必须树立绿色循环低碳发展理念,加强合作与联系,增加贸易往来,提高资源能源利用效率,提高生态文明水平,而这一切都与发展区域物流紧密相关。区域物流对提高区域经济联系、改善区域投资环境、优化区域经济结构具有重要作用。我国"十一五"规划明确提出要大力发展现代物流业,加强物流基础设施整合,建设大型物流枢纽,发展区域性物流中心。国家"十二五"规划进一步指出要优化物流业发展的区域布局,提高物流效率,降低物流成本。国家"十三五"规划在"坚持创新发展,着力提高发展质量和效益"那部分指出推进产业组织、商业模式、供应链、物流链创新,支持基于互联网的各类创新。在各项政策的大力推动之下,随着经济社会的不断进步,我国物流业呈现大发展、大繁荣的局面。"十一五"期间,我国社会物流总额年均增长21%,物流业增加值年均增长16.7%。"十二五"开局之年2011年,全国物流业增加值同比增长13.9%,物流业增加值占服务业增加值的比重达到15.7%,占GDP的比重达到6.8%。在经济下行压力不断加大的情况下,我国物流业保持了中高速增长,社会物流总额"十二五"期间年均增长8.7%。"十三五"开局之年2016年,物流业总收入7.9万亿元,比上年增长4.6%;2017年物流业总收入8.8万亿元,比上年增长11.4%。随着区域经济与全球经济一体化进程的加快以及各国对发展绿色循环低碳经济的重视,通过建设现代物流网络、发展区域物流已经被认为是改善区域投资环境、提高区域经济合作水平的重要手段。区域物流因为重视协调参与各方的利益而有助于降低中间环节流通成本,在提升产业竞争力的同时有利于协调区际关系。因此,在生态文明理念指导下大力发展区域物流,实现区域物流的绿色循环低碳转型是增强区域竞争力的客观需要,符合经济社会可持续发展战略的要求,有利于促进区域经济全面协调可持续发展。

第三,区域物流的绿色循环低碳转型有利于创造国际可持续发展的环境。发展水平差异较大的区域经济和"摊大饼"式的城市发展格局,机动车的大量频繁运行及粗放的区域物流经营方式,对我国大气中悬浮颗粒物、二氧化碳、二氧化硫、氮氧化物持续增长产生重要影响,加之我国能源利用效率又比较低,单位GDP的能耗是日本的7倍、美国的6倍,甚至是印度的2.8倍,目前已经超过美国成为全球最大的温室气体排放国,因此在节能减排、应对全球气候危机上面临越来越多的国际压力。随着世界经济格局的变化,发达国家不愿继续遵循共同但有区别的责任原则,提出让我国承担更多义务。国内外的现实迫使我国加快经济发展方式的转变,绿色循环低碳转型迫在眉睫。物流关系到生产、生活的方方面面,它本身就是资源能源消耗大户,也是节能减排、提高资源效率的重点领域。区域物流环节多且涉及面广,通过流程优化,提高节能减排的潜力和应对全球气候变化的能力,有利于创造国际可持续发展的环境。

第四,区域物流的绿色循环低碳转型有利于提高生态文明水平。对生态文明的探索和认识是一个与时俱进的过程,生态文明建设也是横向不断拓展、纵向不断深入、水平不断提高的过程。随着社会进步,生态文明理念将在各个领域、各个区域、各个行业、各个产业得到全面贯彻。物流涉及面广、产业关联度高,是建设生态文明的重要抓手。全国生态文明建设的持续推进必然落实到区域经济层面,促使生态文明经济的催生与发展,产生对区域物流的绿色循环低碳转型的需求,生态文明型物流得到不断发展,这又反作用于区域生态文明经济的发展,从而有利于提高整个区域的生态文明水平。

第五,区域物流的绿色循环低碳转型有利于全面建成小康社会目标的实现,并为把我国建成富强民主文明和谐美丽的社会主义现代化强国奠定坚实基础。全面建成小康社会目标包括经济、政治、文化、社会、生态文明等方面的内涵,其中优化结构、提高效益、降低消耗、保护环境、增强发展协调性、基本形成节约能源资源和保护生态环境的产业结构、增长方式、消费模式等内容涉及经济持续健康发展与民生持续全面改善的问题,也是与区域物流绿色循环低碳转型密切相关的问题。诸如污物异地转移偷排、有害废物跨国转移等损害民众健康和影响经济持续协调发展的现象都跟生态文明理念在区域物流贯彻不到息息相关。物流的绿色循环低碳转型有助于类似事件的消除,也有利于全面建成小康社会目标的实现,同时也能为把我国建成富强民主文明和谐美丽的社会主义现代化强国奠定坚实基础。

第二节 国内外相关研究进展

一、国外相关研究进展

(一)区域物流方面的相关研究

在物流领域的研究,欧美国家和日本更重视从企业层面出发,研究作为第三利润源泉的物流对于企业的战略意义。涉及区域物流的研究,则往往以经济全球化为背景,大多从跨国公司的角度或从企业为提高物流资源利用效率而成为供应链参与方的角度,研究物流市场竞争机制、政府的作用、物流信息化建设、物流基础设施布局与物流网络优化、物流对区域经济的影响等问题。

1. 从跨国公司和供应链的角度研究物流资源的配置和协调

物流是推动经济全球化和商品国际流动的一个重要因素。供应链管理是一个最近得到极大关注的领域,在当今的市场上,没有哪家企业可以无需涉及供应链管理而能够成功。Mazzarino 指出,全球物流管理战略将可能在全球范围内盛行,它的两个基本子要素(本地和全球)将起到决定性的作用,评估了全球物流管理战略对欧洲物流系统的影响[①]。Chen Mu-Chen 等指出,在全球竞争和利润微薄的背景下,企业采取的先进举措是通过供应链管理提高效率,而有效的供应链管理不是任何单一的企业可以实现的,需要对供应链合作伙伴的集成以形成一个虚拟实体[②]。Chen L 等指出,在当今环境下的竞争是供应链与供应链之间的竞争,供应链已被更实际地定义为一个网络,它把组织、资源以制成品和服务的形式创造和提供各种价值的活动联系起来[③]。企业为降低成本和快速响应市场变化,电子供应链(一种基于互联网的电子链接的高度集成的供应链)被视为取得竞争优势的途径之一,它已成为电子商务的物理维度。Ralf Elbert 指出,全球供应链的整体观引发的经济竞争使企业更专注于通过区域物流产业集群来解决相关问题。物流产业集群作为一种特定的跨组织形式因为诸如在网络和供应链中的合作优势而很快得到物流管理人员的认可。Ralf Elbert 对国家竞争优势的波特钻石模型进行修改以适用于区域层面,并把该模型用于不来梅物流产业集群的实证分析,说明物流产业集群如何提高有关企业的反应能力和灵活性,指出集群一方面可以让企业更有机会在物流过程和网络中采取变化措施以提高反应速度和灵活性,另一方面企业可以主动参与形成对自己有利的环境,两者都能够使企业的产出更有效或成本降低,从而提高企业自身的竞争地位。

2. 物流基础设施和物流网络对区域物流与区域经济的影响

物流基础设施和物流网络优化对区域物流与区域经济具有重要影响。从日本现代化的不同阶段可以发现,物流基础设施对区域物流和区域经济都具有积极作用。20 世纪 60 年代日本实行赶超战略,政府通过增加物流基础设施建设的投资,提高区域物流发展的信息化、自动化水平,促进了区域经济发展;赶超阶段之后,日本政府仍然重视物流基础设施建设,通过优化物流网络发挥区域物流活动对促进

---

① MAZZARINO M. Strategic scenarios of global logistics: what lies ahead for Europe? [J] European transport research review,2012(4):1-18.

② CHEN M C, CHANG H H, CHANG S C, et al. Development of manufacturer-retailer relationships through collaborative management: a case study[J]. International journal of innovation and technology management,2004,1(3):307-323.

③ CHEN L, LONG J, YAN T. E-supply chain implementation strategies in a transitional economy [J]. International journal of information technology & decision making,2004,3(4):563-574.

区域经济发展的作用。Melendez在分析拉美一体化的进程时发现,区域物流一体化和物流基础设施网络为区域一体化做出了巨大的贡献。Kodali等指出,在竞争性的供应链网络,设施选址包括制造工厂的所在地,被认为是供应链的设计决策和重大的资本投资,会对供应链绩效造成长期的影响[①]。Vittorio等以意大利向俄罗斯出口为例探讨物流网络优化的问题,指出面对俄罗斯物流配送的结构性问题,通过物流网络设计可以降低成本,且从长远来看是最适合的措施,强调充分结合多式联运设计新的物流网络是可供选项之一[②]。

3. 区域物流信息网络建设及其作用

区域物流信息网络建设具有必要性也可以发挥重要作用,Chen Mu-Chen等指出,供应链管理效率的提高就需要有保障的实时信息共享。Wu Hui等指出,区域物流信息资源的有效整合能够为区域物流企业的信息流、业务流和物流提供协同服务,也可以降低经营成本,提高市场反应能力[③]。Cachon通过实证研究发现,如果供应链参与方能够借助物流信息网络实现信息的充分交流,此供应链的整体成本跟只能通过订单联系的传统方式相比平均可以降低2.2%,最大可达12.1%[④]。美国由于信息技术的发展和比较成本优势的驱动,产品异地加工、装配、包装乃至分拨、配送、销售、转让等增值服务逐步成为物流服务的内容,物流服务的跨国经营也日益成风,国际物流公司逐渐增加。

4. 政府在区域物流中的作用

在区域物流发展中,政府需要代表公共利益并发挥其相应的作用。Kouvelis等指出,政府在物流基础设施的融资以及交通和区域交易规则的制定等涉及全球化供应链管理的主要因素中发挥重要作用[⑤]。Giannopoulos指出,多式联运进一步发展的模态合作运输物流通过特定准则或政策促进一个或多个最优目标(经济

[①] RAMBABU K, SRIKANTA R. Decision frame work for selection of facilities location in competitive supply chain[J]. Journal of advanced manufacturing systems, 2006(1):89-110.

[②] VITTORIO A T, MAZZARINO M. Optimal logistics networks: the case of Italian exports to Russia[J]. Transition studies review, 2010(16):918-935.

[③] WU H, SHANGGUAN X M. Regional logistics information resources integration patterns and countermeasures[J]. Physics procedia, 2012,25:1610-1615.

[④] 董尹.供应链信息一体化研究综述[J].科技情报开发与经济,2009,19(23):133-136.

[⑤] KOUVELIS P, ROSENBLATT M J. A mathematical programming model for global supply chain management: conceptual approach and managerial insights[C]. Supply Chain Management: Models, Applications and Research Directions, 2005.

效益、环境效益、服务效益、金融效率等)的实现,它包括区内、区域、全球三个层面,是希腊企业获得欧盟市场内部利益的一个非常重要的因素,对希腊整体经济也有很多明显的影响[①]。但希腊在模态合作运输物流上的做法还达不到欧洲平均的标准和要求,除非政府在硬的和软的基础设施建设、鼓励市场发展、教育培训等人力资源开发方面采取整体的具体行动,否则模态合作运输物流在希腊是没有前途的。Lai Allen Yuhung 等研究指出,东南亚是自然灾害多发地区,东南亚国家联盟需要建立一个被广泛接受的、中立的、协调良好且管理有效的区域内组织,比如灾难反应训练物流中心,以提供人道主义援助,该中心将支持通过所有的东盟各国政府的协议,但中心要得到有效运行,增强政府的参与和救灾区域一体化是不可缺少的[②]。东盟 2007 年 8 月签署了区域物流发展政策,Banomyong 等对应用于东盟物流发展的政策发表文章进行了解释[③]。美国 2011 年区域物流规划会议第一次把地方应急管理专业人员、各州和联邦政府、私人非营利部门召集在一起,探讨灾难物流的通用方法;区域物流规划侧重于确定全球物流标准,该标准是有效应急物流响应所需的核心战略。日本政府在突破本国物流瓶颈、发展区域物流、缩小地区经济差异中起到促进作用。考察德国经验,政府在物流中的作用主要表现有:做好物流的发展规划、建设和协调工作;强化物流中心、物流基础设施网络的建设;推动各种运输方式协调发展并形成综合运输网络;促进科研单位与咨询机构在物流技术研发作用的发挥;制定物流标准并督促企业在物流运行中具体实施;等等。

(二)生态文明型物流方面的相关研究

区域物流可持续发展日益引起西方研究者的关注。Murphy 等认为,企业对环境问题的重视最主要的原因是政府规制,物流活动比规划对执行环境政策起到更

---

① GIANNOPOULOS G A. The application of co-modality in Greece: a critical appraisal of progress in the development of co-modal freight centres and logistics services[J]. Transition studies review,2008(15):289-301.

② LAI A Y, HE J W, TAN T B, et al. A proposed ASEAN disaster response, training and logistic centre enhancing regional governance in disaster management[J]. Transition studies review,2009(16):299-315.

③ BANOMYONG R, COOK P, KENT P. Formulating regional logistics development policy: the case of ASEAN[J]. International journal of logistics: research and applications,2008,11(5):359-379.

重要的作用①。由于环境法规的日益严格,欧美一些国家的物流服务早已不局限于生产和消费之间的流通过程,已向前延伸到生产以前的计划和供应,向后延伸到消费后的废弃物处理和回收利用。Taniguchi 等对道路拥挤与环境污染的相互关系进行了研究②。Dablanc 等指出,运输物流活动对地区经济福祉的贡献已被公认,在面临重大的经济、环境和体制挑战的背景下,巴黎地区建立了运价协商制度,利用管理费影响更可持续的运输方式选择③。Bretzke 指出,为了使物流可持续,需要做较大的改变。如果物流仍然只是保证其他部门(特别是营销)的手段而忽视基本的相互依存关系,那么可持续依然无法实现,因此必须处理好以前没发现的公司各职能部门之间跨边界的多级链的因果关系④。Blanka 认为,可持续发展的要求及其原则在供应链的应用就是建立可持续的绿色供应链。绿色供应链管理是应对全球变暖的日益明显,社会和政府对环境问题越来越多敏感的绿色商业战略。Young-sik Ahn 等指出,区域物流可持续增长和发展依赖于地区社会稳定,关键因素是可供使用的人力资源的质量和数量⑤。

国外虽然没有直接提出在生态文明视野下对区域物流进行研究,但对属于生态文明型物流范畴的关注还是比较早的。Murphy 等指出,欧美国家在物流活动中关注环境问题始于 20 世纪 60 年代,之后一二十年物流环保活动蓬勃发展⑥。在环境保护问题日益受到重视的过程中,"物流绿色化"在 20 世纪 80 年代末 90 年代初成为流行语。绿色物流一经提出,很快就得到了政界、学术界和企业界的高度重视,产生了大量关于如何把环境因素纳入物流管理的研究、报告和意见建议。在倡

---

① MURPHY P R, POIST R F, BRAUNSCHWEIG C D. Role and relevance of logistics to corporate environmentalism[J]. International journal of physical distribution & logistics management,1995,25(2):5-19.

② TANIGUCHI E, VAN DER HEIJDEN RECM. An evaluation methodology for city logistics[J]. Transport reviews. 2000,20(1):65-90.

③ DABLANC L, DIZIAIN D, LEVIFVE H. Urban freight consultations in the Paris region[J]. European transport research review. 2011(3):47-57.

④ BRETZKE W-R. Sustainable logistics: in search of solutions for a challenging new problem[J]. Logistics research,2011,3(4):179-189.

⑤ AHN Y, MCLEAN G N. Competencies for port and logistics personnel: an application of regional human resource development[J]. Asia Pacific education review,2008,9(4):542-551.

⑥ MURPHY P R, POIST R F, BRAUNSCHWEIG C D. Role and relevance of logistics to corporate environmentalism[J]. International journal of physical distribution & logistics management,1995,25(2):5-19.

导绿色物流的过程中,与传统物流业只重视正向物流不同,出现了一种全新的物流运行形式——逆向物流。因此,国外对生态文明型物流的研究也主要集中在绿色物流和逆向物流上,其中含有绿色供应链管理、节能减排和低碳等方面的内容。近年来随着低碳经济的兴起,学者们也开始研究低碳经济对物流的影响。

1. 绿色物流方面的研究

绿色物流也称为环境友好型物流。西方发达国家对绿色物流的研究多集中在探讨企业实施绿色物流的必要性与价值、实施绿色物流的对策及实施绿色物流对城市或区域的影响等方面。

在企业实施绿色物流的必要性方面,Hoek 等指出,企业应把环境管理纳入战略计划之中,因而必须促使供应链绿色化[1]。Murphy 等指出,环保策略已被定性为影响未来经济发展的一个最重要力量,以对社会负责任的方式应对环境或"绿色"问题的思想,逐步演变成为一个重要的社会和商业原则,重要性主要体现在政府的规章、消费者需求观念的改变以及国际通行认证标准的出现,物流发展必须遵循商业原则顺应绿色化潮流[2]。Anastasia Papazafeiropoulou 认为,在每个国家、部门和组织中,促使组织投资绿色物流的原因各不相同,绿色物流存在的最重要原因之一是政府制定的环境法;企业选择改变物流系统的唯一原因,并非是对环境的善意,盈利能力、降低成本、减少浪费、广告等财务和营销问题推动了绿色物流的实施;在获得经济利益的同时实现零排放是理想主义的,因此公司需要根据自己的特殊需求调整特定的绿色战略。

实施绿色物流有其价值所在,Murphy 等从绿色物流战略层次出发,指出物流会对环境产生重大影响,企业如果制定出正式的环保政策应对环境问题,会在环保审计和公共环境中获得良好成效。Murphy 等通过比较研究发现环境问题会影响物流多个方面的功能。Harris 等指出,在物流方案设计时融入环保的因素有利于供应链平稳可持续运行。由于气候变化已经威胁到全世界的整个生态环境和人类的生存环境,政府提出并实施了积极的行动和规章制度,其中欧盟排放交易计划为企业实现温室气体减排提供了最有效率的解决方案,不仅为所有制造业也为物流业提供了一个新的竞争性市场。

---

[1] VAN HOEK, REMKO I. From reversed logistics to green supply chains[J]. Supply chain management,1999,4(3):129-134.

[2] MURPHY P R, POIST R F. Green perspective and practices: a "Comparative Logistics" study[J]. Supply chain management,2003(2):122-131.

实施绿色物流的对策方面，Rodriguez 等指出，物流的绿色化有三种方式：政府强制推行的自上而下型、企业自主进行的自下而上型、政府与企业相妥协的折中型①。政府干预或立法的自上而下型是企业最不愿意见到的，但如果预见到自上而下方式必定发生，企业则偏向于采取自下而上的方式，当然自下而上的形式可以多样，折中型主要采取环境标准认证的形式。Hamid 等指出，公众对控制污染的需求迫使政府采取新的规章制度和更严格的环境标准，通过绿色物流有望协调经济效益、社会效益和生态效益②。随着政府和公司越来越重视绿色物流，许多"最佳实践"和框架被提出，距离、物流模式、设备、负荷、操作等 5 个主要的物流变量一起驱动物流的环境影响；优化距离、最大限度地负荷、分配正确的设备和资源、避免浪费等系统措施多年来一直被用于降低成本和改善服务，同样可以用来使物流对环境更友好。

实施绿色物流对城市或区域的影响方面，Geroliminis 列举了世界各地一些有远见的城市进行绿色物流实践的方案，指出这些方案的基本观念和实践效果，说明这些观念也适用于其他城市。Carsten Deckert 指出，自从 2007 年以来，全球城市化的趋势导致更多的人居住在城市而不是农村；随着城市规模的扩大，供应货物和处理废物方面的问题越来越多，城市物流是对城市地区商品供给的改善；绿色物流这一术语意味着环境影响是核心，而物流的社会问题（运输活动产生的噪音排放及其对人类福祉的影响，运输车辆的事故，影响其他交通参与者的安全问题）往往被忽视；在物流和可持续物流之间，要对可持续性和潜在问题进行权衡，把可持续性作为高质量物流的要求之一。Murphy 指出，环境保护已成为企业战略的一部分，工农业及其相关的物流活动对环境的关注已开始重塑中东欧国家的景观。

2. 逆向物流方面的研究

自从 Stock 在给美国物流管理协会的一份研究报告中提出逆向物流这一概念以来，逆向物流逐渐成为西方发达国家的研究热点。网络结构设计、库存、配送以及产品规划管理等活动成为逆向物流的主要研究内容。

在逆向物流网络结构设计研究方面，Fleischmann 等指出，不同行业再使用网

---

① RODRIGUEZ J-P, SLACK B, COMTOIS C. The paradoxes of green logistics[C]. Seoul: the proceedings of the 9th World Conference on Transport Research, 2001:1-11.

② HAMID P, MANSOUR R, MAGED D. Sustainable reverse logistics for distribution of industrial waste/by-products[EB/OL]. （2015-09-09）[2018-10-09]. https://www.tandfonline.com/doi/abs/10.1080/16258312.2008.11517186.

络、再制造网络和回收网络的设计各有各的典型特征,同时总结了典型的逆向物流网络的构成[1]。Blanc 等运用整数规划模型探讨液化油气箱除气的逆向网络结构的设计[2]。Nagurney 等对逆向物流网络中回收物品的价格确定问题开辟了新思路,提出了含有再生回收的电子垃圾逆向物流管理的集成框架[3]。Jeong-Eun Lee 等为解决逆向物流网络设计问题,提出一种基于启发式算法的整合抽样方法[4]。Didem Cinar 认为,由于许多参数必须由决策者根据他们在逆向物流方面的经验来定义,相关文献中出现了大量模糊集理论,因此针对逆向物流问题提出了一种公理设计方法的模型,并分析了模糊集理论中所使用的模型与公理设计中所定义的步骤之间的关系[5]。

在逆向物流的管理活动研究方面,Fleischmann 等对引起广泛关注的逆向物流进行了综述,发现逆向物流研究还没形成通用的框架,指出逆向物流管理可以细分为三个领域,即库存管理、配送规划和产品规划[6]。之后包括他本人在内的不少学者就这三个领域及相关方面内容进行了深入研究。Kris 研究了不确定的提前期和库存位置对逆向物流的影响。Guide 通过案例利用权变方法研究影响闭环供应链中产品规划和控制的因素。Fagundes 针对终末期轮胎回收逆向物流的利益相关者联合行动进行研究,通过公共和私人组织同时参与寻找终末期轮胎回收阶段实施改进的机会。

此外,还有一些学者对逆向物流其他方面的内容进行了卓有成效的研究,例如,Kokkinaki 特别关注逆向物流与信息技术的关系,指出电子商务是逆向物流的

---

[1] FLEISCHMANN M,KRIKKE H R,DEKKER R,et al. A characterization of logistics networks for product recovery[J]. Omega-international journal of management science,2000(6):653-666.

[2] BLANC H M,FLEUREN H A,KRIKKE H R. Redesign of a recycling system for LPG-tanks [J]. OR spectrum,2004,26(2):283-304.

[3] NAGURNEY A,TOYASAKI F. Reverse supply chain management and electronic waste recycling:amultitiered network equilibrium framework for e-cycling[J]. Logistics and transportation review,2005(1):1-28.

[4] LEE J-EUN,GEN M,RHEE K-G. Network model and optimization of reverse logistics by hybrid genetic algorithm[J]. Computers & industrial engineering,2009,56(3):951-964.

[5] KAHRAMAN C,ÖZTAYSI B. Supply chain management under fuzziness,studies in fuzziness and soft computing 313[C]// CINAR D. An Axiomatic Design Approach to the Classification of Reverse Logistics Network Design Studies Under Fuzziness. Springer-Verlag Berlin Heidelberg,2014:639-654.

[6] FLEISCHMANN M,BLOEMHOF-RUWAARD J M,DEKKER R,et al. Quantitative models for reverse logistics:a review[J]. European journal of operational research,1997,103(1):1-17.

重要激励因素；Patricia 等研究认为，信息技术能力是影响逆向物流绩效的重要因素；Ravi 等指出，决定企业从事逆向物流管理实践的主要因素有经济、法律、企业责任和义务、环境保护问题四个方面；Brito 从"什么、为什么、怎么样、谁"四个方面构建逆向物流的研究框架，即逆向物流的什么东西回流、原因和驱动力、如何被回收、由谁执行和管理，这四个基本要素是相互关联的，它们的组合在很大程度上决定着逆向物流系统中出现的问题类型。

3. 低碳物流方面的研究

国外学者讨论的多是低碳经济对物流的影响以及物流运作如何贯彻低碳经济思想。作为高能耗高排放产业，物流业在发展低碳经济中起着重要作用。Árni Halldórsson 指出，在气候变化的大背景下，能源效率在物流和供应链管理领域在很大程度上被忽略了，能源效率要求从操作层面（从交通排放到冷链）甚至从概念层面上进行反思，这需要物流理论和实践的进一步发展。Datta 指出，公司无论大小都不可逃避管理自己的能源供应链或供应链的碳足迹，能源供应链对传统物理和金融价值网络的破坏是如此之大以致收入来源多样化的不同商业模式可能会以迄今为止难以想象速度进化和溶解，欧洲、亚洲和非洲三个大陆的物流和供应链将受碳足迹的影响并由能源资源决定。Alan McKinnon 认为，物流作业的脱碳不能孤立地进行，低碳物流要在企业与区域层面得到发展需要从以下几个方面着手：①物流系统的重建；②供应链的重构；③配送系统的重建；④货物模态分离；⑤线路优化设计；⑥资产利用率评估与提高；⑦能源效率评估与提高；⑧使用替代能源，特别是生物能源；⑨包括碳补偿等的低碳政策，宏观上的碳交易和征收碳税两种调节方式均可以在物流领域得到应用。Maria 等则认为，要教育企业家和管理人员采取尖端业务的优势模式，包括资源开放的网络电子商务、分布式协同研发战略、可持续的低碳物流和供应链管理；对此，学者们不能像往常一样传播研究成果，而应在绿色、低碳方面作出新的实践与贡献，政府和非盈利组织也要发挥应有的作用。Saif 利用相对简单而又广泛使用的模型说明对碳排放的关注如何应用于采购、生产、库存管理的综合决策中；通过各种与决策变量相关联的碳排放参数，展示如何修改传统的规划和物流模式才能支持兼顾成本和碳足迹的决策，研究包括排放控制政策在内的参数值是如何影响成本和排放的；同时使用该模型探讨在同一个供应链企业之间进行合作对成本和碳排放的影响并研究企业可能会寻求这种合作的诱因。

二、国内相关研究进展

(一) 区域物流方面的相关研究

西方发达国家对物流的研究历史较早,在科学借鉴西方物流理论基础上结合我国实践,国内学术界对区域物流的研究已取得一定进展,主要涉及以下这些内容:区域物流空间结构与效应、区域物流市场供求、区域物流运行模式、区域物流信息平台、区域物流规划、区域物流评价与优化、区域物流与区域经济的关系等。

1. 区域物流空间结构与效应方面的研究

物流对区域经济有重要拉动作用,而区域要求对物流进行合理组织以激活区域活力。学术界对区域物流的空间结构、空间效应与竞争格局进行了研究。谢五届等对近10年安徽省区域物流的空间结构演化与竞争格局进行了定量测度。陈长瑶等通过分析认为目前泛珠三角区域的物流经济要素处于以集聚为主的阶段,物流经济空间组织采取点、轴、网、面模式,合理的人为调控和组织可以有效促进空间结构的演化。邵扬等研究表明,各个地区GDP和物流都有显著的空间相关特征,反映出相邻区域之间GDP和物流具有明显的空间效应。通过空间效应,使经济增长较快区域带动经济增长较慢区域的经济发展,从而表现出正溢出作用。同时,物流又会产生负的溢出作用,一个区域的经济增长可能会以其他区域的经济衰退为代价。李健等在研究中国区域物流产业效率的空间效应及其影响因素时指出,中国区域物流产业效率区域间发展不平衡,区域物流产业效率整体具有一定的空间集聚特征并具有较强的空间依赖性。

2. 区域物流市场供需方面的研究

区域物流市场主要由供需双方组成,且需要达到供需平衡才有助于区域物流发展。黄虎从区域经济等影响因素指标与区域物流需求之间的内在关系的角度,对区域物流需求预测模型进行了研究,并就上海市物流需求量进行了仿真分析[1]。夏国恩在分析区域物流需求预测现状后指出,为增加区域物流预测模型的预测精度和增强预测模型的可解释性,应该在建立统一的需求预测模型结构框架基础上,利用新的回归方法[2]。秦璐和刘凯针对学术界比较偏重于对区域物流需求量的计算和预测的情况,尝试从区域产业结构特征角度对区域物流需求结构进行研究[3]。

---

[1] 黄虎.区域物流需求预测模型研究[J].统计与决策,2008(17):62-64.
[2] 夏国恩.区域物流需求预测现状和发展研究[J].中国物流与采购,2001(4):68-69.
[3] 秦璐,刘凯.基于产业结构的区域物流需求分析[J].物流技术,2006(7):4-6,16.

赵辉指出,当前物流需求理论和实践多偏重于具体预测方法的研究与应用,因此对区域物流需求指标体系进行了初步探讨①。

区域物流需求的有效满足必须有相应的物流供给,即相应的物流能力。学者们也关注物流能力问题。王岳峰和刘伟在能力理论的基础上,对物流能力的内涵进行了界定并分析区域物流能力与区域经济发展二者之间的辩证关系,同时特别指出在进行区域物流能力规划时要考虑未来物流需求的不确定性②。郑慕强以广东省为例对区域物流能力与经济发展进行了分析,发现物流能力对广东经济的增长有显著的单向促进作用③。徐娟针对湖南省的区域物流业发展构建评价指标体系并综合评价,发现湖南区域物流的服务理念和服务水平还较弱,市场供给跟不上市场需求,物流市场供给有进一步提升的空间④。

3. 区域物流运行模式方面的研究

区域经济发展水平的差异必然影响区域物流的运行模式。有学者对欠发达地区的物流发展模式、较发达地区的物流发展模式以及适合本地特点的物流联合体模式进行了研究⑤。徐青青和缪立新引入生物系统协同进化概念,提出基于企业、空间构型等"种群"作用下的区域物流协同进化进程,研究系统的合作、同步、协调、互补等协同模式⑥。舒辉和周熙登认为,区域物流发展模式是与区域经济发展水平密切相关的,随着区域经济朝均衡化方向发展,区域物流产业发展模式也将由增长极发展模式、点轴发展模式向网络发展模式动态演化⑦。周丹和林海英对内蒙古区域物流开发模式的影响因素进行了分析与评价,提出依托口岸和交通枢纽型物流节点辐射战略、建设产业基地型的产业物流战略的内蒙古区域物流开发模式⑧。

4. 区域物流信息平台构建及资源整合方面的研究

这方面的研究主要集中在区域物流信息平台的构建与运作、资源的整合与共

---

① 赵辉.区域物流需求指标体系初探[J].物流科技,2010(2):59-60.
② 王岳峰,刘伟.对区域物流能力规划与区域经济发展若干问题的思考[J].物流科技,2006(11):77-79.
③ 郑慕强.区域物流能力与经济增长关系的实证研究:以广东为例[J].创新,2009(7):5-8.
④ 徐娟.湖南省区域物流业发展评价指标体系构建与综合评价[J].商业经济,2017(9):68-69.
⑤ 董艳梅,朱传耿.我国区域物流研究的现况与设想[J].重庆社会科学,2007(5):8-12.
⑥ 徐青青,缪立新.区域物流协同内涵及模式研究[J].科技进步与对策,2007(1):94-96.
⑦ 舒辉,周熙登.区域物流产业总体发展模式初探[J].中国流通经济,2010(9):22-24.
⑧ 周丹,林海英.草原丝绸之路背景下基于AHP的内蒙古区域物流开发模式构建研究[J].物流科技,2016(11):85-88.

享。区域物流信息平台的建设及信息的有效共享对整合区域物流资源具有重要作用。严慧敏对构建区域物流信息网络的目标和原则、总体架构、关键技术进行了分析,指出构建一个高效的区域物流信息网络是物流发展中的关键[1]。毛太田和陈能华概述了共享的区域物流信息资源的类型和区域物流信息资源的表现特征,探讨了共享区域物流信息资源对经济区域内部的意义、对企业的意义和对消费者的意义及实现区域物流信息资源共享的有效途径[2]。赵爽指出,我国物流信息平台主要存在公共物流信息门户和封闭式平台系统两种形态,其发展正处于初级阶段[3]。赵晓云和王耀球运用模糊综合评价法构建模型量化分析区域物流信息平台对区域物流的影响力,指出区域物流受到物流信息平台的影响越来越大[4]。上官绪明认为,区域物流信息资源的有效整合可以提高区域物流企业的执行力和市场响应力,还可以降低企业运营成本,同时对区域物流信息资源整合的可行模式进行了探讨[5]。杨南熙等探讨区域物流公共信息平台的功能定位及三种不同投资主体,即政府模式、企业模式和协同模式,基于可持续视角,提出公共私营合作制(PPP)模式并说明这一模式具有促进投资主体多元化与积极性、增强政府服务意识、合理配置公共资源、提高效率、降低风险等优势[6]。

5. 区域物流规划方面的研究

对区域物流规划的研究主要在2001年《关于加快我国现代物流发展的若干意见》(国经贸运行〔2001〕189号)发布之后。王利等对区域物流规划的基本理论框架进行了研究[7]。李刚探讨了区域物流规划的原则、内容与程序[8]。韩美贵和周应堂对区域物流规划需要正确认识并处理好的几个关系进行了研究[9]。结合近年来区域物流规划研究的成果,王建华以图例集成的方式研究提出由区域物流规划理论、内容和方法体系构成的完整区域物流规划模式[10]。翟方正以广东省21个重要

---

[1] 严慧敏.区域物流信息网络构建[J].物流科技,2012(6):81-82.
[2] 毛太田,陈能华.共享区域物流信息资源的实现途径[J].管理现代化,2007(4):9-11.
[3] 赵爽.区域物流信息化建设研究综述[J].科技情报开发与经济,2009(20):137-138.
[4] 赵晓云,王耀球.区域物流信息平台对区域物流的影响力研究[J].物流工程与管理,2009(2):16-19.
[5] 上官绪明.区域物流信息资源整合模式与对策研究[J].物流科技,2010(3):78-80.
[6] 杨南熙,陈思茹,刘德智,等.可持续视角的区域物流公共信息平台运营模式[J].长安大学学报(自然科学版),2015(4):119-124.
[7] 王利,韩增林,李亚军.现代区域物流规划的理论框架研究[J].经济地理,2003(5):601-605.
[8] 李刚.论区域物流规划的原则、内容与程序[J].东北财经大学学报,2004(2):55-58.
[9] 韩美贵,周应堂.区域物流规划的研究[J].铁道运输与经济,2006(4):36-39.
[10] 王建华.区域物流规划模式研究[J].科技和产业,2008(4):58-61.

城市为例,对它们的物流发展进行聚类分析,并对广东省区域物流中心进行了总体规划①。段华薇等分析了城市物流系统规划的相关概念、意义、难点,探讨城市现代物流系统规划的"软系统"方法论并将其应用到绵阳市涪城区物流系统概念规划的实践②。徐湘匀在分析农村物流发展存在的问题、农村物流体系与区域经济关系的基础上,从区域物流规划视角出发,探讨农村物流体系构建的问题③。

6. 区域物流评价方面的研究

目前,国内主要通过建立指标体系对区域物流的绩效、区域物流的综合发展水平、区域物流的综合竞争力等方面进行评价。例如,刘明菲和罗显敏从运营管理体系(包括物流节点运营效率和物流通道运营效率)、营销管理体系(包括区域物流市场的吸引力和区域物流市场的竞争力)、质量服务体系(包括履行承诺的能力、服务于顾客的意愿和提供服务的迅捷性、服务的灵活性、提供物流服务的基础设施情况)、技术支持服务体系(包括区域金融体系、物流人才体系、物流基础设施规划、物流应用技术)、制度保证支撑体系(包括扶持政策和管理制度)五个维度探讨了区域物流服务绩效评价指标体系的构建④。汪波等通过确定区域物流合理化指标、物流子系统效率及服务水平指标、外部环境指标的权重对区域物流的发展水平进行综合评价⑤。朱帮助和李军利用主成分分析能够剔除多指标间存在相关性及信息重叠的特点,对区域物流发展水平进行综合评价,并利用评价模型对广东江门市及其周边地区的物流发展水平进行实证分析⑥。高秀丽和王爱虎从区域物流竞争实力(包括物流总体规模、物流业绩效、物流基础设施)和区域物流竞争潜力(包括物流业增长势头、信息化水平、经贸实力、支持产业)两个维度构建了区域物流竞争力评价模型,并对广东省的21个地区进行了实证测算⑦。唐建荣等基于中国物流产业省级面板数据对区域物流效率进行评价并研究其收敛性,结合研究结论提出改

---

① 翟方正.基于主成分类聚分析的区域物流规划:以广东省为例[J].现代商业,2011(2):155-156.
② 段华薇,严余松,马常松.区域物流中心城市物流系统规划研究:以绵阳市涪城区物流系统概念规划为例[J].物流工程与管理,2014(5):4-7.
③ 徐湘匀.论区域物流规划下的农村物流体系构建[J].农业经济,2018(03):126-127.
④ 刘明菲,罗显敏.区域物流服务绩效评价指标体系研究[J].物流科技,2006(8):112-116.
⑤ 汪波,杨天剑,赵艳彬.区域物流发展水平的综合评价[J].工业工程,2005(1):83-86.
⑥ 朱帮助,李军.基于主成分分析的区域物流发展水平综合评价:以广东省江门市为例[J].工业技术经济,2008(5):105-107.
⑦ 高秀丽,王爱虎.区域物流竞争力综合评价体系及实证研究[J].工业工程与管理,2010(4):41-45.

善区域物流效率、促进物流均衡发展的对策建议①。

7. 区域物流与区域经济关系方面的研究

国内对区域物流与区域经济发展关系的研究主要有理论性研究和实证性研究,成果颇丰。例如,刘文茹等结合物流业的发展分析区域物流与区域经济的关系②;海峰等指出区域物流对区域经济活动效率和水平的影响③;杨明华和张青木以江苏省为例对区域物流竞争力与区域经济互动关系进行了实证研究④;杨蕾和郑晓凤对京津冀都市圈区域物流与区域经济增长之间的关系进行了实证研究⑤。李文生结合珠三角地区实际对区域物流与区域经济协同关系进行测度,并提出珠三角地区区域物流与区域经济协同发展的对策建议⑥。

(二) 生态文明型物流的相关研究

为实现区域物流的可持续发展,国内对属于生态文明型物流范畴的研究成果逐渐增多,绿色物流概念最早被提出,紧接着出现环保物流和逆向物流的概念,之后循环物流、生态物流以及低碳物流等概念不断涌现。

1. 绿色物流方面的研究

我国最早对物流与可持续发展问题的关注始于1997年,当年在北京召开的"97亚太国际物流会议"上与会专家认为,物流业和其他各行各业一样,必须解决可持续发展的问题。此后,一些专家学者以可持续发展的原则为指导,根据现代物流的内涵,提出了"绿色物流"的概念,并对绿色物流的特征、运行机制、发展路径、发展模式、区域实践等方面进行研究。王长琼阐述了绿色物流的内涵与特征,指出绿色物流战略不仅对环境保护和经济可持续发展具有重要意义,还会给企业带来巨大的经济效益⑦。王丽梅指出,绿色物流战略的实施,除了依赖中观层次(行业)和微观层次(企业)的管理创新和技术创新之外,还受到社会宏观环境的影响和作用;政府的政策、法律、规章制度以及消费者的监督和支持是绿色物流战略成功实

---

① 唐建荣,杜娇娇,唐雨辰.区域物流效率评价及收敛性研究[J].工业技术经济,2018(6):61-70.
② 刘文茹,赵启兰,王耀球.论区域性物流中心的建设[J].物流技术,2001(6):25-27.
③ 海峰,武兰芬,张丽立.发展区域物流 推动区域经济[J].科技进步与对策,2004(9):71-73.
④ 杨明华,张青木.区域物流竞争力与区域经济互动关系实证研究:以江苏省为例[J].未来与发展,2008(10):67-72.
⑤ 杨蕾,郑晓凤.京津冀都市圈区域物流与区域经济增长关系实证研究[J].物流技术,2012(10):6-8.
⑥ 李文生.珠三角地区区域物流与区域经济协同性研究[J].改革与战略,2016(8):86-91.
⑦ 王长琼.绿色物流的内涵、特征及其战略价值研究[J].中国流通经济,2004(3):12-14.

施的不可或缺的推动力量[①]。谢泗薪等认为,发展绿色物流日益成为我国物流业参与国际竞争的前提和基础,必须从现状入手,充分发挥政府部门的主导作用,加强基础设施建设,组建绿色知识团队,发展逆向物流,推动绿色供应链战略,进行绿色税费改革[②]。邱爱莲和袁峰认为,物流运作主体忽视生态文明建设的内在要求,缺乏对生态文明建设与绿色物流产业发展间制约关系的明确认识,所以需从政府和企业两个层面构建基于生态文明视角的绿色物流发展策略[③]。周启蕾等指出,在物流绿色化的进程中,围绕外部成本内部化之后的利益分配,物流系统内外的各主体之间存在着一系列的博弈[④]。王艳珍在明确绿色物流的内涵和绿色物流体系内容的基础上,对东北地区物流业现状进行了反思,指出绿色物流是东北振兴的必然选择[⑤]。王娟娟和杜佳麟分析指出,绿色物流是"一带一路"区域物流发展的方向,并就"一带一路"区域绿色物流体系的构建及路径进行探索[⑥]。陈宝丹以广东省为例,从物流中心结点、区域规划、物流通道等方面探讨农产品绿色物流系统的构建,同时分析批发市场主导模式、行业协会主导模式和第三方物流企业主导模式等三种农产品绿色物流运作模式[⑦]。

2. 环保物流方面的研究

国内有些学者对环保物流的理论与实践进行了研究。陈柳钦阐述了环保物流产生的现实背景和理论基础,指出在当前各国经济都在注重环保的形势下,我国发展环保物流的必要性和策略[⑧]。曾凡婷和孙蛟对逆向物流、正向物流与环保物流进行了比较,认为只有为了减少资源的消耗和减少对于环境的影响的逆向物流才是环保物流的组成部分[⑨],而王云儿则认为逆向物流是环保物流的重要组成部

---

① 王丽梅.浅析绿色物流发展的政府规制与政策激励[J].税务与经济,2005(6):44-45.
② 谢泗薪,王文峰.绿色物流路径:物流绿色化改造的战略选择[J].中国流通经济,2010(5):15-18.
③ 邱爱莲,袁峰.基于生态文明视角的绿色物流发展策略[J].沈阳工业大学学报(社会科学版),2009(4):359-363.
④ 周启蕾,胡伟,黄亚军.绿色物流的外部性及其主体间的博弈分析[J].深圳大学学报(人文社会科学版),2007(2):49-53.
⑤ 王艳珍.绿色物流:东北老工业基地振兴的服务基础[J].中国流通经济,2007(2):25-27.
⑥ 王娟娟,杜佳麟."一带一路"区域绿色物流体系构建及路径探索[J].中国流通经济,2017(6):27-36.
⑦ 陈宝丹.广东省农产品绿色物流系统构建及其运作模式研究[J].中国农业资源与区划,2016(8):198-203.
⑧ 陈柳钦.环保物流管理:21世纪物流管理的新趋势[J].节能与环保,2002(6):19-21.
⑨ 曾凡婷,孙蛟.浅析逆向物流:逆向物流、正向物流与环保物流比较[J].物流技术,2003(10):24-26.

分[1]。在环保物流的实践方面,胡方和杨家其对长江航运发展节能环保物流进行了探讨[2]。赵书新和欧国立从环境经济学的相关理论出发,以发展绿色包装的环保物流企业为例分析了环保物流产业发展的市场机制特征,同时梳理了环保物流产业发展的相关经济主体并初步探讨了各个参与方经济主体的利益机制及其相互作用的关系[3]。

3. 循环物流方面的研究

国内有些学者从循环经济的视角探讨区域物流可持续发展问题。余波通过对农村循环物流系统的内涵特点和创建机理的研究,探讨了关于推进我国循环经济的发展,建立农村循环物流系统的发展模式[4]。廖早和栾贵勤研究了县域循环物流系统的内涵和构成,并探讨了推进我国县域循环经济的发展、建立县域循环物流系统的运行模式[5]。潘文军指出,可以从企业、区域和政府三个层面采用循环经济理论指导区域绿色物流发展;基于循环经济理论的区域绿色物流研究可以从实施绿色供应链物流管理、实现物流园区对生态工业园区的支持,以及发展区域物流网络经济等角度展开[6]。王婷睿针对辽宁省环境问题已经十分突出的现状,在探讨循环经济和绿色物流的关系的基础上提出在区域层面上构建基于循环经济的绿色供应链物流体系[7]。宋少文分析了循环物流链的特点和风险点,探讨循环物流链的管控模式及改善循环物流风险管理的方案[8]。

4. 逆向物流方面的研究

从环保意识和立法的角度来看,逆向物流越来越引起人们的重视。何玲辉指出,实施逆向物流是解决资源环境问题,促进区域经济可持续发展的有效途径,提出了实施逆向物流的相关建议[9]。向盛斌分析了逆向物流与环境保护之间的关系,提出逆向物流的构建原则[10]。但正如周垂日等在文献综述中指出的那样,逆向

---

[1] 王云儿.逆向物流浅析[J].武汉市经济管理干部学院学报,2004(6):53-54.
[2] 胡方,杨家其.对长江航运发展节能环保物流的思考[J].港口经济,2009(7):55-57.
[3] 赵书新,欧国立.环保物流产业发展的市场机制分析[J].物流技术,2010(7):28-31.
[4] 余波.农村循环物流系统的机理和发展模式研究[J].特区经济,2006(6):148-149.
[5] 廖早,栾贵勤.构建县域层面三级循环物流系统[J].金融与经济,2007(12):83-85.
[6] 潘文军.基于循环经济理论的区域绿色物流发展研究[J].综合运输,2009(11):46-49.
[7] 王婷睿.基于循环经济的辽宁省绿色物流体系构建研究[J].改革与战略,2010(4):120-122.
[8] 宋少文.循环物流链风险及其管控模式的建立[J].商业经济研究,2016(7):66-68.
[9] 何玲辉.实施逆向物流促进我国区域经济可持续发展[J].企业家天地,2007(5):153-154.
[10] 向盛斌.逆向物流与环境保护[J].物流技术,2001(1):44-45.

物流的研究大多是以个案的形式进行,还没有形成完整的理论体系,还是一个新的研究领域①。例如吕冬梅对长沙、株洲、湘潭区域逆向物流发展现状及趋势进行探讨,并结合主要问题对长沙、株洲、湘潭区域发展逆向物流的对策提出建议②;李莉分析了我国农村逆向物流发展的现状、必要性和主要方向,提出促进农村逆向物流发展的对策建议③。林坦等认为,在发展低碳经济的背景下,逆向物流是一个值得关注的研究领域,是当前物流研究的热点问题④。我国逆向物流管理存在许多问题,官方的逆向回收物流体系尚未建立,全社会范围的逆向物流体系建设和管理问题依然未能得到有效解决,而且其他领域的逆向物流网络设计与管理机制设计问题同样值得关注。杜茂康等基于政府、家电回收企业和市民三方的博弈,探讨废旧家电回收逆向物流的激励推进机制⑤。刘艳秋等为了使逆向物流回收路径问题的研究更具有现实性与应用价值,探讨了以逆向物流网络最低总运输成本为优化目标的数学模型⑥。

5. 生态物流方面的研究

对生态物流的关注可以说始于城市的物流实践。许志焱和季建华指出,我国的城市物流离生态物流的要求还存在较大的差距,他们以上海为例分析生态物流对城市发展的影响,并就我国生态物流系统发展存在的问题提出改进建议⑦。司武飞等在分析城市生活垃圾物流现状的基础上阐述城市生活垃圾生态物流的激励机制,指出基于技术经济成本效益分析的垃圾资源化技术创新是城市生态垃圾生态物流的关键⑧。学者们更多关注的是如何促成生态物流在我国的发展。徐新清和崔会保指出,应该把现代物流放到生态大系统中去考虑,通过建立有效的激励与约束机制,促进生态物流系统的发展⑨。杨建辉和潘虹比较了再生资源利用、逆向

---

① 周垂日,梁樑,许传永,等.逆向物流研究的新进展:文献综述[J].科研管理,2007(3):123-132.
② 吕冬梅.区域逆向物流发展的对策[J].铁道货运,2008(5):9-10.
③ 李莉.中国农村逆向物流发展对策研究[J].改革与战略,2015,31(11):90-92.
④ 林坦,刘秉镰.从近年来的基金项目看我国物流的研究趋势[J].中国流通经济,2011(8):31-35.
⑤ 杜茂康,陶波,朱圆.基于三方博弈的废旧家电回收逆向物流激励推进机制研究[J].软科学,2014(12):55-59.
⑥ 刘艳秋,吴蒙,徐世达.考虑不可行路径的逆向物流回收路径问题[J].沈阳工业大学学报,2016(4):416-420.
⑦ 许志焱,季建华.城市生态物流建设若干问题及对策研究[J].科技进步与对策,2005(1):33-36.
⑧ 司武飞,吴克,汪浩.论城市生活垃圾生态物流的技术经济手段[J].技术经济,2007(3):20-23.
⑨ 徐新清,崔会保.我国生态物流系统中存在的问题及对策[J].山东理工大学学报(社会科学版),2005(3):15-17.

物流、绿色物流、环保物流以及生态物流五种循环型物流的本质、目标和内容,指出生态物流是现代物流的较好选择,也是经济效益、社会效益和生态效益三目标的统一[1]。李艳波指出,物流业应该把有效利用资源和保护环境放在发展的首位,大力加强对物流生态化的研究;在全球化背景下,生态物流可以通过绿色物流、敏捷物流、精益物流、逆向物流、环保物流、循环物流、清洁生产等形式来实现;并且分析了它们之间的相互关系[2]。张平和李怀政指出,在生态文明建设背景下,我国现代物流的必由之路是在充分考虑环境保护、经济可持续发展的基础上,不断提高物流产业市场化程度和社会化程度,发展生态物流;当务之急是努力构建、完善生态物流系统,促进物流制度改进[3]。谢天慧分析了旅游景区生态物流面临的多重挑战,并探讨旅游景区的生态物流发展对策[4]。

6. 低碳物流方面的研究

在应对全球气候变暖的背景下,如何发展低碳经济、实现温室气体减排已成为全世界关注的焦点,低碳物流也因此进入学者们的视线并不断推进研究的深入。作为碳排放大国同时又是倡导推进世界命运共同体建设的负责任大国,中国学者自提出低碳经济概念以来就进行了相关跟踪研究。陶倩指出,低碳猛然之间成为了百度的热点词汇,成为包括物流在内的每一个行业和国家每一个层面都必须关注和思考的话题[5]。岳馨指出,建立低碳物流体系已是社会发展、低碳经济发展的必然要求,提出了构建低碳物流模式的一些措施[6]。在我国发展低碳物流还存在不少问题,瑾湖指出,在物流领域仍有很多因素羁绊着低碳经济的发展,并对物流行业最不符合低碳要求的十大现象进行了探讨[7]。周戈文指出了制约我国物流低碳化发展的主要因素[8]。李东晖对我国低碳物流存在的问题进行了分析并探讨了问题存在的原因[9]。此外,低碳物流发展也需要金融支持,李蜀湘和陆小成指出,低碳物流技术创新与低碳金融服务成为新的投资机会和经济增长点,并对低碳物

---

[1] 杨建辉,潘虹.浅谈我国生态物流的效益分析[J].特区经济,2006(7):349-350.
[2] 李艳波.全球化背景下生态物流的实现形式及其相互关系[J].工业技术经济,2008(1):92-96.
[3] 张平,李怀政.我国发展生态物流的困境及其制度改进[J].江苏商论,2009(12):68-70.
[4] 谢天慧.旅游景区生态物流及其发展策略探讨[J].物流技术,2014(15):57-58.
[5] 陶倩.低碳物流萌动[J].物流技术与应用,2009(12):28-31.
[6] 岳馨.低碳经济下的低碳物流[J].中国商贸,2010(12):120-121.
[7] 瑾湖.羁绊低碳物流现象TOP10[J].中国储运,2010(3):39-40.
[8] 周戈文.发展中国化低碳物流的五大问题[J].经营管理者,2010(7):385.
[9] 李东晖.我国低碳物流存在的问题、成因及对策分析[J].商业文化(学术版),2010(7):329-330.

流金融支持模型中的低碳政策扶持、低碳法律制度、低碳资金供给、低碳信用担保、低碳中介服务等支持体系进行探讨[①]。林坦和刘秉镰认为物流与低碳经济的关系、物流中碳排放的计算方法等的一些量化问题值得关注,指出通过物流低碳化以及物流服务高级化、物流体系建设来降低整个社会的碳排放水平无疑是我国物流业发展的重大机遇[②]。李碧珍等探讨了福建省物流业低碳化的发展实践、存在的问题和对策建议[③]。李创和高震分析了我国制造业物流的特点,认为我国制造业物流仍处于初级发展阶段,并针对我国制造业物流存在的问题提出促进我国制造业发展低碳物流的政策措施[④]。秦立公等以桂林市为例,探讨城市低碳物流体系的构建与效度测定,并提出城市低碳物流体系发展的建议[⑤]。

三、国内外相关研究的简评

(一) 忽视区域物流发展如何实现经济、生态、社会效益相统一

国外区域物流的相关研究主要包括从跨国公司和供应链角度研究全球性物流资源配置和协调、物流基础设施对区域物流与区域经济的作用、区域物流信息化建设及其作用、政府在区域物流中的作用等几个方面,国内区域物流的相关研究主要从区域物流空间结构与效应、区域物流市场供需、区域物流运行模式、区域物流信息平台构建及资源整合、区域物流规划、区域物流评价、区域物流与区域经济的关系等几个方面。无论是国外还是国内,以上几个方面的区域物流研究总体关注的是经济效应问题,也就是研究区域物流如何运行才能提高效率,获得更高的经济效益,而对于区域物流发展如何实现经济效应、生态效应、社会效应的相统一和最优化则较少考虑。对促进区域物流可持续发展的研究越来越受关注,国外对绿色物流、逆向物流、低碳物流等属于生态文明型物流范畴的内容进行了研究;我国在生态文明建设中,对绿色物流、环保物流、循环物流、逆向物流、生态物流和低碳物流等生态文明型物流已有一定研究,但概念上还没有区分清楚。总体而言,在区域物流研究中,对如何促进区域物流发展、获得最大的经济效益关注程度较高,成果较

---

① 李蜀湘,陆小成.中国低碳物流金融支持模型研究[J].中国流通经济,2010(2):27-30.
② 林坦,刘秉镰.从近年来的基金项目看我国物流的研究趋势[J].中国流通经济,2011(8):31-35.
③ 李碧珍,林湘,杨康隆.福建省低碳物流发展的实践探索及其模式选择[J].福建师范大学学报(哲学社会科学版),2015(1):36-43.
④ 李创,高震.我国制造业发展低碳物流之路探析[J].现代管理科学,2017(1):109-111.
⑤ 秦立公,田应东,胡娇.城市低碳物流体系构建及效度测定:以桂林市为例[J].生态经济,2018(3):37-43.

丰；如何促进区域物流经济效益、社会效益和生态效益相统一也已受到关注，但对此研究还比较薄弱。即使是西方发达国家，对物流发展的研究仍然主要关注绿色和环保问题，把经济社会生态三个层面整合起来研究的仍然很罕见，而物流的最终目标是在发展过程中实现经济、生态和社会目标的平衡。

（二）忽视生态文明型物流实践形态的内在联系

从国内外对生态文明型物流的相关研究可以发现，目前对绿色物流、环保物流、循环物流、逆向物流、生态物流和低碳物流的研究大多处于独立的状态，虽然在各自的领域内得到了不同程度的研究，但它们的区别与联系尚未明朗，还没有被纳入到一个统一的体系，理论认识上还比较模糊，指导实践的效果也有待提升。还需从以下几个方面加强研究：(1)厘清现有的生态文明型物流实践形态的关系，把它们纳入统一的研究体系，形成开放性的生态文明型物流研究系统，并用它指导生态文明型物流实践，促进生态文明经济发展。(2)生态文明型物流实践的国内外比较。西方发达国家对物流和区域物流的研究历史较早也较深入。它们的环境法规较完善，较早关注环境问题，环保战略已成为企业发展战略的一部分，物流服务已延伸到生产前的计划与供应、消费后的废弃物处理与回收，重视绿色供应链的管理，区域绿色物流不断深入发展，对区域物流的研究范围也不断扩大，已从跨国公司角度研究全球性物流资源的优化配置和协调发展，对包括有毒有害危险品在内的各种废物进行处置已成为一个重要的新的市场。在规划引导、法律规制、财政补贴、贷款融资、税收优惠等方式鼓励和支持下，生态文明型物流得到较好发展，区域景观得到较好重塑。因此，分析国内外生态文明型物流发展存在差异的原因及如何借鉴并超越发达国家的实践经验也成为生态文明型物流研究的一个重要内容。(3)研究如何把生态文明理念贯彻到区域物流和物流产业的实践，把生态文明融入经济建设中，实现区域生态文明型物流与生态文明经济互促发展。在生态文明建设中，生态文明理念将对不同地区、不同产业的实践起指导作用，区域物流发展也不例外，生态文明视野下的区域物流发展研究也必然成为时代的要求，将引起越来越多人的重视。原国家环境保护总局副局长、新闻发言人潘岳曾指出：建设生态文明，物流大有可为。

第三节 研究思路与研究方法

一、研究思路

本研究主要按照以下思路进行研究：①为协调区域经济关系、提高生态文明建设水平，我国区域物流必须理清发展思路，应该对朝什么方向发展作出判断（应然）；②我国区域物流发展现状及存在的问题并结合社会调查的结果进行原因分析（实然）；③与发达国家相比，我国区域物流发展存在哪些差距，如何看待这些差距，同时借鉴发达国家的物流发展先进经验，通过比较分析发现不足与努力方向（借鉴先进经验并设定阶段性发展目标）；④为实现区域物流发展的阶段性目标，需要选择什么样的区域物流发展模式、协调哪些方面的利益关系、采取哪些保障措施（区域物流可持续发展的战略思考与措施）。

二、研究方法

本研究主要采取以下一些研究方法：①文献法。通过阅读大量图书、报刊、学位论文、报告、网络文章等文献，进行认真分析总结，以便掌握相关研究动态、前沿进展，在充分了解前人已取得的成果和研究现状的基础上，选择值得进一步研究的方向；同时在整个研究写作过程中积极借鉴他人的科研经验，以便研究过程更科学有效，少走弯路。②规范分析与实证分析相结合的方法。在实证分析我国物流发展阶段的基础上指出我国区域物流将朝生态文明型物流发展；为了解我国区域生态文明型物流发展现状和存在的问题，采用实证分析的方法，利用问卷调查进行情况了解和原因分析；为促进我国区域生态文明型物流发展，采取规范分析的方法。在本研究其他部分的研究中也常常把规范分析与实证分析结合起来。③定性与定量分析方法。在分析我国区域生态文明型物流发展存在的问题以及我国区域生态文明型物流与发达国家发展差异时，结合有关统计数据和问卷调查数据进行定性与定量分析。④比较分析法。把我国分为东部、中部、西部和东北四个区域并比较分析区域生态文明型物流发展的差异；为借鉴发达国家发展区域生态文明型物流的先进经验，通过比较分析发现我国区域生态文明型物流发展存在的不足与努力方向，结合实际情况设定我国区域生态文明型物流的阶段性发展目标。

第四节 研究内容与结构安排

本书以马克思物质变换和流通理论、现代物流理论、区域经济协调发展理论和生态文明理论作为理论基础,在文献综述的基础上明确研究方向,指出生态文明型物流是区域物流的发展趋势,并从内涵、表现形态、系统结构、特征与功能等方面对生态文明型物流进行了诠释;对我国区域生态文明型物流发展存在的问题与原因、发达国家发展区域生态文明型物流的经验及其借鉴、区域生态文明型物流的实践发展模式、参与方的利益关系协调、保障措施等方面进行了深入研究。本书共九章,结构安排如图 1-1 所示。

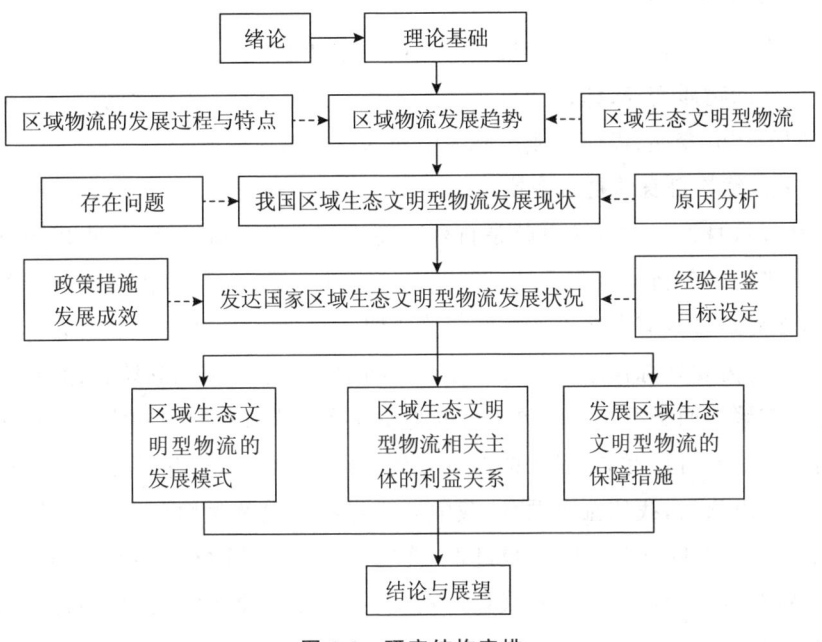

图 1-1 研究结构安排

第二章

理论基础

第一节 马克思物质变换和流通理论

一、物质变换的内涵

在马克思的著作中,物质变换主要是指自然界自身、人与自然之间、人与人之间三个方面的物质变换,即包括自然生态系统的新陈代谢、以劳动为中介的社会与自然之间的物流变换、以商品或产品为中介的社会物质变换。

(一)自然界自身的物质变换

自然界自身的物质变换也就是自然生态系统中的新陈代谢,马克思恩格斯从两个方面进行了分析。首先是无机物或有机物(生物)自身的物质变换或新陈代谢,即自然界本身具有自然力或需要新陈代谢。铁会生锈,木会腐朽。自然力永远起作用,生物需要新陈代谢。其次是作为生物学意义上的人的新陈代谢,也就是人为了生存与繁衍而必须与自然界进行的物质变换。人进行呼吸和吃喝拉撒等生命中的自然性是不可违背的,但人的新陈代谢要得到顺利进行并不是单靠自然就可以的。马克思认为,我的血液循环、我的呼吸过程也是我发财致富的条件。但是,无论我的血液循环,还是我的呼吸过程,就其本身而论,都决不能使我发财致富,相反,两者都是以代价昂贵的新陈代谢为前提的,如果完全不需要这种新陈代谢,世界上也就没有穷人了。

(二)人与自然之间的物质变换

马克思认为人与自然之间的物质变换实际上是以劳动为中介的社会与自然之间的物质变换。首先,马克思通过对劳动的一般性的分析,指出人与自然之间的物质变换对人类生存和发展的不可或缺性。人类要生存与发展,就必须通过劳动获得生产、生活资料,使"仅仅是可能的使用价值变为现实的和起作用的使用价值"。其次,人与自然之间的物质变换不是单向的人对自然的控制过程,而是一个人与自然之间双向交流的过程。通过劳动,人在改变外部自然的同时,也使人自身的自然得以改变和完善。

(三)人与人之间的社会物质变换

人与人之间的社会物质变换主要是以商品或产品为中介的各种社会经济活动。马克思认为,人的劳动过程不仅是人与自然的物质变换过程,还是人与人的社会物质变换过程,在社会的物质变换运动中,形成了生产、分配、交换和消费之间相互联系与制约的复杂关系。马克思认为只有到了资本主义社会阶段,才形成全面的社会联系和普遍的社会物质变换,这种社会物质变换借助于世界货币(资本)超越各种局限,为自身的发展开辟道路,商品流通和社会物质变换扩展至全球,促进世界历史的发展。

二、马克思流通理论

(一)马克思对流通的相关阐述

马克思主要在《资本论》第二卷第五章、第六章和第三卷第十七章中对流通进行了相关论述。

(1)关于流通时间。马克思认为,从资本循环的角度看,应尽量减少流通时间。资本在流通时间内不执行生产资本的职能,不生产剩余价值。在流通领域中,资本是作为商品资本和货币资本存在的,一方面由商品形式转化为货币形式,另一方面由货币形式转化为商品形式。"流通时间和生产时间是互相排斥的。"流通时间越长则生产时间就必然越短,资本生产使用价值并自行增殖的机会就减少。此外,商品如果没有在一定时间内卖掉并被消费,会因自然力而磨损,丧失使用价值的同时也无法实现价值。因此要减少流通时间。

(2)关于流通费用。马克思认为,流通费用主要包括纯粹的流通费用、保管费用和运输费用三方面。用在买卖上的时间、簿记和货币是纯粹的流通费用。保管虽然加进了新的劳动,但如果从社会的观点看,它们又是非生产性的耗费,是单纯的费用。物品只有通过消费才能体现使用价值,生产与消费的位置不同使运输成为必要,但产品总量不会因运输而增加,应尽可能避免不必要的运输活动。

(二)流通是社会物质变换的重要内容

流通作为社会再生产过程的一个必要阶段,主要内容包括两个方面:产品价值的补偿和产品使用价值的物质变换。马克思认为,"资本的循环过程是流通和生产的统一,包含二者在内"。要经历货币资本—商品资本—生产资本—新的商品资本—新的货币资本等循环的过程。马克思进一步认为资本主义生产流通过程是"形式变换"和"物质变换"的矛盾统一:在资本流通中我们看到了一系列交换活动,交换行为从使用价值方面看是物质变换,从价值方面看则是形式变换。在商品—货币—商品的流通过程中,结果表现为使用价值的交换,商品实体要在空间位置上实现从卖方到买方的移动,通过物流来完成,是真正的社会物质变换;货币—商品—货币的流通过程中,结果表现为价值的交换,商品的所有权由卖方向买方转移,通过商品流通完成,是形式变换。

三、物质变换断裂的思想

人与自然的物质变换属于生产力的范畴,而人与人之间的社会物质变换属于生产关系的范畴。人类的劳动过程是在一定的生产关系中进行的,人与自然的关系必然会受到生产方式的制约和影响。因此,马克思结合资本主义生产方式对人与自然之间的物质变换断裂的问题进行了分析。

(一) 社会与自然物质变换的断裂

资本主义生产追求利润最大化,造成社会与自然物质变换的断裂,主要表现在城乡分割和工农业生产破坏生态环境。马克思利用大量事实分析了资本主义工农业生产导致物质变换断裂进而造成城乡之间日趋严重的生态环境失衡问题。资本主义生产把大量的人口汇集到各大中心城市,一方面,聚集着社会的历史动力,另一方面,集中于城市的大量人口所产生的"对农业来说最为重要"的消费排泄物不能及时而有序地再回归土地,还会污染城市环境,比如伦敦450万人的粪便就对泰晤士河造成了污染。马克思恩格斯认为,资本主义为提高社会生产力而牺牲了自然生产力,结果往往得不偿失,他们分析指出:"社会生产力的增长仅仅补偿或甚至还补偿不了自然力的减少。"

(二) 社会物质变换的断裂

马克思认为,生产方式决定分配方式,在阶级社会,生产资料私有制决定了不可能有公平的社会分配。马克思从劳动产品在现代资本主义社会最简单的社会表现形式即商品出发,创立剩余价值学说,揭示了工资只是劳动力的价值或价格,资本主义流通过程形式上的公正掩盖了实质的不公正,隐藏了资本主义剥削的秘密。劳动力使用一天所创造的价值和劳动力自身一天的价值是"两个完全不同的量"。由于分配不公,一方是资本主义生产无限扩大,资产阶级拥有大部分社会财富,另一方是工人阶级购买力不断下降。劳动为富人生产奇迹般的东西,同时却产生了赤贫的工人。这样就会导致生产相对过剩,商品资本就难以转化为货币资本,"商品的惊险的跳跃"难以成功,进而就难以实现新的生产资本,资本得不到循环,经济危机爆发,造成社会物质变换的断裂,破坏了经济社会生态的可持续发展。

四、马克思物质变换和流通理论对发展物流的启示

自然与自然或人与自然之间的物质变换、人与人之间的社会物质变换这三个方面的有机联系,实际上体现了自然界物流、社会界物流、经济界物流相统一的大物流思想,马克思流通理论则为经济界物流提供了重要的理论基础。

(一) 物质变换的顺利进行要求发展大物流

物流对生态环境的影响并不是单向的,破坏了的生态环境也会影响人类,严重时会对人体健康造成致命损害,影响劳动力的持续有效供给,影响劳动生产效率的提高,这是不言而喻的。因此,要树立大物流思想,物流发展不但要追求经济效益,同时也要追求生态效益和社会效益。

首先要对制度进行合理变革。不合理的制度影响效率与公平的协调,不但造成人与人之间的社会物质变换断裂,也造成自然界自身、人与自然之间的物质变换断裂,进而损害自然—人—社会复合生态系统的良性发展。发展物流时要注意效率与公平的统一。马克思在考察效率时,总是把效率与公平相统一起来,他号召工人们团结起来变革现存不合理的制度。首先在制度变革基础上,随着生产力的高度发达,"联合起来的生产者将合理地调节他们和自然之间的物质变换"。其次要对人口及其结构进行适当调控。马克思指出,为人类数量增长规定一个限度的这种抽象可能性是存在的。只有人口的生产和再生产及其结构与物质资料的生产和再生产及其结构保持比较合理的比例关系,才有利于物质变换的顺利进行。对人口进行调控有利于促进物流的合理化。马克思认为商品只有在人口稠密的地方才能成为资本主义生产的对象。最后要发展循环物流,促进经济社会生态循环。除了合理变革制度、适时调控人口之外,也能够发现马克思具有发展循环物流、促进经济社会生态良性循环的思想,他认为生产排泄物和消费排泄物的再利用与再循环是大规模社会劳动的结果,要区分生产排泄物的再利用而造成的节约和由于废料的减少而造成的节约,依靠科学技术进步实现废弃物的减量化与再利用。

(二) 马克思流通理论为经济界物流发展提供重要的理论基础

马克思虽然没有使用物流这一概念,但他从资本循环的角度对流通进行了深刻论述。流通包括商流与物流,因此马克思流通理论为经济界物流提供了重要的理论基础。

(1) 物流成本意识。物流是流通的重要组成部分。马克思对流通费用的论述充分说明树立物流成本意识的重要性。无论是保管,还是运输,很大一部分都是非生产性的,无法提高商品的使用价值。流通时间越接近零就越有利于资本职能的

发挥,因此应尽量缩短保管、运输等方面的流通时间,降低物流成本。马克思还以订货生产说明如何缩短流通时间,可以说是日本丰田"及时生产"模式的思想源泉。

(2)物流规划与布局思想。马克思论述指出,越容易变坏的商品,它的销售市场就越带有地方性质,同时分析了在什么情况下某种商品才能成为资本主义生产的对象进行了分析。这实际上提出了要根据市场需求进行物流规划与布局的思想。

(3)库存管理思想。马克思指出,要使生产过程流畅地进行,就要根据条件储备一定量的原料等,比如要多于一天或一周的消耗量。马克思还从供应的保证程度、运输的发达程度、信用制度的发展程度、原材料和半成品的生产速度等方面论述影响储备的因素,提出以改善条件来减少储备。这实际上是阐述要重视库存管理的思想。马克思从资本循环的角度说明要提高效益必须加速商品周转,减少库存积压。

(4)合理化运输思想。运输能够实现空间效用,但产品总量不会因运输而增加。从马克思对投在运输业上的生产资本的论述可以发现,运输并非总是生产性的,要注意避免无效运输,提高运输效率。马克思对运输规律的论述也为提高运输合理化水平提供理论指导:要建立发达的运输体系,尽量减少运输距离;应用减量化原则使产品设计尽可能轻巧,减少无效运输量;提高产品的功能、提高产品附加值,在减少运输距离和运输量的同时提高运输的有效性。

(5)商流与物流分离思想。社会物质变换需要物流,但物流也可能跟商流相分离。马克思以房屋买卖说明没有商品的物理运动,商品也可以流通;以棉花和生铁等可以移动的商品为例说明投机商进行了多次商品买卖而商品却可能还留在原处,发生了商流却没有发生物流。这提醒我们要注意投机者反复买卖的同时,也可以利用商流与物流分离的思想进行物流模式的创新,可以说融通仓就是从中寻找到理论根据的。

(6)供应链管理思想。马克思在谈到原材料转运、产成品从生产领域运到消费领域的时候,已经涉及供应链管理的思想。此外,马克思在说明储备的正常形式和不正常形式时指出,因为流通停滞而使商品储备的规模扩大会被错误地认为是再生产过程的扩大,这说明马克思已经注意到要加强供应链上各方的联系,防止因为信息不对称产生的牛鞭效应。马克思还探讨了供应链的参与方需要加强协调的原因:因为对生产商来说,流通费用是非生产性的,但对流通商(物流商)来说,"流通费用表现为他的利润的源泉"。

(7)物流产业论思想。"真正的经济——节约——是劳动时间的节约(生产费用的最低限度——和降到最低限度)。"资本主义生产方式使劳动过程转化为社会过程,从而提高劳动过程的生产力。因此马克思认为资本主义要求走专业化发展道路,通过专业化、社会化提高劳动生产力。物流业(当时主要以运输业为代表)发展也不例外。马克思认为,物流业可以成为"特殊的投资领域",由于多种运输方式的竞争,运输积聚(规模扩大),使单个商品的运输费用减少,而且使耗费在商品运输上的那部分社会劳动(包括活劳动和物化劳动)增加,可以扩大就业。为促进物流业发展,实现"生产资料只按生产本身的需要来消耗",首先必须通过训练和教育、纪律约束等方式提高劳动者素质,同时注意劳动者的健康和生活条件的改善,从而使物流业发展更多地"取决于使用的劳动的生产率,而不是所使用的劳动量"。其次要净化市场环境,提高诚信度。物流运作效率的提高要求尽量减少流通环节,而"一切节省流通手段的方法都以信用为基础"。马克思以德国工业发展中的欺骗行为作为反面教材来说明诚信的重要性。德国工业有一条基本原则:讨好顾客的办法是先送给他好样品,然后给他次货。

第二节 现代物流理论

一、物流概念演变及其实践进展

物流理念伴随经济社会发展环境的变化和物流实践的发展在不断演化,主要经历了分销物流(Physical Distribution,简称 PD)和后勤管理物流(Logistics)理念产生与并存发展、分销物流为主、物流一体化为主、供应链管理为主的几个阶段,各阶段的物流内涵都得到不断发展与完善。

(一)后勤管理物流与分销物流理念产生与并存发展(20世纪初到50年代中期)

英语 logistics 被认为是军事科学的分支学科,既可以指后勤或后勤管理,又可以指后勤学。后勤管理物流理论起源于美国,从最早对军事后勤的管理问题研究开始到后来在整个商业后勤管理中的应用研究,逐渐形成了后勤管理物流理论。美国陆军少校琼西·贝克尔于1905年在其所著《军队和军需品运输》一书中较为完整地论述了后勤管理物流,"物流"就是那个与军备的移动与供应相关的战争的艺术的分支。根据美军的规定,后勤管理的含义除了军需资料的订购、生产计划、采买、库存管理、配给、输送、通迅外,还包括规格化、品质管理等军队作战行动所必需的资材管理①。第二次世界大战期间,美国军事兵站后勤实践活动的成功开展,为综合物流的认识和发展提供了重要的实证依据,促进了后勤管理物流理论的形成与发展,旨在促进物流领域知识更新与职业发展的全美输送物流协会也于1946年在美国正式成立。

物流在流通中的重要性最初由约翰·F.格鲁威尔提出,1901年他在美国政府报告《农产品流通产业委员会报告》中第一次论述了对农产品流通产生影响的各种因素和费用。1915年,美国学者阿奇·萧在《市场流通中的若干问题》中提出物流的概念,亦称"物质分拨"或"实物分销",被公认为是现代物流概念的早期萌芽。1935年,美国市场营销协会(American Marketing Association,简称AMA)认为,物流是包含于销售之中的种种经济活动。1954年,美国市场营销协会把物流的定义修改如下:所谓物流,就是物质资料从生产阶段移动到消费者或利用者手里,并对该移动过程进行管理。

(二)分销物流理论进一步发展并扩散(20世纪50年代中期至80年代中期)

分销物流在美国起先作为产成品销售领域的实物分销功能来认识,属于销售物流的范畴,后来其外延进一步扩大。1963年美国物资配送管理协会(National Council of Physical Distribution Management,简称NCPDM)成立,标志着分销物流理论在实践中得到进一步发展并得到广泛认可,该协会1967年对物流的定义除了包括产成品的销售物流之外,也包括了原材料的供应物流。1976年,该协会对物流定义进一步修改为:所谓物流,就是以对原材料、半成品、完成品从发生地点到消费地点的有效流动进行计划、实施和结果管理为目的的活动,这种活动内容包括顾客服务、需要预测、流通情报、库存管理、搬运、订货管理、部品准备及售后服务、工厂及仓库选址、购买、仓库活动、包装、退货处理、废物回收及销毁、输送。

分销物流在美国发展的同时也不断向其他国家扩散。1956年日本"流通技术专业考察团"赴美学习考察了美国物流,把分销物流概念引入日本。1960年社团法人日本能率协会创建了"流通技术研究会",内设"分销物流研究会",在产业界掀起了分销物流启蒙运动。"分销物流"在日本翻译为"物的流通"取代原来直接从英语中的引用,很多人觉得"物的流通"太长,在1970年后把它简称为"物流"并因此广为使用②。1979年中国物资工作者代表团到日本考察物资流通,把日文汉字"物流"直接引入我国并在国内传播。从20世纪50年代到70年代末,分销物流的概

---

① 靳伟."物流"来历及其它[J].中国物流与采购,1988(4):29.
② 靳伟."物流"一词的由来及概念的引入[J].中国物资流通.2002(2):40-41.

念已扩散到世界大部分国家。

(三) 分销物流向后勤管理物流理论转化(20世纪80年代中期至90年代中期)

美国物资配送管理协会于1985年正式更名为美国物流管理协会(Council Logistics Management,简称CLM),成为现代物流观念确立的标志,说明后勤管理物流正式取代分销物流成为物流理论的主体。与之前后勤管理物流与分销物流并存发展时不同,这一阶段的后勤管理物流已不再是军事后勤的概念,美国物流管理协会对后勤管理物流的定义已突破分销物流把物流局限于商品流通的范围,强调信息及管理在物流中的作用,开始重视整合企业资源,实现企业物流内部一体化。1991年,美国物流管理协会进一步拓展了物流的内涵与外延,把服务物流也纳入物流的范畴。

(四) 后勤管理物流向供应链管理理论演化(20世纪90年代中期以来)

随着现代系统理论、系统工程、信息工程、价值工程等科学管理理论和技术方法的出现与成熟,在可持续发展实践深入发展的背景下,在更大范围内实现物流合理化成为可能也是成为必然要求,后勤管理物流理论也逐渐向供应链管理(Supply Chain Management,简称SCM)转变。

1998年,美国物流管理协会对物流进行定义时强调,物流是供应链的一部分,物流已超越了单个企业的范围限制,要求企业在更广阔的背景上来考虑自身的物流运作。随着可持续发展实践的深入,物流可持续发展问题逐渐引起重视,2001年,美国物流管理协会正式把"反向物流"即"逆向物流"纳入物流发展的范畴,从正向物流和反向物流的整合进一步拓展了物流的内涵与外延。

2005年,美国物流管理协会更名为美国供应链管理专业协会(Council of Supply Chain Management Professionals,简称CSCMP),标志着供应链管理理论已取代并吸收了后勤管理物流理论,美国的物流发展开始进入供应链管理时代。在经济全球化过程中,供应链管理渐渐成为各国物流发展的主流。

二、物流一体化理论

物流一体化主要体现的是后勤管理思想,它是应用系统科学的方法充分考虑整个物流过程的各种环境因素,对原材料供应、产品生产与销售及其回收再利用、废弃物处理等物流活动进行整体规划和运行,实现整个系统的最优化。物流一体化已经历了功能一体化、企业内部物流一体化、供应链物流一体化、物流网络一体化和物流系统一体化五个阶段。起初(主要在20世纪70年代前),企业通过物料管理和物资配送等方式对运输、采购、仓储等按功能分开管理的物流活动统一起来管理，实现物流功能一体化。后来（主要在20世纪80年代），把分散在营销、生产和财务等部门的物流活动统一由物流部门管理，实现企业物流的内部一体化；有些企业开始把物流管理的一部分或全部分离出来，外包给第三方物流企业运营。再后来（主要在20世纪90年代），企业为增强柔性和敏捷性，降低整个供应链的成本，纷纷与上游供应商和下游分销商进行合作，建立最优的商品供应体系，实现了跨企业的供应链管理一体化。进入21世纪以来，物流网络一体化成为物流一体化的主要形式，它是物流管理系统化的具体体现，是运用综合、系统的观点，将整个供应链当作统一的流程，对物流的所有功能进行统一管理，通过将物流各环节联结为一个完整的产业系统，实现物流过程的合理化、最优化、效益化①。近年来，物流网络一体化过程中进一步要求实现物流系统一体化。物流系统一体化包括：国际、国内的区域物流一体化，基础设施、资金、信息、制度等物流要素一体化，物流网络一体化，物流政策一体化，物流延伸供应链和物流服务的多元一体化，物流产业一体化②。物流一体化的实质是一个物流管理的问题，即专业化物流管理人员和技术人员，充分利用专业化物流设备、设施，发挥专业化物流运作的管理经验，以求取得整体最优的效果③。物流一体化发展的动力分为内部动力、外部动力和中间融合力三种，其来源由内在的产业特性、社会经济活动所派生的物流需求特性以及物流市场的融合、转化特性三方面共同构成；内在和外在动力在中间融合力的作用下，经过流入、转化、传导、输出四个阶段，实现物流一体化④。

三、供应链管理理论

供应链管理作为一种新的学术概念首先在西方被提出来，很多人对此开展研究，企业也开始这方面的实践。我国著名的企业资源计划（ERP）专家陈启申认为"Supply Chain"翻译为"供需链"更加确切，中国工程院院士徐寿波把以厂商和客户共同驱动力为主的经济链叫作"供需经济"链，简称供需链，认为供需链比较适合各种商品供求情况的市场。随着社会发展背景的变化，供应链的内涵也在变化，大体分为三个阶段：强调是物流管理过程的阶段、强调是价值增值链的阶段、强调是"网链"的阶段⑤。从原料供应、产品生产到商品销售而形成的一个链状的供需过

---

① 蒋革,刘平.一体化物流网络对区域经济的促进效应研究[J].科技进步与对策,2007(4)：62-64.
② 戴雅兰,谢泗薪."一带一路"背景下物流一体化发展战略研究[J].铁路采购与物流,2015(12)：52-55.
③ 安贵鑫,张在旭,付爱,等.物流一体化战略及其实施[J].企业改革与管理,2004(3)：10-11.
④ 李国旗.区域物流一体化发展的动力及相互作用机制研究[J].华东经济管理,2013(6)：114-117.
⑤ 王金圣.供应链及供应链管理理论的演变[J].财贸研究,2003(3)：64-69.

程涉及供应商、制造商、销售商等多个厂家,供应链最初仅被视为企业对这一个物流过程的管理。20世纪80年代以来,市场中供、需双方的关系出现了一百八十度的转变,顾客在买卖关系中占据了主导地位,由卖方市场变为买方市场,因此,消费者被纳入了供应链的范围。供应链就成为一个涵盖了供应商、生产商、分销商、运输商、消费者等整个产品"运动"过程的价值增殖链。随着信息技术的发展和产业不确定性的增加,企业间关系呈现网络化的趋势日益明显,众多"单链"纵横交错而成的供应链就构成了"网链"结构的供应链。马士华教授认为,供应链是围绕核心企业,通过对信息流、物流、资金流的控制,从采购原材料开始,制成中间产品以及最终产品,最后由销售网络把产品送到消费者手中的将供应商、制造商、分销商、零售商直到最终用户连成一个整体的功能网链结构模式。

供应和需求是供应链形成的基础。缺少供应或者需求都不能形成供应链,只有供应和需求同时存在,才能形成一个完整的供应链。供应链管理具有丰富的思想内涵,包括"合作"思想、"整合"思想、"共赢"思想和"快速响应"思想等,但核心是供需协调思想。供需协调是供方(上游企业)与需方(下游企业或顾客)之间在高效、低成本、准时条件下的物流、信息流、资金流的协调,供应链管理的核心就是对供需之间协调的管理[1]。

生产、流通和消费在社会再生产过程是一个相互依存、相互渗透的过程。在这个过程中,供应链中的企业在价值的生产和实现上是相互依存的,而在利益分配上(表现在商品上的价格竞争)又是相互矛盾的,而商品只有被最终消费其价值才能实现。企业简单地把成本转移到上游或下游企业,结果只能是提高最终消费者的商品购买价格,在买方市场下,商品价格的提高并不能使企业增强竞争力[2],相反的只会削弱整个供应链的竞争力,因此最终的竞争并不表现为企业与企业之间的竞争,而表现在供应链之间的竞争。供应链管理的目标是协调供应链参与各方的利益、优化整个供应链上的所有环节,以低成本、高水平的服务满足顾客需求,从而获得竞争优势。

从经济学的交易成本论、管理学的资源基础论、社会学的网络组织论的视角来看,供应链管理模式是一种介于市场治理和公司内部治理之间的治理模式,衡量供应链存在的合理性关键之一在于度量其交易成本的大小[3]。不管企业是否意识

---

[1] 陆淳鸿,钟叶飞.基于供需协调的供应链管理[J].江苏商论,2010(1):109-110.
[2] 绎明宇,张铎.一体化物流与供应链管理[J].中国物资流通,2000(6):32-33.
[3] 孙衍林.供应链管理的系统科学理论分析[J].科技管理研究,2006(8):240-242.

到,供应链是客观存在的,如果供应链状态不合理,就会导致链上各个企业间的交易成本居高不下,甚至会抵消掉链上各个企业在内部管理上取得的绩效①。成功的供应链管理,既能够凭借组织化的优势降低市场交易费用,也能够依靠市场化的优势提高市场交易效率②。随着互联网、物联网、云计算、大数据技术应用的成熟,供应链管理服务的经营目标趋向于促进供应链运营全过程的"零边际成本化"③。

四、现代物流的发展趋势

一般认为现代物流开始于20世纪80年代中期,以1985年美国物资配送管理协会正式更名为美国物流管理协会为主要标志。分销物流只是实现了产成品销售领域的物流整合,随着信息革命的持续推进,在经济全球化和可持续发展成为时代要求的背景下,企业开始在全球范围内进行生产和经营活动,现代物流的发展不但要实现企业内部物流一体化,还要对现有物流体系进行优化,以供应链的思想来经营物流,形成与生态环境共生的物流管理系统。综观发达国家的物流实践,现代物流应至少包括以下内涵:通过信息流与物流的融合,提高物流的运作效率;贯彻一体化的供应链思想,实现供应链中各种资源的高效整合④;保证满足客户需求并不断提高客户满意度的前提下以尽可能低的成本提供物流服务;迎合经济全球化对物流的需求,确保物流的可持续发展。

在可持续发展实践的背景下,西方发达国家在20世纪90年代以后出现了绿色物流、逆向物流、绿色供应链、低碳物流、低碳供应链等概念。近年来,经济社会发展面临资源能源短缺、生态环境恶化、人类健康隐患等新形势,国际社会对可持续发展问题愈加关注,尽快实现绿色循环低碳转型的呼声日益高涨,后勤管理物流和供应链管理理论已经不能完全适应新时期经济转型的要求,物流内涵的单一经济属性将进一步向经济、社会、生态综合属性发生变化与扩展。我国在可持续发展的基础上提出科学发展、绿色发展,提升生态文明建设水平,在此背景下,徐寿波院士进一步研究提出基于"物的流动"(Material Flow,简称MF)的"大物流论"⑤,发

---

① 刘丽文.供应链管理思想及其理论和方法的发展过程[J].管理科学学报,2003(2):81-88.
② 富立友,杨学治.供应链管理形成原因的理论解释[J].生产力研究,2009(4):123-125.
③ 陈广仁,唐华军.供应链管理的开放式创新机制:基于物联网的"零边际成本"的理论假设[J].中国流通经济,2017(8):105-115.
④ 周元福.对现代物流内涵的再认识[J].经济师,2005(4):82-83.
⑤ 徐寿波.物流业是服务业的核心:大物流理论[J].物流技术(装备版),2010(2):34-38.

现和揭露物流的科学内涵与发展趋势(图 2-1)①。

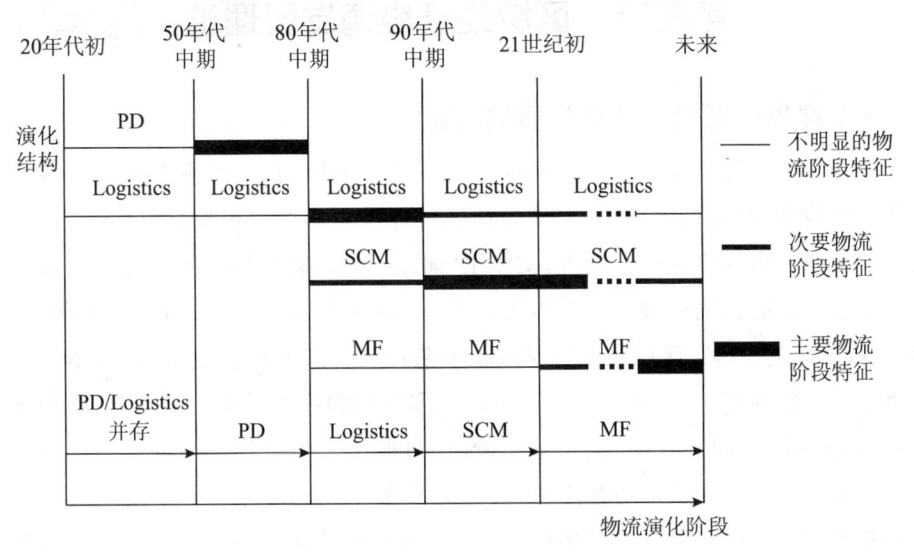

图 2-1 物流理论演化及其发展规律

大物流包括自然界的物流、社会界的物流和经济界的物流,是宏观物品的流动和微观物质的流动的总称,是包含分销物流和后勤管理物流的概念。物质世界的变迁表现为物的流动,自然物流在人类社会之前已经存在,是自然生态系统存在的基本形式,是社会物流和经济物流的基础,本身并没有好坏之分,但自然物流对人类可能带来有益的影响也可能造成有害的影响,人类要趋利避害。社会物流是随着人类的出现而产生的,是人类社会特有的现象,主要内容是消费。人类要妥善处理因生产消费和生活消费而产生的社会物流。经济物流强调的是物流的经济性,流动的物是各种商品或产品,其动力主要来源于人类的各种经济活动。把自然物流、社会物流、经济物流统一起来的大物流是物流的发展方向,将来必然成为物流阶段特征的主流,但这个过程并非短期能够完成,期间,以生态文明理念指导区域物流实践,发展生态文明型物流,实现物流发展的绿色循环低碳转型将起到积极的重要的作用。

---

① 索海尔·乔德利,侯汉平,李令遐.物流理论演化的历史考证与最新发展[J].北京交通大学学报(社会科学版),2010(1):24-30.

第三节 区域经济协调发展理论

一、提出区域经济协调发展的背景

中华人民共和国成立到改革开放开始的这一段时间,我国主要实行区域经济均衡发展战略;改革开放后,国家从加快国民经济发展全局出发,对区域经济发展战略和生产力布局作了重大调整,实施了"向东倾斜,梯度推进"的区域经济非均衡发展战略。此后我国区域经济发展差距凸显,东部GDP占全国的比重不断上升,到1995年已达51%,区域经济绝对差距不断拉大。区域经济差距过大,不仅不利于落后地区的发展,发达地区也会因为市场容量问题造成后续发展乏力,整个国家在国际上的竞争地位也会受到严重影响,还可能引发大量社会问题。为了把区域经济发展差距控制在适度的范围内,1995年党的十四届五中全会上决定从"九五"计划开始实施区域经济协调发展战略。促进区域经济协调发展是我国顺应区域可持续发展要求而提出的区域经济发展战略,这一战略在科学发展观指导下通过生态文明建设进一步得到全面贯彻落实。党的十九大报告提出,实施区域协调发展战略,因此,包括区域经济协调发展的区域协调发展越来越成为中国发展的重大课题。

二、区域经济协调发展的内涵与主要内容

对区域经济协调发展的认识是一个逐步深入的过程,需要根据我国区域经济发展过程中不同阶段的实际状况与需要不断完善。

区域经济协调发展既是一个过程也是一种状态,既包括区域内部也包括区域之间的经济协调。其内涵可表述为:在各区域对内对外相互开放的条件下,经济交往日益密切、区域分工趋于合理,区域经济发展整体高效且差距控制在适度范围之内并趋于缩小,实现区域经济良性互促的状态和过程。区域经济协调发展有程度之分,即区域经济联系越密切、区域分工越合理、区域经济发展差距的程度越小以及区域经济整体发展速度越高,区域经济发展的协调程度也就越高[1]。

区域经济结构与区域经济关系的协调是区域经济协调发展的主要内容[2]。区域经济结构的协调主要指包括经济发展水平和发展速度的区域经济总量结构的协调、区域产业结构的合理化与高级化、区域内经济布局的合理化与区际经济布局的

---

[1] 彭荣胜.区域经济协调发展内涵的新见解[J].学术交流,2009(3):101-105.
[2] 蒋清海.区域经济协调发展的若干理论问题[J].财经问题研究,1995(6):49-54.

协调互动、根据区域的不同发展阶段与特点确定区域经济发展时序。区域经济关系的协调主要指形成公开透明的经济利益调节机制、消除区域生产要素自由流动的各种障碍、培育区域市场和全国统一市场、保证区域内外的公平交易。从系统论和科学发展观的角度理解区域经济协调发展,其目标内容可细分为发挥区域比较优势,地域分工合理,整体效益不断提高,经济发展差距适度,促进区域经济发展与人口、资源环境、社会发展相协调,与不同层次的空间系统相协调,与区域分工和产业结构相协调[1]。

三、区域经济协调发展的影响因素与战略举措

(一)影响区域经济协调发展的因素

影响区域经济协调发展的因素众多,主要包括:具有特定自然、历史、文化、经济基础等发展条件的区位,要素和产品价格为特征的宏观经济政策,区域经济发展战略和政策,经济全球化与区域经济一体化的影响,累积性因果循环。总之,资本、劳动力、自然资源等传统的因素和科技与体制创新、信息化水平、生态环境等新的因素交织在一起,有效新因素通过传统因素起作用,它们共同影响着我国区域经济协调发展[2]。

(二)区域经济协调发展的战略举措

区域经济协调发展主要依靠市场、政府和企业三类经济主体。合理协调区域经济发展的首要前提是明确界定与规范作为宏观调控主体的各级政府的调控权限与职责[3]。政府在协调自身利益的基础上完善和深化经济体制改革,因势利导对产业结构进行调整,消除区域生产要素自由流动的各种障碍,不断健全区域市场和全国统一市场,发挥市场机制的作用;同时加大对落后地区的基础设施建设和教育投入,通过区域发展政策培育增长极,促进微观组织企业的跨区域扩张,优化经济空间结构,以增长极带动区域协调发展。通过政府干预、市场调节、企业运营,形成市场、政府和企业三类经济主体的合理分工,充分发挥市场、政府和企业三种协调机制的作用,保证区域经济系统的良性运作,实现区域经济协调发展的目标[4]。我国区域经济协调发展战略措施已从"三线建设"到"城市群"、再从"城市群"到"区域板块"(西部大开发、东北振兴、中部崛起等)转到"经济带"建设(长江经济带、"一带

---

[1] 陈秀山,刘红.区域协调发展要健全区域互动机制[J].党政干部学刊,2006(1):26-28.
[2] 陆大道.中国区域发展的新因素与新格局[J].地理研究,2003,22(3):261-271.
[3] 杨筠.我国区域经济协调发展的市场化制度安排[J].曲靖师范学院学报,2007(5):48-52.
[4] 田扬戈.论区域经济协调发展[J].党政干部论坛,2000(2):25-27.

一路"等)①。

四、区域经济协调发展对区域物流的影响

区域经济协调发展一方面为区域物流发展提供良好的经济基础与发展环境,另一方面也对区域物流发展提出更高的要求以促进区域经济进一步协调发展。区域经济协调发展必将增强区域经济比较优势,产生规模经济和范围经济,形成合理的区域分工与协作局面,强化区域内外的经济联系,这就影响着区域物流需求和物流基础设施结构,影响着物流供给;区域的经济结构决定着物流产业结构,区域经济的发展为物流产业提供充足的市场需求和软硬件支持,有利于物流企业服务水平的提高,同时决定物流产业的发展水平和趋势。而作为区域经济系统子系统的区域物流系统,其发展也必须适应区域经济协调发展的要求。实现区域经济协调发展的关键是促进区域产业的协调发展,能提供集约化服务,推进跨领域、跨区域协同发展的现代物流业大有可为。现代物流服务因为其特有的功能而有助于降低中间环节流通成本,有利于加强区域经济合作,从而促进区域经济协调和可持续发展。研究表明物流竞争力与经济发展之间影响是相互促进的,但相比于区域经济水平对物流竞争力的影响程度,物流竞争力对区域经济发展的影响作用更显著;物流业对我国区域经济增长具有正向促进作用,对东部地区经济位于低分位点的省份的贡献较大,而对于中部地区经济处在高分位点省份的经济贡献较大,对西部地区经济整体带动作用最显著。

第四节 生态文明理论

一、生态文明的内涵

"生态兴则文明兴,生态衰则文明衰。"人类社会的发展史,从根本上说就是人类文明的演进史、人与自然的关系史。生态文明是相较于工业文明更高级别的文明形态,人类经历了原始文明、农业文明、工业文明,生态文明是工业文明发展到一定阶段的产物,是实现人与自然和谐发展的新要求。生态文明既是一个动态性的概念,也是一个时代性的概念,自从20世纪80年代中期我国提出生态文明概念以来,国内学术界对生态文明内涵的界定,概括而言,可归纳为从横向的社会文明系统的组成要素和纵向的人类文明发展的现状与趋势两个视角,即从狭义和广义两

---

① 黄志钢.构建"经济带":区域经济协调发展的新格局[J].江西社会科学,2016(4):37-42.

个视角相结合把生态文明理解为"类的文明"和新的"社会文明"。在人类文明历史的发展中,始终存在着两种文明形态,即"类的文明"和"社会文明",它们是生态文明研究的两个基本概念[①]。类的文明是指在同一个历史文明阶段中存在的各类的文明形态,如物质文明、精神文明、政治文明等;社会文明是指不同历史阶段所具有的不同的社会文明形态,如原始(狩猎)文明、农业文明、工业文明和生态文明。社会文明是一个复杂的整体系统,类的文明是其分系统,是社会文明的基础和主要组成。生态文明不但是类的文明,而且是社会文明,两者交叉融合,有机联系,也有重要区别。类的生态文明主要指人与自然的和谐关系,重点是生态恢复与建设、环境治理与保护,新的社会文明是在工业文明中萌芽与发展的,它首先是以类的文明形态出现,经过不断发展,过渡到社会文明形态,是一种渐变的、由量变到质变的过程,要经过很长的工业文明与生态文明共同存在的中间阶段。类的生态文明就是中间阶段的主要产物,其中工业文明不断变小,生态文明不断变大,以至出现质的飞跃,实现社会形态的生态文明。我们现在的生态文明建设是两者结合,以类的生态文明建设为基础,发展转变成为社会生态文明形态。总之,生态文明是指人类充分发挥主观能动性,认识并遵循自然—人—社会复合生态系统运行的客观规律建立起来的人与自然、人与社会、人与自身和谐协调的良性运行态势,和谐协调、持续全面发展的社会文明形态,它是人类创造的物质成果、精神成果和制度成果的总和。

二、生态文明观

生态文明观主要包括生态文明哲学观、生态安全观、生态文明生产力观、生态文明价值观、生态文明伦理观、生态文明的本质特征、生态文明消费观、生态文明观的方法论、生态文明的绿色精神。

生态文明哲学观从生态整体主义出发,指出自然、人和社会是一个复合生态系统,是有机联系的整体,其中自然生态系统是复合生态系统赖以生存和发展的基础,人类是推动复合生态系统发展和进步的主要力量,社会是其保障。

生态安全观是生态文明最基本而又最重要的观点,认为生态安全是指维系人类生存和社会经济文化发展的生态环境不受侵扰和破坏的一种状况。

生态文明生产力观是生态文明观念系统的重要内容,生态文明生产力(简称生态生产力)及其微观基础生态文明经济的发展和进步,是转变生产方式、从根本上改变工业文明的严重弊端、建设生态文明的重要问题。

---

① 廖福霖,等.生态文明学[M].北京:中国林业出版社,2012:9-10.

生态文明价值观是生态文明哲学观的具体体现,是人们对自然界生命价值以及人类在自然界中的价值和位置的科学评价。

生态文明伦理研究人与自然、人与人、人与社会即复合生态系统的关系,它是生态文明哲学观、价值观在道德领域的延伸和具体表现。

生态文明的本质特征是和谐协同,具体地说,就是人与自然的生态和谐、人自身的心态和谐、人与社会的社会和谐。

生态文明消费观主要包括"以人为本"消费观、资源节约环境友好消费观、和谐消费观。

生态文明观的方法论主要用来指导生态文明的实践,其主要内容有辩证唯物主义方法论、历史唯物主义方法论、循环与开放相结合的方法、整体性与层次性相结合等方法。

绿色精神是生态文明观的重要组成部分,它是生态文明哲学观、价值观、方法论的综合体现。

三、生态文明的微观基础

生态文明是新的社会文明形态,是更高层次的社会文明理想和实践,它的促成需要大力发展生态文明生产力,需要转变传统的经济发展方式,需要在具体的产业与区域得到落实。生态文明建设的核心内容是发展生态文明生产力(简称生态生产力),生态生产力的发展是生态文明产生和发展的内在根本推动力。生态文明经济是生态生产力的微观形态,是转变生产方式和生活方式的主要表现,是生态文明建设的重点内容,是生态文明的微观基础。

生态文明经济是指在社会经济包容性发展过程中,从内生力量推进生态效应、经济效应与社会效应相统一和最优化,化解资源能源、生态环境和人类健康等危机,满足人的物质、精神、生态需求以及自然生态系统自身的需求,提高人的幸福感,促进自然—人—社会复合生态系统和谐协调、全面、持续发展的新兴经济系统。它是优化经济结构、实现产业升级、转变发展方式的主要途径和有效载体,是生态生产力的主要表现形态,是生态文明社会的主要经济基础。

生态文明经济是生态文明实践的产物,其发展将推动自然—人—社会复合生态系统的和谐协调。生态文明经济具有以下几种功能:首先是其基本功能,即实现生态效应、经济效应和社会效应的相统一与最优化,它是通过转变经济发展方式、增强经济整体质量与效益、优化经济系统结构获得的。其次是其核心功能,即满足人的物质需要、精神需要和生态需要,提高人的幸福感,体现了以人为本,这是生态文明经济发展目的决定的。最后是其最高功能，即自然生态和谐、人体生态和谐、社会生态和谐三者耦合而成的自然—人—社会复合生态系统的和谐，它是在前面两个功能耦合的基础上形成的。

生态文明经济的各种表现形态也就是生态文明经济的外延，主要包括创新经济、循环经济、体验经济、生态经济、绿色经济、低碳经济、生态文明消费型经济和传统经济的改造提升等。其中生态文明经济的核心与基础形态是创新经济，方法论形态是循环经济，高级形态是体验经济，基本形态包括生态经济、绿色经济、低碳经济和生态文明消费型经济，现实应用形态是传统经济的改造提升。生态文明经济的各种发展形态都是为了实现自然—人—社会复合生态系统的和谐协调而在经济发展方面的努力，但它们也有各自不同的发展侧重点，存在一定区别。

四、生态文明对物流发展的要求

传统工业文明的视角一般都把物流局限于企业层面或至多在供应链层面，把它当作企业获取经济效益的手段，往往把经济效益、社会效益和生态效益相割裂，难以适应生态文明建设的要求。生态文明视野下发展物流要求突破这一局限，认为生态文明的微观基础是发展生态文明经济，物流系统作为经济系统的一个重要子系统，其发展必然要以生态文明观为指导，遵循生态文明经济的运行规律，为发展生态文明经济服务。生态文明观的整体主义必然要求在发展生态文明经济时突破企业的局限，至少应从区域层面发展生态文明经济。走出一条经济发展和生态文明水平提高相辅相成、相得益彰的路子。物流发展也必须适应这一要求，企业物流要向区域物流延展，而且物流发展必须有利于区域产业生态化和生态产业化，有利于生产方式和生活方式的绿色循环低碳转型，应该满足国民在生产生活过程中对优质高效物流的需求并且保证经济效益、社会效益、生态效益三者的相统一和最优化，实现自然—人—社会复合生态系统物质变换的良性运行，促进生态文明经济全面、协调、可持续发展。

第三章
区域物流发展趋势分析

第一节 区域物流的发展过程与特点分析

区域物流属于中观物流的范畴,它超出单一企业物流系统,是以某行政区、经济区或特定地域为活动范围,以大中城市为中心,以区域经济为基础,结合物流辐射的有效范围,将区域内部以及区域之间的物流活动进行有效集成的组织形式和物流形态。区域物流发展是与区域经济社会发展和区域生态环境影响密切联系的,是物流与区域人口、资源、环境、经济、社会协调发展的动态过程,这一过程主要呈现以下一些特点。

一、物流活动的空间范围不断扩大

区域物流概念的提出目的在于突破企业内部物流的局限,通过整合企业及区内外的物流资源实现更大范围的物流合理化。在追求物流合理化的过程中,物流活动的空间范围遵循企业→城市→区域→国家→国际的路径在扩大,借助于区域物流系统的主体(各种物流组织)、客体(物流对象)、载体(物流基础设施、设备、工具、标准等)及其相互关系组成的总体结构,形成有机整体,实现区域物流的基本功能,如图3-1所示[①]。

二、物流资源整合的水平不断提高

物流资源的整合既是物流企业适应现代物流产业向全球范围内加速集中的战略需要,也是物流企业调整经营管理和运作模式的重要手段[②]。在区域物流发展过程中,物流资源整合水平不断提高主要有以下几方面的表现(图3-2)。

第一是物流活动的空间范围不断扩大。物流活动已从企业内部层面扩大到城乡、区域、整个国家、跨越国界向其他国家乃至遍布全球。

---

① 周德平.区域物流系统优化:以珠江三角洲城市群为例[M].北京:经济管理出版社,2011:5.
② 舒辉.论现代物流的资源整合[J].郑州航空工业管理学院学报(管理科学版),2004(4):86-88.

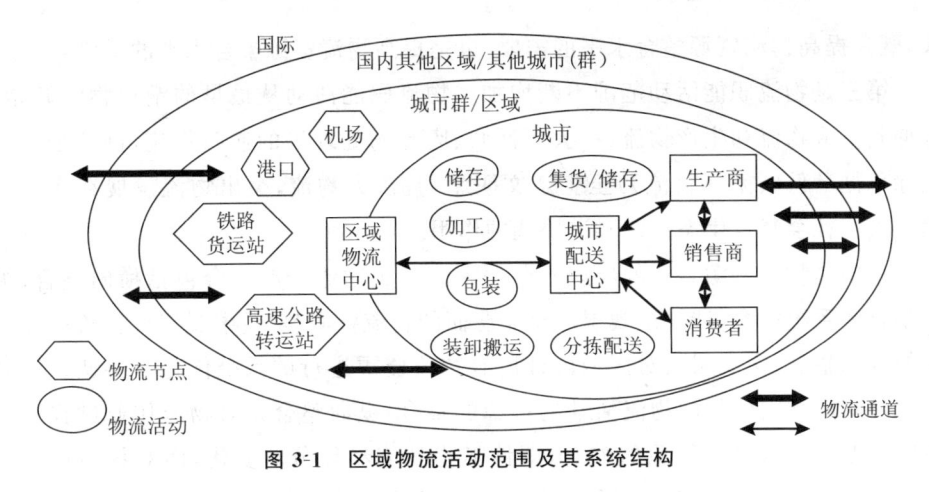

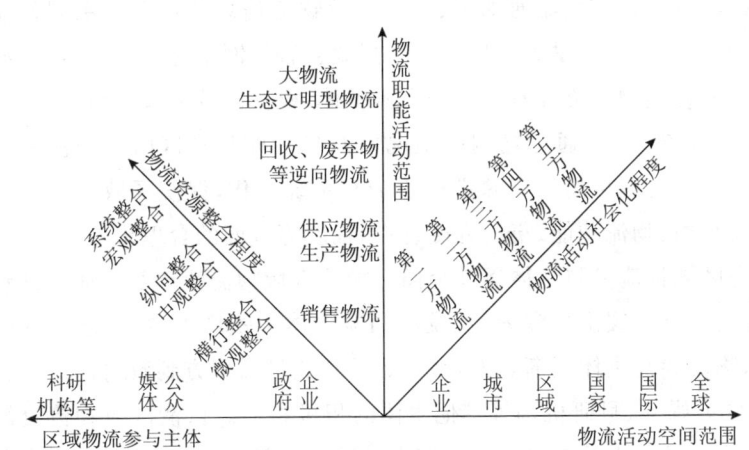

图 3-1 区域物流活动范围及其系统结构

图 3-2 区域物流资源整合水平不断提高的表现

第二是物流活动的社会化程度不断提高。社会上除了第一方物流、第二方物流之外,第三方物流、第四方物流、第五方物流不断涌现并发展壮大。第一方物流指生产者或者供应方(卖方)组织的物流活动;第二方物流指销售者或流通企业(买方)组织的物流活动;不同于买方和卖方,第三方物流是由专业的物流企业组织的物流活动,它同第一方和第二方物流相比具有明显的物流资源整合优势;第四方物流主要是指由咨询公司提供的物流咨询服务,咨询公司应物流公司的要求为其提供物流系统的分析和诊断,或提供物流系统优化和设计方案,或提供整个供应链的整合方案等;第五方物流是指由物流信息服务商提供的物流信息服务,包括提供更大的地理区域内、更多的行业、更多的企业供应链物流信息的搜集、设计、整理、分析、开发、集成和推广等。第三、四、五方物流的出现是社会分工细化的表现与结果,既是提高物流资源整合水平的需要,也是提高物流资源整合水平的手段。

第三是物流职能活动范围不断增加。物流职能活动从最早的销售物流开始,延伸到供应物流和生产物流,扩大到回收、废弃物处理等的逆向物流,进一步发展到绿色循环低碳循环物流乃至生态文明型物流、大物流,突出物流发展在实现自然—人—社会复合生态系统和谐协调的作用。

第四是物流资源整合的层次不断深入。区域物流资源整合包括横向整合、纵向整合及系统整合,涉及微观层次企业层面的物流资源整合、中观层次物流产业层面的资源整合、宏观层次对区域内外所有物流资源进行的系统优化与协调。横向整合是对区域内外相同物流活动的资源的整合;纵向整合是对物流作业过程和供应链所涉及区域物流资源的整合,即伴随物品流经环节的变化,而对物品进行包装、装卸搬运、运输、储存、流通加工、配送以及物流信息处理等一系列作业进行有效协调整合;系统整合就是为了形成一个高效、畅通、网络化的现代区域物流系统,而将区域内外各类物流资源看成一个有机整体,根据区域人口资源环境条件,结合区域规划、产业布局、交通运输网络情况以及各种商品在区内外的流向、流量、流程、流速等因素,对区域物流资源进行协调与系统优化,促使区域物流运作的网络化并在空间结构、物流功能、集约程度、协同程度等方面的合理化[1]。

第五是区域物流参与主体逐渐全面。随着区域物流活动及其职能活动范围的扩大、物流资源整合层次的深入,涉及的利益主体不断增加,物流活动的外部性也更加凸显,物流参与主体逐渐全面,从开始的物流供需双方到政府的介入再到包括消费者、NGO、媒体、科研机构等其他主体的积极参与。认清区域物流资源整合过程中政府、企业及个人等各参与主体存在不同的利益诉求,客观认识各参与主体利益不均衡,尽可能地探寻其中的利益均衡点是实现区域物流资源整合的关键[2]。

三、区域物流可持续发展受关注

随着我国经济的迅速发展,经济总量的增加对物流的需求量也在不断增长,物流活动对生态环境的破坏也越来越严重,如交通堵塞、资源浪费、能源紧张、废气污染、噪声污染、粉尘污染、废弃物增加、垃圾成堆等,所有这一切如果得不到有效的控制,必将进一步加剧我国经济发展与资源、环境、社会等之间的矛盾。因此,实施物流可持续发展战略,实现物流活动与环境相容成为必然选择。物流可持续发展战略的实施仅在企业层面是远远不够的,区域层面实施物流可持续发展战略因此

---

[1] 刘助忠,龚荷英.层次结构的区域物流资源整合[J].求索,2011(1):49-50.
[2] 陈成栋.区域物流资源整合利益均衡问题研究[J].湖北第二师范学院学报,2011(10):86-89.

受到关注,学者们已开始在这方面进行了探讨,实业界的实践不断深入,同时也进入国家的决策层面。2009年《国务院关于印发物流业调整和振兴规划的通知》(国发〔2009〕8号)鼓励企业加快发展产品与包装物回收物流和废弃物物流,促进资源节约与循环利用;鼓励与支持物流业节能减排,发展绿色物流。《国务院关于印发物流业发展中长期规划(2014—2020年)的通知》(国发〔2014〕42号)提出大力发展绿色物流,推动节能减排。《国务院办公厅关于转发国家发展改革委物流业降本增效专项行动方案(2016—2018年)的通知》(国办发〔2016〕69号)提出根据行业发展需求,加快制修订冷链物流、绿色物流等方面标准。

四、区域生态文明型物流成趋势

绿色经济、低碳经济、循环经济在国内外已进行了大量实践,在国际金融危机造成经济低迷与生态环境严峻形势持续扩大的背景下,如何实现绿色发展、循环发展、低碳发展已成为当今世界最为关注的经济社会问题。因此,关于绿色物流、低碳物流、循环物流的探讨也在升温之中,区域绿色循环低碳物流的发展也成为一种趋势。这种趋势在生态文明建设的背景下将得到进一步加强,区域生态文明型物流将不断发展。

第二节 生态文明型物流诠释

一、生态文明型物流的内涵

生态文明型物流(ECMF)是在生态文明理念的指导下促使经济物流(EMF)、社会物流(SMF)、自然物流(NMF)有机融合,满足生产生活对优质高效物流的需求,促进自然—人—社会复合生态系统全面、协调、可持续发展的物流系统,是现代物流发展逐渐取代传统物流,不断获得物流经济效应、社会效益、生态效应相统一和最优化的过程(图3-3)。

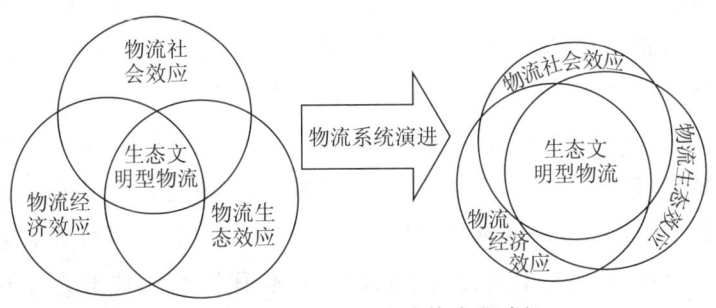

图3-3 生态文明型物流的演进过程

二、生态文明型物流的表现形态

总的来说,凡是根据现代生态学的基本原理、遵循现代生态学的基本规律、运用现代生态学的基本方法、创新生态化技术体系,能够促进资源能源、生态环境和经济社会的全面、协调、可持续发展的物流运行模式都属于生态文明型物流的表现形态,都是对生态文明型物流的积极实践,循环物流、绿色物流、低碳物流、逆向物流、精益物流、敏捷物流等是其典型。

(一)循环物流

循环物流是满足循环经济发展需要的物流系统,是由正向物流与逆向物流有机整合而成的物流系统。循环经济首先要遵循的原则是在自然—人—社会复合生态系统中进行大循环,而不是只在社会经济系统内循环,人类社会必须从自然界获取物质资源以满足生存和发展需要,自然界也需要人类社会的反哺才能实现生态平衡,只有自然生态系统和人类社会生态系统(包括经济系统)形成良性物质循环运动,才能从宏观上保证经济社会生态的全面协调可持续发展。在自然—人—社会复合生态系统的大循环过程中,人通过自身能动性的发挥,一方面不断提高资源的质与量,增强生态环境的承载力,另一方面不断提高经济发展的知识含量,增加知识资源对物质资源的替代量,这就是循环经济的"增量化"原则。有了循环经济的"增量化",在生产系统中就可以遵循"减量化"原则,把生态系统物质循环运动和能量梯级利用的原理、规律、模式运用到社会生产领域,通过企业内的生产循环、企业间的生产循环和产业间的生产循环提高资源利用效率、减少废弃物的产生。而在消费系统中则可以遵循"再利用""资源化"原则,通过延长消费品使用时间和周期以及废弃物的回收、分类,进行再加工利用。最后在经济系统中无法利用的废弃物则遵循"无害化"原则进入生态环境系统再循环。循环经济的"五原则"("增量化""减量化""再利用""资源化""无害化"的原则)在生产、生活中的利用并不是分开的。遵循循环经济的"五原则"及其方法论,循环物流必须在自然物流、社会物流、经济物流构成的大物流中循环,形成自然生态系统和经济社会系统的"循环供需链"。即使在经济物流系统中,也要由物流服务需求方、物流服务提供方及其他相关的物流参与主体相互配合、积极合作,构成生产与生活、正向物流与逆向物流有机联系的物流系统,对生产生活所需要的物品和物流过程中形成的衍生物实现企业层面的"小循环",企业间或产业间的"中循环",区域、全国乃至全球生态系统的"大循环"。循环物流是生态文明型物流的基本形态之一,能够为其他物流形态所进行的物流活动提供方法指导。

(二) 绿色物流

绿色在中国文化中有生命的含义,随着绿色一词在文化、技术、行动、环保等方面应用的广泛化,其内涵可引申为和平、健康、平衡、安全、自然、和谐等[①]。绿色引入物流领域也同样拥有其相应的内涵。

绿色物流在国外被看作是与环境相协调的物流系统,是一种环境友好而有效的物流系统,是对正向物流和逆向物流的生态化管理[②]。美国逆向物流执行委员会(RLEC)认为绿色物流也可称为"生态物流",是认知和使物流活动对生态环境影响最小化的过程。我国学者冯耕中认为绿色物流是绿色经济活动过程中有效、快速的绿色商品、绿色服务流动,它保障可持续发展,连接绿色供给和绿色需求主体,克服空间和时间阻碍[③]。李可媛认为绿色物流强调了全方位对环境的关注,在物流活动中提高效率、降低能耗、减少污染,确保全局和长远的利益,整个过程不会产生任何有害的物质或其他会对自然界的动物植物造成影响的有害作用,包括正向物流和逆向物流的绿色化管理[④]。我国《物流术语》(GB/T 18354—2006)则从抑制物流对环境造成危害、净化物流环境、充分利用物流资源的角度对绿色物流进行了定义。根据国内外对绿色物流的理解可以发现它是一个内涵丰富、外延广泛的概念,降低物流过程对生态环境影响的一切方法、手段和运作过程都属于绿色物流的范畴,供应链的绿色化管理也是绿色物流管理的拓展和延伸,引导需求以获得绿色物流的合理化也是其应有之义。总之,可以从宏观和微观两个层面理解绿色物流。宏观上是指为促进自然—人—社会复合生态系统的全面协调可持续发展,实现人类健康和自然生态安全而进行的物流活动,生态物流、环保物流可以说是从这一层面理解的绿色物流。微观上是指实现绿色商品、绿色服务在绿色供给和绿色需求主体有效连接,符合资源节约、环境友好、健康安全的物流模式。绿色物流直接关系到公众的生命安全和身体健康,是生态文明型物流的基本形态之一。

绿色是一种形象用语,绿色物流这一用语也广为学术界和大众所认同,因此本书在没有必要明确区分时,绿色物流也泛指生态文明型物流,下文关于问卷调查等方面的阐述就属于这种情况。

[①] 李迅,刘琰.低碳、生态、绿色:中国城市转型发展的战略选择[J].城市规划学刊.2011(2):1-7.
[②] 于成学.基于和谐社会的企业绿色物流管理实证研究[J].中国软科学,2008(3):122-127.
[③] 冯耕中.现代物流与供应链管理[M].西安:西安交通大学出版社,2003:93-107.
[④] 李可媛.绿色物流的内涵及其发展策略探析[J].物流科技,2005(2):53-54.

（三）低碳物流

低碳物流是指在物流过程中以节能减排、增效降污为目标，利用可再生能源技术、能源增效技术和温室气体减排技术及相关管理技术，提高物流资源的利用效率，减少物流活动中的碳排放，降低物流活动对生态环境的负面影响。它主要是指物流供需链中的物流作业环节和物流管理全过程的低碳化，包括正向物流与逆向物流在内的整个物流系统的低碳优化。物流本身是能源消耗大户，也是碳排放大户，低碳物流主要考虑把清洁能源、各种"低碳"新能源应用于物流实践，把"低碳"理念贯穿于物流运作的全过程和整个物流系统，摆脱"高碳"依赖，保证经济社会生态的全面协调可持续发展，是生态文明型物流的基本形态之一。

（四）逆向物流

逆向物流是为改变传统物流的单向性而产生的一种物流发展形态，它是为价值恢复或处置合理而对原材料、生产的成品和剩余物、废弃物从后面环节的接收地到前面环节的起始点的实物流动所进行的计划、管理和控制的物流活动。狭义的逆向物流是指对废旧损坏物品进行回收维修、再加工、再制造、再循环利用的过程。广义的逆向物流还包括废弃物处理、减少资源使用以及有效的退货管理等含义[1]。生态文明型物流的基本形态已包含逆向物流的内容，但由于我国逆向物流发展的滞后造成了大量资源浪费和环境污染，逆向物流的大发展已成为现实中发展生态文明型物流的当务之急。目前我国企业对因退货产生的逆向物流一般还比较关注，而对回收和废弃物的逆向物流则很少给予关注。随着科学技术更新换代的加速和人民生活水平的持续提高，经济活动或人民生活中失去原有使用价值或被淘汰、丢弃的物品日益增多。滞后的逆向物流市场导致大量资源浪费并造成严重的生态环境破坏。2004年，《人民日报》（海外版）曾报道指出我国每年大约有20多万t废有色金属，500万吨废钢铁，1 400万吨废纸，以及大量的废电池、废玻璃、废塑料没有回收利用。根据专家统计，回收1 t废纸能生产800 kg好纸，可以少砍17棵大树，节省3 m³的垃圾填埋场空间。如果全国每年1 400万吨废纸能够回收利用，就可以生产1 120万吨好纸，少砍2.38亿棵大树，节省4 200万平方米的垃圾填埋场空间。由此可见，单就再生资源的充分利用就可以为我国节约大量资源。如果考虑因忽视逆向物流而引起空气污染、水污染、土壤污染造成的资源损失和人民健康损害，逆向物流的重要性就更加凸显，它必须也逐渐成为生态文明型物流的现

---

[1] 孙林岩,王蓓.逆向物流的研究现状和发展趋势[J].中国机械工程,2005(10):928-934.

实应用形态之一。但正如国外学者指出的那样,逆向物流对降低"生态足迹"的贡献只是部分的、零散的,为减少物流活动对生态环境造成的破坏,还必须进一步研究供应链物流活动的绿色化。逆向物流是对传统物流的改造与提升,其发展需要融入到生态文明型物流的其他形态之中。

(五) 精益物流

"精益物流"理论起源于日本丰田公司首创的"丰田生产方式",后来被詹姆斯·P.沃麦克和丹尼尔·T.琼斯的著作《精益思想》提升到了理论高度。精益思想的内涵可以概括为"一个核心五个原则"[1]。一个核心就是在为所有参与者创造价值的基础上消除各种浪费,强调对客户的深入了解,以越来越少的人力、设备、场地、时间等方面的投入,创造出尽可能多的价值同时为用户提供他们确实需要的东西。五个原则是指:① 对特定产品价值的精准确定;② 对每种产品价值流的准确识别;③ 确保价值能够不间断地流动;④ 由客户需求拉动促使生产者创造价值;⑤ 永远追求尽善尽美。精益思想最初应用于企业生产环节,现已发展延伸到企业经营管理的各个环节。精益物流是精益思想在物流领域的应用,并密切融合了供应链管理思想,其基本原则也可以概括为五方面:第一是物流的价值创造问题,精益物流以客户的视角取代企业物流职能部门的角度来研究什么可以产生价值;第二是按整个价值流来确定物流过程中所有必须的步骤和活动;第三是创造无中断、无绕道、无等待、无回流的物流运作条件;第四是在物流管理活动中及时创造仅由顾客拉动的价值;第五是通过全员参与不断消除物流活动中的各种浪费,追求完善。企业在提供顾客满意的物流服务水平的同时,把浪费降到最低程度是精益物流的目标[2]。精益物流概念除了包含其字面上所展示的"高质量与低成本兼备"的理念之外,着重强调了其所蕴含的"需求拉动、准时准确、信息共享、系统集成、相互协调、持续改善"的本质理念[3]。精益的本质就是"绿色化",精益物流从节约与消除浪费出发,通过需求拉动、信息共享、系统集成、相互协调,做到物流活动的准时准确、持续改善,实现所有参与者的价值创造,是对传统物流的改造与提升。

(六) 敏捷物流

技术更新速度加快,产品生命周期缩短;社会生活节奏加快,消费者要求越来越高;市场瞬息万变,竞争程度加剧。因此企业需要具备更高的适应能力和更快的

---

[1] 琼斯.精益思想[M].沈希瑾,张文杰,李京生,译.北京:商务印书馆,1999:16.

[2] 田宇,朱道立.精益物流[J].物流通技术,1999(6):19-21.

[3] 王茂林.供应链环境下制造企业精益物流运作研究[D].天津:天津大学,2007:32-34.

响应速度来高效地满足市场需求。物流的敏捷性问题受到广泛关注,敏捷思想也在物流领域开始推广应用。进入 21 世纪以来,敏捷物流在实践中不断发展。所谓敏捷物流,是充分利用现代信息技术、网络技术和物流技术,在确定的时间窗口内,以快速响应客户服务需求为战略目标,通过高效的物流运作促使成本降低,高度柔性且敏捷地实现物流目标的现代物流活动[①]。敏捷物流的目标是响应顾客需求的速度、顾客的满意度、合作双赢、供应链一体化的集成统一。其实质是突破单个企业的能力局限,利用物流联盟的协同关系和信息共享,实现供应链一体化,在成本与整体效率优化的基础上,满足合适顾客个性化、多样化的准时化需要。其中,供应链一体化的集成是敏捷物流的基础;合作双赢是敏捷物流运行的机制和准则;满意度既是敏捷物流的目标又是衡量顾客服务水平的尺度;速度则是敏捷物流的基本特征,包括快速且准时地将货品送达目的地,快速且高效地完成系统中的物流,快速且及时地适应物流系统对于业务变迁的要求。敏捷物流强调信息共享和物流联盟的协同运作,实现物流过程的敏捷与高效,是对传统物流的改造与提升。

精益物流和敏捷物流虽然各有特点与功能,但在经济全球化与生态化的背景下,只有对这两种物流策略进行综合运用才更能够实现物流的合理化[②],而且它们也必须与生态文明型物流的基本形态相结合才更有利于物流的可持续发展。

(七) 生态文明型物流各种形态的联系与区别

生态文明型物流的发展是一个渐进的过程,它们的各种发展形态具有的主要内涵和各自的侧重点如表 3-1 所列。逆向物流、精益物流、敏捷物流等生态文明型物流的表现形态借助于现代化的信息技术、互联网技术和智能技术,对传统物流进行改造与提升,实现传统物流向现代物流转型。它们的发展必须融入到循环物流、绿色物流、低碳物流等生态文明型物流的基本形态当中,促使生态文明物流各种形态的协同发展,实现生态文明型物流的整体功能。

---

① 王富忠.敏捷物流系统的建模、控制与运作研究[D].杭州:浙江大学,2007:2-3.
② 郑吉春,李伊松.精益物流与敏捷物流的选择策略分析[J].北京交通大学学报(社会科学版),2004(2):29-32.

表 3-1　生态文明型物流各种表现形态的内涵与侧重点比较

表现形态	主要内涵	侧重点
循环物流	在自然物流、社会物流、经济物流构成的大物流中循环，形成自然生态系统和经济社会系统的"循环供需链"；在经济物流系统中，由物流服务需求方、物流服务提供方及其他相关的物流参与主体相互配合、积极合作，构成生产与生活、正向物流与逆向物流有机联系的物流系统，实现生产生活所需要的物品和物流过程中形成的衍生物在微观、中观、宏观各层面的循环	生产与生活、正向物流与逆向物流的有机联系与循环
绿色物流	绿色物流包括宏观和微观两个层面。宏观上是指为促进自然—人—社会复合生态系统的全面协调可持续发展，实现人类健康和自然生态安全而进行的物流活动，生态物流、环保物流也属于这一范畴；微观上是指实现绿色商品、绿色服务在绿色供给和绿色需求主体的有效连接，符合资源节约、环境友好、健康安全的物流模式；绿色物流是广为学术界和大众所认同的用语	物流对自然、人、社会健康与安全的影响与促进
低碳物流	考虑把清洁能源、各种"低碳"新能源应用于物流实践，把"低碳"理念贯穿于物流供需链的各个作业环节、管理过程和整个物流系统，摆脱"高碳"依赖，保证经济社会生态的可持续发展	物流系统的"低碳"或"脱碳"
逆向物流	狭义的逆向物流是指对废旧损坏物品进行回收维修、再加工、再制造、再循环利用的过程；广义的逆向物流还包括废弃物处理、减少资源使用以及有效的退货管理等含义	再利用、再循环和废弃物的有效处理
精益物流	是精益思想在物流领域的应用，并密切融合了供应链管理思想；精益物流概念除了包含其字面上所展示的"高质量与低成本兼备"的理念之外，着重强调了其所蕴含的"需求拉动、准时准确、信息共享、系统集成、相互协调、持续改善"的本质理念	节约与消除浪费，实现所有参与者的价值创造
敏捷物流	是敏捷思想在物流领域的应用，遵循满足顾客需要原则、快速响应顾客需求原则、物流各环节协调同步原则、成本与效率兼顾原则；突破单个企业的能力局限，利用物流联盟的协同关系和信息共享，实现供应链一体化，在成本与整体效率优化的基础上，满足合适顾客个性化、多样化的准时化需要；敏捷物流的过程是敏捷的、高效的，强调反应和运作以敏捷为目标	信息共享和物流联盟的协同运作，物流过程的敏捷与高效

三、生态文明型物流的系统结构

生态文明型物流是一个表现形态多样、利益关系复杂、需要多方参与并采取综合措施的系统。它由生态文明物流的目标与任务、技术体系、政策体系、参与主体和管理对象共同组成生态文明物流的系统结构，如图3-4所示。

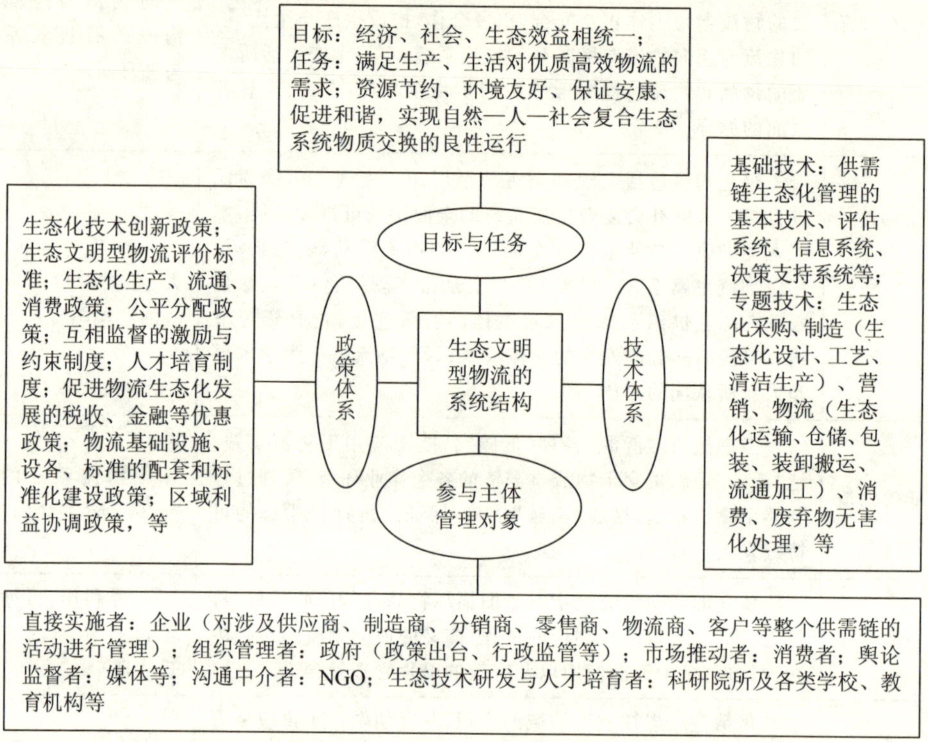

目标：经济、社会、生态效益相统一；
任务：满足生产、生活对优质高效物流的需求；资源节约、环境友好、保证安康、促进和谐，实现自然—人—社会复合生态系统物质交换的良性运行

生态化技术创新政策；生态文明型物流评价标准；生态化生产、流通、消费政策；公平分配政策；互相监督的激励与约束制度；人才培育制度；促进物流生态化发展的税收、金融等优惠政策；物流基础设施、设备、标准的配套和标准化建设政策；区域利益协调政策，等

基础技术：供需链生态化管理的基本技术、评估系统、信息系统、决策支持系统等；
专题技术：生态化采购、制造（生态化设计、工艺、清洁生产）、营销、物流（生态化运输、仓储、包装、装卸搬运、流通加工）、消费、废弃物无害化处理，等

目标与任务
政策体系
生态文明型物流的系统结构
技术体系
参与主体管理对象

直接实施者：企业（对涉及供应商、制造商、分销商、零售商、物流商、客户等整个供需链的活动进行管理）；组织管理者：政府（政策出台、行政监管等）；市场推动者：消费者；舆论监督者：媒体等；沟通中介者：NGO；生态技术研发与人才培育者：科研院所及各类学校、教育机构等

图3-4 生态文明型物流的系统结构

（1）目标与任务。生态文明物流的目标是促进生态文明经济发展，实现经济、社会、生态效益的相统一。为此就必须完成以下任务：满足生产、生活对优质高效物流的需求；资源节约、环境友好、保证安康、促进和谐，实现自然—人—社会复合生态系统物质交换的良性运行。

（2）参与主体和管理对象。为完成任务、实现目标，生态文明型物流的参与主体必须全面多样并对相关对象实施有效管理，这些主体有直接实施者、组织管理者、舆论监督者、市场推动者、沟通中介者、生态技术研发与人才培育者。这些参与者的相互激励与监督，通过生态化的政策体系和技术体系共同促进生态文明型物流发展。

(3)生态化的政策体系。生态化的政策体系的内容主要包括:生态化技术创新政策;生态文明型物流评价标准;生态化生产、流通、消费政策;公平分配政策;互相监督的激励与约束制度;人才培育制度;促进物流生态化发展的税收、金融等优惠政策;物流基础设施、设备、标准的配套和标准化建设政策;区域利益协调政策。

(4)生态化技术体系。生态化技术体系由基础技术和专题技术组成。生态文明型物流的基础技术包括:供需链生态化管理的基本技术、评估系统、信息系统、决策支持系统;生态文明型物流的专题技术包括:生态化采购、制造(生态化设计、工艺、清洁生产)、营销、物流(生态化运输、仓储、包装、装卸搬运、流通加工)、消费、废弃物无害化处理。

四、生态文明型物流的特征与功能

(一)生态文明型物流的特征

(1)物流形态的多样性。生态文明型物流包括循环物流、绿色物流、低碳物流、逆向物流、精益物流、敏捷物流等基本形态和现实应用形态,形态具有多样性。

(2)物流效应的统一性。发展物流一般被认为要提高物流活动的效率,提高企业的经营效益,而且往往局限于经济效益,物流效应单一。发展生态文明型物流除了考虑经济效益之外,还要追求社会效益和生态效应的实现,保证经济效应、社会效应和生态效应的相统一与最优化,物流效应包括经济、社会、生态的统一性。

(3)物流主体的全面性。以往阐述物流主体的文章,大都指狭义的物流主体,即作为平等主体的物流企业和作为物流企业的相对方即物流消费者(包括生产和生活中的消费者);即使是广义的物流主体,除了狭义的物流主体外,也只包括不同级别的政府和物流行政主管部门、物流行业协会。总之,物流主体只局限于物流供需企业、物流行业协会、政府和消费者。在发展生态文明型物流过程中,由于物流形态的多样性并且要实现物流效应的统一性,发展物流就不单是企业、行业协会、政府和消费者的事情,需要包括企业、政府、消费者、媒体、包括物流行业协会在内的非政府组织、科研院所等各个主体的全员参与,物流主体具有全面性。

(4)发展过程的曲折性。为实现物流效应的统一性,需要全员参与物流,必须协调多方利益,加之物流形态的多样性,在协同发展各种物流形态时必然存在种种困难,因此生态文明型物流在发展过程中不可能一帆风顺,发展过程具有曲折性。

物流形态的多样性和参与主体的全面性为实现物流效应的统一性提供条件和手段,物流效应的相统一与最优化是多样性与全面性相结合的结果与努力方向,是生态文明型物流的发展目标。要坚持事物发展是前进性和曲折性相统一的原理,在发展生态文明型物流过程中可能出现反复,应注意实现物流效应的相统一与最优化的艰巨性,需要有目的地采取综合措施,以更顺利地朝生态文明型物流的发展目标前进。

(二)生态文明型物流的功能

生态文明型物流是现代物流的发展趋势,除了具有物流的基本功能之外还有其自身的核心功能。

(1)基本功能。生态文明型物流一样含有运输、仓储、配送、包装、装卸搬运、流通加工、物流信息等功能要素,具备物流的基本功能,能够满足生产、生活对优质高效物流的需求。

(2)核心功能。资源节约、环境友好、保证安康、促进和谐,实现自然—人—社会复合生态系统物质变换的良性运行是生态文明型物流的核心功能。生态文明型物流的各种表现形态具有内在联系又有各自的侧重点,它们的协同发展能够不断发挥生态文明型物流的核心功能。

第三节 区域生态文明型物流是区域物流的发展趋势

一、发展区域生态文明型物流的客观要求

物流系统涉及人、财、物方面的资源要素和运输、仓储、配送、包装、装卸搬运、流通加工、物流信息等功能环节,物流系统的构成要素及功能环节因自然物资、能源、土地资源、人力资源等资源要素的消耗和空气、水、土壤、噪声等环境要素的污染而扰动环境。物流系统对环境的接触是广域性的,几乎所有的系统要素都会导致与环境有关的问题,使得物流过程的环境管理更加困难也更为重要[1]。中国生态环境问题随着改革开放的深入发展以及工业化、城市化的不断推进和物流量的快速增长而渐渐凸显。大量工农业产生的污染排放物及生活垃圾因为没有得到有效处理而严重超越环境的承载力,使得各产业之间、城市与农村之间、区域之间物质交换和物质循环得不到有效运行,产生生态环境问题,造成严重后果。严峻的生态环境形势为发展区域生态文明型物流提出了客观要求。

---

[1] 王长琼.绿色物流:第2版[M].北京:中国物资出版社,2011:48.

(一) 空气污染依然严重

《1996年中国环境状况公报》显示,全国城市空气中总悬浮颗粒物浓度普遍超标;二氧化硫浓度水平较高,部分城市污染相当严重;全国大城市汽车尾气污染趋势加重;酸雨降水污染普遍加重,分布区域有所扩展。进入21世纪以来,全国城市空气质量总体改善,但污染依然严重(表3-2)。如果考虑2012年发布的《环境空气质量标准》的PM2.5限值,我国空气质量问题还是非常突出的。一般而言,PM2.5的密度(微克/立方米)小于10是安全值,而中国的华北、华东和华中等很多地区均高于50接近80。PM10主要来自道路扬尘等;PM2.5主要来自化石燃料的燃烧(如工业生产的燃煤、机动车尾气)、挥发性有机物等,大多含有重金属等有毒物质。在中国500个大中城市,只有不到1%达到世卫组织制定的空气质量标准。空气污染很大一方面原因是由于物流运作过程中产生的废气没有得到有效处理引起的,比如2013年初我国中东部地区特别是北京连续出现严重雾霾天气,对此新闻报道指出:十面"霾"伏为中国发展敲警钟,其中机动车排放的PM2.5在北京达20%~25%。相对于其他的大气污染源,运输是大气污染物的主要制造者之一,运输过程中产生的大气污染物主要有:燃料添加剂排放物、颗粒物、一氧化碳排放物、二氧化碳排放物、二氧化硫排放物、氧化氮排放物、挥发性有机化合物。此外,物流包装也很可能会造成大气污染,比如发泡性衬垫塑料因使用含氟氯烃会破坏臭氧层。

表3-2 我国空气污染状况

年份	空气质量	酸雨	废气中主要污染物情况
2000	统计的338个城市中,63.5%的城市超过国家空气质量二级标准,其中超过三级标准的有112个城市,占监测城市的33.1%。总悬浮颗粒物(TSP)或可吸入颗粒物(PM10)年均值超过国家二级标准限值的城市占统计城市的61.6%	酸雨区面积约占国土面积的30%,华中、华南、西南及华东地区仍是酸雨污染严重的区域。监测的254个城市中,157个城市出现过酸雨,占61.8%	二氧化硫排放总量1995万吨;烟尘排放总量1 165万吨;工业粉尘排放量1092万吨

续表 3-2

年份	空气质量	酸雨	废气中主要污染物情况
2011	统计的 325 个地级及以上城市中,环境空气质量超标城市比例为 11.0%。地级及以上城市环境空气中可吸入颗粒物年均浓度达到或优于二级标准的城市占 90.8%,劣于三级标准的城市占 1.2%。地级及以上城市环境空气中二氧化硫年均浓度达到或优于二级标准的城市占 96.0%	监测的 468 个市(县)中,出现酸雨的市(县)占 48.5%;降水 pH 年均值低于 5.6(酸雨)、低于 5.0(较重酸雨)和低于 4.5(重酸雨)的市(县)分别占 31.8%、19.2%和 6.4%	全国二氧化硫排放总量为 2 217.9 万吨;氮氧化物排放总量为 2 404.3 万吨
2017	统计的 338 个地级及以上城市中,环境空气质量超标城市比例为 70.7%,共发生重度污染 2 311 天次、严重污染 802 天次,重度及以上污染天数的 74.2% 以 PM2.5 为首要污染物。PM2.5 年平均密度为 43	463 个监测降水的城市(区、县)中,酸雨频率平均为 10.8%;出现酸雨的城市比例为 36.1%;酸雨区的面积占国土面积 6.4%	二氧化硫浓度超标天数比例为 0.3%,NO_2 浓度超标天数比例为 1.5%,CO 浓度超标天数比例为 0.3%

(二)水污染依然普遍

《2016 中国环境状况公报》显示,七大水系(长江、珠江、松花江、黄河、辽河、海河、淮河)的水质状况没有好转,污染程度加剧,范围扩大;在统计的 138 个城市河段中,有 133 个河段受到不同程度的污染,悬浮物超标现象仍普遍存在;湖泊水库依然普遍受到污染;四大海域污染仍主要发生在近岸海域并有加重趋势。进入 21 世纪以来全国的水污染依然普遍(表 3-3)。正如 2007 年新华网所报道的就可以明显体现我国水污染的严重性:长江流域水质恶化,从"总体尚好、局部污染"到"局部尚好、总体加剧",长江流域污水排放量呈逐年增加的趋势,而这一切大多是因为生产和生活的污水(属于废弃物流范畴)没有得到有效处理造成的。在物流运作过程中也会造成水污染问题,比如船舶事故造成有毒化学品外泄,装卸作业时的跑冒滴漏,清洗运输工具的污水直接排放,管道污水渗漏等。

表 3-3 我国水污染状况

年份	主要水系	湖泊水库	地下水	废水和主要污染情况	海域水质
2000	七大重点流域地表水有机污染普遍,各流域干流有21.6%的断面为Ⅳ类水质,6.9%的断面属Ⅴ类水质,13.8%的断面属劣Ⅴ类水质	环太湖主要河流及环湖交界水体污染严重;滇池湖体13个监测点位均为劣Ⅴ类水质;巢湖湖体12个监测点位均为Ⅴ类或劣Ⅴ类水质	全国多数城市地下水受到一定程度的点状或面状污染,局部地区地下水部分水质指标超标	全国工业和城市生活废水排放总量为415亿吨	渤海近岸污染较重,东海近岸污染加重;中国海域共记录到赤潮28起,溢油事件约10起
2011	十大水系监测的469个国控断面中,Ⅰ~Ⅲ类、Ⅳ~Ⅴ类和劣Ⅴ类水质断面比例分别为61.0%、25.3%和13.7%	26个国控重点湖泊(水库)中,Ⅳ~Ⅴ类和劣Ⅴ类水质的比例分别为50.0%和7.7%;太湖湖体水质总体为Ⅳ类,滇池和巢湖湖体水质总体为劣Ⅴ类	200个城市共计4 727个监测点,水质为较差级和极差级水质的监测点占55.0%	全国废水排放总量为652.1亿吨;化学需氧量排放总量为2 499.9万吨;氨氮排放总量为260.4万吨	渤海和东海近岸海域水质差,南海近岸海域水质一般,黄海近岸海域水质良好
2017	十大水系监测的1 617个水质断面中,Ⅰ~Ⅲ类占71.8%;Ⅳ类占14.6%;Ⅴ类占5.2%;劣Ⅴ类占8.4%	112个重要湖泊(水库)中,Ⅳ类占19.6%;Ⅴ类占7.1%;劣Ⅴ类占10.7%。太湖湖体轻度污染、巢湖湖体为中度污染、滇池湖体为重度污染	223个地市级行政区的5 100个监测点,水质为较差级和极差级的监测点分别占51.8和14.8%	404个日排污水量大于100 m³的直排海污染源监测显示,污水约为636 042万吨,化学需氧量为172 414 t,氨氮为10 759 t	东海近岸海域水质差,渤海和南海近岸海域水质一般,黄海近岸海域水质良好

(三)"垃圾围城"问题突出

首先是大量工业固体废弃物未充分利用,成为垃圾占用城市空间。《中国环境状况公报》显示,1996年,我国工业固体废物产生量6.6亿吨,工业固体废物排放量1 690万吨,工业固体废物历年累计堆存量64.9亿吨,占地51 680公顷。进入21世纪,国家统计局环境统计数据显示,我国工业固体废物排放量虽然逐年减少,但工业固体废物产生量不断增加,综合利用率的提高也难以弥补废物产生量的增加

(表 3-4),因此还有大量未充分利用的固体废物成为垃圾占用城市空间。《2017 年全国大、中城市固体废物污染环境防治年报》显示,我国 214 个大、中城市 2016 年一般工业固体废物产生量达 14.8 亿吨,综合利用量 8.6 亿吨,处置量 3.8 亿吨,贮存量 5.5 亿吨,倾倒丢弃量 11.7 万吨。

表 3-4 我国工业固体废物产生、排放和综合利用情况

年份	工业固体废物产生量/亿吨	工业固体废物排放量/万吨	工业固体废物综合利用率/%
2000	81 608	3 186.2	45.9
2001	88 840	2 893.8	52.1
2002	94 509	2 635.2	51.9
2003	100 428	1 940.9	54.8
2004	120 030	1 762	55.7
2005	134 449	1 654.7	56.1
2006	151 541	1 302.1	60.2
2007	175 632	1 196.7	62.1
2008	190 127	781.8	64.3
2009	203 943	710.5	67
2010	240 944	498.2	66.7

其次是生活垃圾未得到很好回收利用而造成"垃圾围城"。全国人大代表、辽宁大学教授石英援引中国城市环境卫生协会的统计数据称,全国城市生活垃圾年产量超过 1.5 亿吨,并且以每年 8%~10% 的速度递增。2009 年,全国城市生活垃圾累积堆存量已达 70 亿吨,占地约 80 多万亩……已有 2/3 的大中城市陷入垃圾的包围之中,且有 1/4 的城市已没有合适场所堆放垃圾,我国已成为世界上垃圾包围城市最严重的国家之一。

在产生的大量垃圾中,物流过程中产生的垃圾不容忽视,仅就包装而言,有报道指出城市固体废弃物三成竟是商品包装,商品包装多属一次性消费品,寿命周期短,废弃物排放量大。

(四)噪声污染还比较明显

《1996 中国环境状况公报》显示,国控网络城市监测到的区域环境噪声等效声级平均为 56.8dB(A),等级为好;道路交通噪声等效声级平均为 71.1 dB(A),属于

轻度污染;各类功能区的噪声超标率总体偏高,分特殊住宅区域(0类)的噪声超标率为81.8%,居住、文教区域(1类)的噪声超标率为63.0%,居住、商业、工业混杂区域(2类)的噪声超标率为60.5%,工业区域(3类)的噪声超标率为30.4%,交通干线道路两侧区域(4类)的噪声超标率为82.2%。进入21世纪,2000年监测176个城市的区域环境噪声、214个城市的道路交通噪声,2005年监测351个市(县)区域环境噪声、364个市(镇)道路交通噪声,2010年监测331个城市区域声环境和道路交通声环境,2011年监测316个城市区域噪声和道路交通噪声,2017年,有323个地级及以上城市开展区域昼间声环境监测、有324个地级及以上城市开展道路交通昼间声环境监测,情况如表3-5所列。从表中可以看出所监测的区域声环境和道路交通声环境跟1996年比总体上有较明显的改善,但有的年份还出现反复,特别是区域环境噪声污染还比较明显,轻度污染及更重污染程度的比例还占监测区域的22%以上。

表3-5 我国城市区域和道路交通噪声环境情况　　　　　　　　　　单位:%

年份	噪声监测地	好 ≤68.0dB(A)	较好 >68.0~70.0dB(A)	轻度污染 >70.0~72.0dB(A)	中度污染 >72.0~74.0dB(A)	重度污染 >74.0dB(A)
2000	区域环境噪声		11.4	33.0	49.4	6.2
	道路交通噪声		15.4	53.3	22.4	8.9
2005	区域环境噪声	3.1	60.7	33.6	1.7	0.9
	道路交通噪声	50.8	35.7	7.4	4.4	1.7
2010	区域环境噪声	6.0	67.7	25.4	0.9	
	道路交通噪声	68.0	29.3	1.2	1.2	0.3
2011	区域环境噪声	4.8	73.1	21.5	0.6	
	道路交通噪声	75.0	23.1	1.3		0.6
2017	区域环境噪声	5.9	65.0	27.9	0.9	0.3
	道路交通噪声	65.7	27.85	5.9	0.3	0.3

各类功能区的噪声达标率比1996年大大提高,但是昼夜达标率差别明显,夜间达标率明显较低,特殊住宅区域昼夜噪声达标率偏低,交通干线道路两侧区域夜间噪声达标率更低(表3-6)。物流对噪声污染产生重要影响,有研究表明,对于城

市环境,其噪声的 70% 来自交通噪声。

表 3-6 我国各类功能区噪声情况

年份	功能区类别	0 类 昼	0 类 夜	1 类 昼	1 类 夜	2 类 昼	2 类 夜	3 类 昼	3 类 夜	4 类 昼	4 类 夜
2010	达标点次	116	105	1 687	1 521	2 150	2 024	1 579	1 503	2 089	1 123
	监测点次	193	193	1 969	1 969	2 456	2 456	1 673	1 673	2 334	2 334
	达标率/%	60.1	54.4	85.7	77.2	87.5	82.4	94.4	89.8	89.5	48.1
2011	达标点次	73	58	1 448	1 143	1 944	1 649	1 357	1 212	1 594	703
	监测点次	124	124	1 694	1 694	2 172	2 172	1 404	1 404	1 781	1 781
	达标率/%	58.9	46.8	85.5	67.5	89.5	75.9	96.7	86.3	89.5	39.5
2016	达标率/%	78.6	57.3	87.4	72.8	92.5	83.4	97.2	88.3	92.6	50.5
2017	达标率/%	76.7	58.3	85.7	73.3	92.1	82.5	96.7	86.9	73.3	52.0

(五) 农村生态环境问题凸显

首先是乡镇工业造成的环境污染。由于乡镇企业的发展具有布局分散、规模小和经营粗放等特征,使得周边环境严重污染。伴随着各大中城市对环境管理制度日趋规范,城市许多污染严重的产业转移到了城郊或农村,加剧农村的环境污染。1996 年,全国工业固体废物产生量当中,38.6% 是乡镇工业固体废物;2000 年,乡镇工业的固体废物产生量占全国总量的比例上升为 67.3%。其次是农业生产造成的生态环境破坏。农业生产为提高产量而大量使用化肥、农药、除草剂等化学制品,结果不但污染水体,还破坏生态平衡,威胁生物多样性,粮食蔬菜果品中残留的农药通过食物链的富集作用危害人的身体健康。畜禽粪便污染也呈快速增长趋势,农作物秸秆焚烧或废弃物也加重了污染程度。我国东部已有许多地区面源污染占污染负荷的比例超过工业污染。再次是农村生活造成的污染。有资料显示,中国农民人均生活垃圾日产生量达到 0.43~2 kg,每年产生的一亿多吨农村生活垃圾几乎全部露天堆放,每年产生的超过 2 500 万吨的农村生活污水几乎全部直排,使农村聚居点周围的环境质量严重恶化,水质恶化。我国农村饮用水符合农村饮水卫生准则的比例为 66%,还有 34% 的人口饮用水达不到准则的要求。我国许多农家灶房的排烟设计不合理,在使用柴草和含硫量高的劣质煤作为生活燃料时会产生大量含有一氧化碳、二氧化硫等有毒有害物质和不少 PM10、PM2.5 等颗粒物,对人的健康极其有害。

生产、生活造成大量污染,粗放的物流模式更加剧了污染程度,严重影响民众的健康安全和生活质量,严峻的形势客观上要求改变传统的生产、生活方式,发展生态文明型物流。

二、发展区域生态文明型物流的外部原因

绿色贸易壁垒的存在是发展区域生态文明型物流的外部原因。

(一)绿色贸易壁垒的内涵及其表现形式

绿色贸易壁垒又称绿色壁垒,产生于20世纪80年代后期,90年代开始兴起。它是指以保护自然资源、生态环境和人类健康为目的,通过环保公约、法律、法规和标准、标志等形式对国外商品进行的准入限制,有狭义(指恶意绿色壁垒)和广义(善意和恶意的绿色壁垒)之分。到底是善意的还是恶意的绿色壁垒,主要可以遵循WTO的非歧视原则从目的性和客观性两个要素去衡量[1]。

目前,绿色贸易壁垒在国际贸易理论和实务中,主要有技术标准、环境标志、卫生检疫制度、包装制度、关税和市场准入、补贴与反补贴、贸易制裁等7种表现形式。

(二)绿色贸易壁垒的产生与发展具有必然性

绿色贸易壁垒的产生与发展具有必然性又有一定的合理性。首先,地球生态环境的整体性决定了生态环境问题的解决需要世界各国的共同努力。各国特别是发达国家不断提高环保标准,绿色壁垒的形成具有历史必然性。其次,越来越多的消费者追求健康的绿色消费,绿色需求市场不断壮大,因此设置绿色壁垒是世界贸易发展的一个新动向,具有合理性和进步性。资料显示,在20世界90年代,美国新产品中的绿色产品所占比重就从5%提高到了80%,德国、日本等国开发的新产品中的绿色产品都占60%以上;据联合国统计署调查,84%的荷兰人、89%的美国人、90%的德国人在购物时会考虑选择环境友好型产品。因此,各国以遵循WTO规则为指导从满足本国利益的角度出发制定了符合本国实际的国际贸易标准。但由于各国发展阶段差异,在合理的"外衣"下,善意的绿色壁垒也掩藏着许多不合理。发达国家和发展中国家处于不同的经济社会发展阶段,在经济全球化背景下,发达国家具有先发优势。最后,在绿色循环低碳转型成为各国竞相争取的经济科技制高点的背景下,绿色贸易壁垒又有新的发展。以"碳足迹""碳关税"为代表的隐性绿色壁垒正逐渐成为国际贸易壁垒发展的主要趋势。对进口商品征收碳排放

---

[1] 朱京安.我国绿色贸易壁垒的制度缺陷及法律对策初探[J].法学杂志,2006(5):111-116.

税可以和国内的碳排放许可的费用相提并论,其实际效果就是对自己的消费者对就他们购买的产品所产生的碳排放征收费用,不管该商品是在哪里生产的。这在国际贸易法则中是合法的。实际上,就连负责监督贸易政策的世界贸易组织,也发布了一份研究报告,认为征收碳税是可行的。当前国际贸易主要存在三种形式的低碳壁垒:EuP 指令(用能产品生态设计框架指令)、碳足迹标签、碳关税。现在世界已有 12 个国家和地区(包括日本、美国、法国、瑞典、加拿大、韩国等)立法,要求企业实行碳标签制度,而且全球已有 1 000 多家著名企业积极响应本国号召,要求供应商提供碳标签。

(三)绿色贸易贸易壁垒具有二重性

凡事都有两面性,善意的和恶意的绿色壁垒往往交织在一起。由于经济社会发展的阶段差异,在经济全球化发展的背景下,发达国家与发展中国家处于不同的竞争地位,发达国家成为先发者拥有先发优势而发展中国家则成为后发者。发达国家凭借先发优势制定的技术法规、标准、认证制度,检验制度等的水平和内容居于世界领先地位,高科技的检测技术也给发达国家限制未达标商品的进口提供了快速而准确的数据。发达国家之间虽然也有大量的经贸往来,但由于它们经济技术水平差异较小,绿色标准差别也较小,绿色贸易壁垒不大。绿色贸易壁垒更多发生在发达国家与发展中国家之间,发展中国家由于科技发展水平与发达国家差距较大,发达国家较高的绿色标准给发展中国家造成了巨大的压力。发达国家因为有很高的绿色经济技术,并以此要挟发展中国家:"你不节能减排我就说你道德有问题;你要发展节能减排,你就得花高价钱买我的技术。"仅就德国为例,目前应用的标准约有 15 800 种,大多数等同于国际标准,而我国技术标准约有 70%~80% 低于国际和国外先进标准,而且我国标准体系混乱,有国家标准、地方标准、专业标准及企业标准,数目多而水平低下,使企业产品出口不畅。欧盟的两个指令,即《关于报废电子电气设备指令》(WEEE)和《关于限制在电子电器设备中使用某些有害成分的指令》(RoHS)引发了中国企业对绿色壁垒的忧虑。这两个指令的实施有可能对中国家电业造成两个严重后果:第一,因为 WEEE 规定生产者有义务承担因为其产品产生的废弃物的管理费用,销往欧盟的电子产品在若干年之后将负责回收,这笔开支相当巨大,足以把中国企业在此之前的所有赢利全部吃掉,甚至还不够;第二,一部分中国产电子产品因为含有欧盟禁止的有毒、有害物质而无法进入欧盟市场。但事实上,欧盟的两个指令并非只针对中国企业和中国,而是针对所有进入欧盟的电子产品。这是无法逆转的大趋势,中国企业所能做的事情就是顺应这个大势,而不是逆潮流而动。事实上,如果中国企业不能攻克环保壁垒,中国产品就不能和世界接轨,中国产品只能以落后者形象出现。

绿色贸易壁垒从短期看的确不利于我国大量商品的出口,但从长期来看,严格的环境标准对产品竞争力不一定都是负面效应,它可以转化成一种竞争压力,促使企业进行绿色循环低碳生产和相关技术的创新,发展生态文明型物流。从全球的角度看,绿色贸易壁垒也会产生"正外部性",长期来看,绿色贸易壁垒产生环境、技术、制度外溢效应,绿色贸易壁垒的实施可以带来全球生态环境的改善和相关的技术创新和产业升级换代,对全世界的可持续发展具有积极意义[①]。

(四)积极应对绿色贸易壁垒

绿色贸易壁垒给包括我国在内的发展中国家带来巨大挑战,但同时也蕴含无限机会。绿色壁垒是一个动态的概念,并不是一成不变的,随着进口国家技术的进步和新的检测方法的建立与推广以及人们生态文明观念的进一步增强,绿色壁垒会因为绿色技术标准的提高而变化。绿色壁垒的实施必然会涉及产品整个生命周期的物流活动,发展生态文明型物流是明智的选择。绿色壁垒是一把双刃剑,它并非是发达国家的专利。发展中国家可以利用后发优势,借鉴先行者的发展经验,通过分析存在的优势与劣势,扬长避短,重点突破,积极实施追赶战略并适时引入超越战略,从而以更快的速度提升发展水平。我国也需要绿色壁垒,从生态文明型物流的视角防止发达国家向我国转移工业垃圾和生活垃圾,促进我国进口商品结构的调整,带动我国生态产业的发展。应对绿色壁垒,一方面是政府要在国际舞台发挥重要作用,积极参与国际"游戏规则"制定,减少规则不公;另一方面是要苦练内功,尽快缩小与发达国家的经济社会发展差距,以提高自身实力来应对绿色壁垒。

我国在积极应对绿色壁垒过程中,虽然付出不少代价,但也取得明显成绩。1999年原外经贸部会同科技部等八部门共同组织实施"科技兴贸"战略,当年我国高新技术产品进出口量就比1998年增长了26.0%,之后一直保持增长的势头,虽然前几年高新技术产品进口大于出口,但从2004年开始,出口就大于进口,而且一直保持良好发展趋势(表3-7)。2011年以来,我国高校技术产品净出口量都超过800亿美元,有些年份超过1 000亿美元,高新技术产品出口量的增加对优化我国外贸商品结构具有重要作用。

---

① 高彩云.绿色贸易壁垒二重性之积极作用分析[J].企业经济,2004(9):11-12.

表 3-7 我国高新技术产品进出口情况

年份	进口量/亿美元	出口量/亿美元	净出口量/亿美元
1998	292.01	202.51	−89.5
1999	375.98	247.04	−128.94
2000	499.46	346.57	−152.89
2001	641.16	464.57	−176.59
2002	828.47	678.65	−149.82
2003	1 193	1 103.2	−89.8
2004	1 614.3	1 655.4	41.1
2005	1 977.1	2 182.5	205.4
2006	2 473	2 814.5	341.5
2007	3 277.4	3 674.7	397.3
2008	3 392	4 156	764
2009	3 098.4	3 769.1	670.7
2010	4 126.7	4 924.1	797.4
2011	4 629.9	5 487.9	858
2012	5 067.5	6 012	944.5
2013	5 581.9	6 603.3	1 021.4
2014	5 514.1	6 605.3	1 091.2
2015	5 480.6	6 552.1	1 071.5
2016	5 237.8	6 038.7	800.9
2017	5 840.3	6 674.4	834.1

数据来源：中国海关（进口/出口主要商品量值表）/商务部（高新技术产品进出口专题）

在应对绿色壁垒的过程中，我国环境标志认证方面也取得可喜成绩。原国家环保局根据1992年联合国环境与发展大会提出的可持续发展思想和全球"生态标志"运动而倡导开展中国环境标志认证。目前，中国环境标志已形成了完整的标准、认证、审核、质量保证等体系。已有1 800多家企业生产的4万多种规格型号产品获得中国环境标志认证，产品种类涉及电子、汽车、建材、家具、纺织品、包装制品、日化产品等行业。为促进低碳经济发展，积极应对绿色贸易壁垒，对获得中国环境标志认证的产品，国家环保部发布绿色循环低碳标准，同时也是最严格的标准，进行中国环境标志低碳产品认证。在企业自愿申请的基础上，经严格审查、评定，2011年首批共有11家企业的292种型号的产品通过了中国环境标志低碳产品认证。随着我国低碳经济的发展，低碳产品市场逐步发育。

绿色贸易壁垒的不断加强已成为区域生态文明型物流发展的外部原因，我国在应对绿色壁垒的过程中也取得了不少成绩。

三、发展区域生态文明型物流的拉动力

生态文明型消费是发展生态文明型物流的拉动力。生态文明型消费是一种绿色、低碳、循环的消费模式，这种消费模式是从产品整个生命周期的角度考虑减少其对生态环境的负面影响，有利于人的健康和全面发展，有利于促进自然—人—社会复合生态系统的和谐协调可持续发展。它包括政府的管理消费、企业的生产消费和公众的生活消费。生态文明型消费需求的存在是生态文明型物流存在的前提条件，没有生态文明的生产与消费也就没有生态文明型的物流需求。生态文明型的消费规模决定了生态文明型物流的规模。生态文明的生产与消费的规模越大，对生态文明型物流的需求也越大，生态文明型物流的规模随之扩大；相反，如果生态文明型消费水平很低，生态文明型物流的规模也就很小。生态文明型消费结构决定了生态文明型物流的结构。产业结构、产品结构、消费需求的区域分布结构等都将对物流结构产生影响，生态文明型物流必须根据生态文明型消费需求的结构及其变化调整自身结构，才能充分发挥生态文明型物流的功能。生态文明型的消费方式决定了生态文明型物流的方式。自给性的生态文明型消费不需要利用市场的生态文明型物流，而商品性的生态文明型物流则需要通过市场的生态文明型物流来实现。当然，生态文明型物流对生态文明型消费也会产生反作用。生态文明型物流的发展程度制约着生态文明型消费需求的实现程度，制约着生态文明型消费结构的变化及生态文明型消费规模的扩大。

（一）政府对生态文明型物流的促进

政府是生态文明型消费和生态文明型物流的促进者。根据发达国家的经验，政府通过出台有利于生态文明消费的法律法规、标准、认证制度、政府绿色采购政策，通过宣传和教育提高公众的生态文明消费观念，是有效普及生态文明消费进而促进生态文明型物流发展的有效措施。

我国政府为了引导民间的生态文明型消费行为，对民间发挥表率带头作用，也

为响应2002年联合国世界可持续发展峰会提出"有关国家和地方政府应推动政府采购政策改革,积极开发、采用环境友好产品和服务"的声明,2003年颁布了《政府采购法》,明确指出政府采购应当有助于实现国家的经济和社会发展政策目标,包括保护环境,正式将生态文明型采购的概念引入政府采购行为中。2005年《国务院关于落实科学发展观加强环境保护的决定》(国发〔2005〕39号)中进一步强调政府绿色采购制度,在生产环节、废物产生环节和消费环节做出更全面更明确的要求。为贯彻落实2004年《国务院办公厅关于开展资源节约活动的通知》(国办发〔2004〕30号),同年财政部、国家发展和改革委员会制定了《节能产品政府采购实施意见》,指出各级国家机关、事业单位和团体组织(统称采购人)用财政性资金进行采购的,应当优先采购节能产品,逐步淘汰低能效产品。2007年出台《国务院办公厅关于建立政府强制采购节能产品制度的通知》(国办发〔2007〕51号),指出要科学制定节能产品政府采购清单。财政部、国家发展和改革委员会对"节能产品政府采购清单"进行调整,2012年公布的第十二期"节能清单",清单包括节能产品24大类和节水产品6大类,到2018年1月共颁布了23期"节能产品政府采购清单"。2006年,财政部、国家环保总局联合印发《关于环境标志产品政府采购实施的意见》(财库〔2006〕90号),强调指出:各级国家机关、事业单位和团体组织(统称采购人)用财政性资金进行采购的,要优先采购环境标志产品,不得采购危害环境及人体健康的产品。2012年1月19日,财政部和环境保护部联合发布《关于调整公布第九期环境标志产品政府采购清单的通知》(财库〔2012〕8号),对已发布的"环境标志产品政府采购清单"进行了调整,清单涉及500多家企业24大类的产品,到2018年1月共颁布了21期"环境标志产品政府采购清单"。

2011年,全国政府采购规模为11 332.5亿元,全国政府采购节能环保产品规模逾1 600亿元,其中全国节能、节水产品政府采购金额为910.6亿元,全国环保产品采购金额为739.8亿元。地方政府积极响应政府生态文明型采购,也取得了不少成绩。福建省推行节能和绿色采购,要求政府机构采购高效节能、节水、环境标志产品。黑龙江省政府采购中心高度重视政府绿色采购的推广工作,加强宣传,提高公众环境意识,积极为实施政府绿色采购做好各项准备工作。辽宁政府采购打出"绿色"牌,政府采购加大对绿色环保节能产品的倾斜力度,辽宁省财政厅下发了《关于进一步规范政府采购招标投标活动的实施意见》(辽财采〔2008〕886号),要求对纳入国家和省有关行政管理部门发布的《政府采购自主创新产品目录》的投标产品,按照有关规定给予的各种优惠政策可以叠加算出总的优惠政策。新疆维吾尔自治区积极实施绿色采购政策,据不完全统计,2011年自治区政府采购节能环保两类产品总额达36.22亿元,占同类产品采购的71.2%。青岛市采取强制和优先等政策扶持节能环保产品发展,2017年,共强制和优先采购节能产品8.89亿元,占同类产品采购规模的74.02%;优先采购环保产品10.55亿元,占同类产品采购规模的68.78%。

在市场经济条件下,消费取向和消费行为对生产的方式和内容有决定性的影响。政府生态文明型采购具有集中式消费、规模大、示范作用明显等特点,是引领和推动可持续消费和绿色市场形成的重要手段。我国有关部门不断完善政府采购相关政策,优先采购节能产品,使政府"绿色采购"成为发展循环经济的重要推动力量。政府通过政府采购对节能环保产品的消费选择可以向生产领域发出价格和需求的激励信号,刺激生产领域的绿色循环低碳技术与清洁生产工艺的研发与应用,支撑节能环保产品和服务的生产,推动循环经济产业体系的发展,提高对生态文明型物流的需求。

(二) 企业的生态文明型生产对生态文明型物流的推进

政府一方面通过立法和实施生态文明型采购政策,另一方面通过制定标准推行认证制度和示范区建设。这既给区域发展和企业带来了"绿色商机",也增加了区域间、企业间互相竞争的压力。区域能够进行示范区建设本身就是成功的表现,企业如果能够生产出符合标准的高质量产品,就能够赢得更加广阔的消费市场。不但有机会成为政府采购的对象,还能够提高认可度从而更容易打入社会消费市场。因此,各企业积极参与各种认证,各地区积极进行示范区建设,在提高生产、建设中生态文明型消费的同时,大大提高了对生态文明型物流的需求。

近年来,我国"三品一标"(无公害农产品、绿色食品、有机食品和农产品地理标志的统称)总量规模稳步增长,截至2011年底,全国已认定的"三品一标"产品总量已占全国食用农产品商品总量的40%以上,其中无公害农产品面积近8.7亿亩,产地6.7万多个,产品近7万个;绿色食品产品总数近1.7万个,相关企业总数达到6 622家;有机食品产品超过6 000个,相关企业1 300多家;农产品地理标志产品835个。无公害农产品、绿色食品、有机农产品的质量稳定且安全可靠,2011年抽检总体合格率均超过99%,分别是99.5%、99.4%和99.2%;农产品地理标志连续多年重点监测农药残留及重金属污染,合格率一直保持在100%。

企业越来越多地参与国内最权威的绿色产品、环保产品认证、中国环境标志产品认证,目前环境标志获证企业已达3 546家。区域进行示范区建设的也不断增加,已批准建设的国家生态工业示范园区48个,国家级生态示范区528个。

(三)公众的生态文明型消费对生态文明型物流的拉动

政府在推动区域和企业进行生态文明型消费的同时,也通过宣传教育等形式提高公众的生态文明消费意识。政府通过采购的"绿色化",引导市场对节能环保产品的认可过程,就是刺激企业加快淘汰不利于生态环境的产品,从而在全社会普及生态文明消费理念的过程。此外,政府还提高媒体宣传和各种节日活动唤起公众的生态文明消费意识。例如,在国际消费者权益日,中央电视台推出"3·15"专题晚会,揭穿各种骗局、陷阱和黑幕,维护公平公正,成为中国消费者最信赖的守护消费品质的舆论阵地,对培养公众的生态文明消费意识也有重要作用;2012年"6·5"世界环境日中国主题为"绿色消费 你行动了吗?"这一主题旨在强调绿色消费理念,唤起社会公众转变消费观念和消费行为,节约资源,保护生态环境;2018世界环境日主题为"塑战速决",旨在呼吁全世界齐心协力对抗一次性塑料污染问题,我国确定以"美丽中国,我是行动者"作为主题,旨在推动社会各界和公众积极参与生态文明建设,携手行动,共建天蓝、地绿、水清的美丽中国。

公众生态文明消费的形成是经济社会发展到一定阶段的必然需求,有研究表明,当人均GDP处于1 000~3 000美元阶段,消费开始升级和转型,随着经济的进一步增长,社会将进入生态需求阶段,诸如绿色食品和有机食品市场将形成规模。人均GDP水平达到3 000美元左右时,经济增长结构转换的条件即已具备。人均GDP水平达到4 000美元左右阶段,技术创新成为经济社会发展的重要驱动力。2010年,我国人均GDP已超过4 000美元,由于消费快速扩张,服务业迅速崛起,"消费主导+服务业推动"的组合逐渐成为新的增长动力。"绿色消费,现在已经有一定的需求了,比如有机食品,已经到了大家宁愿多花点钱也想买到真正绿色食品的时候了,因为这关系到消费者自身的健康问题。"2017年我国人均GDP超8 800美元,生态文明消费有了更好的经济基础。商务部办公厅印发了《关于做好2018年绿色循环消费有关工作的通知》(商办流通函〔2018〕137号),我国绿色消费渐成风尚。公众的生态文明消费有利于促进供应链的绿色化,也有利于区域生态文明型物流的发展。

四、发展区域生态文明型物流的内部动力

企业要可持续发展,就得在国家法律、法规、社会公德允许的范围内合理使用自然资源,保护生态环境,在满足消费者需求的基础上与合作伙伴保持和谐共存的关系,实现经济、社会和生态效益的最优化。

(一) 环境成本内部化是必然趋势,企业必须面对环保标准的提高

环境成本内部化是指企业承担因环境污染和生态破坏所造成的损失。无论从宏观看还是从微观上看,环境的外部成本都应该内部化[①]。环境成本内部化宏观上有利于保护环境资源、节约社会总成本,为人类和环境的健康发展提供了保障。微观上能够消除由市场失灵导致的生产对环境外部性所产生的影响,使市场和价格能成为配置资源的有效手段,促进生态环境和经济社会有效运转。企业的发展受到企业内、外部环境以及社会宏观、微观环境的影响与制约,传统企业的发展模式已无法适应经济全球化、现代化、生态化的发展环境。

严峻的生态环境形势强化了政府的环境管制,各国政府已制定越来越严格的环保标准来制约企业行为,这从我国颁发或修订的一系列与生态环境有关的法律就可得到体现。企业已难以通过转嫁生产外部成本的方式获得发展,企业必须为排污付费,传统线性生产模式将使企业面临大量先污染后处理的难题,不但难以降低生产成本还面临政府惩罚和强迫关停的风险。1995 年 8 月国务院颁布了我国第一部流域性法规——《淮河流域水污染防治暂行条例》,并关停淮河流域一大批污染严重的小造纸、小制革、小化工等"十五小"企业。党中央、国务院部署了 1998 年 1 月 1 日零点以前实现淮河流域工业企业废水达标排放的重大战役,对偷排超标水污染物的企业采取了罚款、撤职、通报等严厉的行政和经济措施,有 49 家治理工程在施工的企业已停产治理,另有 30 家因达标无望或其他原因转产、破产。2001 年 8 月 1 日,国家环保总局下达紧急通知,对河南、安徽、山东三省 100 家原已达标的重点污染企业实行限产限排或停产措施。2004 年 7 月,环保总局紧急发出防止淮河发生重大污染事故的通知,并对沿淮四省的工业企业第三次发出达标排放限令。这虽然是政府行为,但实质上是环境在不堪重负时作出的必然选择。企业因污染环境而被责令整改或遭淘汰的报道时见报端,例如,在严峻的环境形势之下,2005 年山西首开全国先河,对企业实施环境污染末位淘汰制度,截至 2011 年,淘汰了 1 337 家污染企业。《2017 中国生态环境状况公报》综述指出:持续开展大气、水、土壤污染防治行动,清理整治涉气"散乱污"企业 6.2 万家,全面清理非法或设置不合理的入海排污口,开展已搬迁关闭重点行业企业用地再开发利用情况专项检查;强化环境督察执法,深化和落实生态环保改革措施。2016 年 8 月 24 日,福建省委省政府环境保护督察组通报第二批查处的 65 家环境违法企业,其中某某鸿

---

① 胡国珠,储丹萍,胡彩平.环境成本内部化对我国出口竞争力的影响研究[J].经济问题探索,2010(9):124-128.

运物流有限公司,没有配套污染防治设施,造成污染,已被查封。2018年5月30日至6月7日,第一批中央环境保护督察"回头看"6个督查组进驻10个省(区),被督察地区的有些企业面对处罚无动于衷,直至中央环保督察"回头看"才下决心解决问题,据生态环境部数据,截至10月,督查组受理的3万多件生态环境问题举报已基本办结,共责令整改28 407家,立案处罚7 375家,罚款7.1亿元,立案侦查543件,行政和刑事拘留610人,约谈3 695人,问责6 219人。中央环保督察"回头看"释放强烈信号,环保督察越往后执法越严,促使各级领导干部担负起生态文明建设的政治责任,推动企业内部化其环境成本。

此外,企业也面临着国际贸易绿色壁垒。例如欧盟关于在电子电器设备中禁止使用某些有害物质的指令(RoHS)要求,2006年7月1日以后投放欧盟市场的电子电器产品不得含有铅、汞、镉、六价铬、多溴联苯和多溴联苯醚等六类有害物质。有报道指出,宁波有企业未雨绸缪已尝甜头,而那些无法出示有关环保证明的企业则丢失订单。WTO规则允许各成员方为了防止环境污染,有权制定本国的环保政策并组织实施。发达国家认为,来自发展中国家的一些产品具有成本和竞争优势是因为发展中国家对产品生产实行相对较低的环境标准,即发展中国家政府没有使所有环境外部性内部化,因而就构成了"生态倾销",必须对这样的产品征收"生态倾销税",以从外部迫使发展中国家的企业把环境成本内部化。

(二) 生态文明型消费渐成气候,企业必须面对传统消费市场的萎缩

随着人们生活水平的提高,在衣食住行与游乐生活等方面,生态文明型的消费方式不断形成并渐成气候。"有毒服饰"事件频繁,消费者开始觉醒,经过病毒检测具有相应标志的生态服饰正逐渐成为时装领域的新潮流。近年来,"有机"作为一种代表时尚、健康、环保的生活理念备受推崇,有机食品也开始大行其道;从有机蔬菜、有机水果、有机肉、有机五谷杂粮到有机牛奶,有机食品都已在各自领域占据一席之地。随着人们生活品质的不断提高,人们对室内环境的要求也越来越高,对环保装修甚至是无毒装修的需求也越来越强。如今低碳环保、健康出行的方式越来越多,绿色出行、低碳出行渐成气候。有报道称绿色生态旅游已成气候。在生活垃圾处理方面,加快生活垃圾资源化处理已引起重视,武汉倡导从用一个布袋子、处理一个旧电池做起进行绿色消费,资源节约型和环境友好型的生活方式渐成气候。2008年10月1日起,武汉市全面实施废旧电池的有偿回收,在全市100多家超市里,每节废旧电池可折算成一角钱,在超市里换购一些小商品。

生态文明型消费的增加必然部分取代传统消费市场,传统消费市场的萎缩与

生态文明型消费的兴盛具有替代性。2011年绿色食品统计年报显示,全国累计有效使用绿色食品标志的企业总数为6391家,产品总数为16748个,绿色食品粮油、蔬菜、水果、茶叶、畜禽、水产等主要产品产量占全国同类产品总量的比重不断提高,产品结构不断优化;到2015年12月,全国累计有效使用绿色食品标志的企业总数达9579,产品总数达23386个。目前,在绿色食品产品结构中,农林及加工产品占65%,畜禽产品占8.9%,水产品占4.7%,饮料产品占12.8%,其他类产品占8.6%。在绿色食品企业中,国家级农业产业化龙头企业有239家,省级龙头企业有1194家。另外,还有886家农民专业合作社通过绿色食品认证。2010年,绿色食品产品国内年销售额2823.8亿元,出口额23.1亿美元。绿色食品产地环境监测面积达到2.4亿亩。2010年,全国已有340个单位(1个地市州、262个县、44个农场)创建了479个绿色食品原料标准化生产基地,种植面积1亿多亩,总产量6547万吨,基地带动农户1686万个农户,对接龙头企业1256家,每年直接增加农民收入在8.4亿元以上。2010年,有机产品总量规模继续稳步扩大,认证企业总数达到1202家,产品总数5598个,认证面积达到3673万亩,产品国内销售额达到145亿元,出口额0.95亿美元。中国绿色食品发展中心统计年报显示,2016年国家现代农业示范区绿色食品产量约506万吨,有机食品产量约211万吨。

(三) 改善生态环境绩效必须突破企业局限,实施生态文明型物流

满足消费者的生态文明型消费需求,改善生态环境绩效就必须突破企业局限,实施生态文明型物流。生态文明型消费的产品要求从供应、生产、销售、消费到废弃处理整个产品生命周期对生态环境影响最小化且不损害健康,在这个闭环的物流系统中,如果各个环节都由一个企业处理,就会因为本身的规模不经济造成不可持续。这就要求突破单个企业的局限性,从生态文明的角度实施供需链的管理,各参与方构成生态共生体,进行专业化协作,实现物流的闭合循环。实施生态文明型物流对企业和区域发展具有重要意义,有时某个环节的疏忽可能就给企业甚至整个产业造成重大损失。如2008年中国奶制品污染事件使三鹿这家拥有"中国驰名商标"50年历史的著名奶业品牌轰然倒闭,企业产品质量把关不严带来了灾难性的后果。此后,全国奶业由于各种原因淘汰损失了1/3左右的奶牛,一度陷入了杀牛、倒奶的最黑暗时期。恢复消费者信心无疑是最难的事情,在"外国奶问题少,国产奶有点靠不住"观念的影响下,说服我国消费者着实不容易。不良影响的结果进一步促使内地消费者到香港抢购奶粉,产生香港特别行政区政府出台措施限制内地消费者购买奶粉离境的尴尬局面。2011年3月15日,央视报道称,河南孟州等地养猪场采用违禁动物药品"瘦肉精"饲养的猪肉流向"双汇"。之后双汇集团决定对所有涉及的厂内封存、市场陆续退回的鲜冻肉、肉制品全部进行无害化深埋处理,需要处理的产品共计 3 768 t,处理损失约 6 200 万元,济源双汇已将该损失在 2011 年上半年财务报表中进行了预提。日本的一个杂货品牌——无印良品,在市场业务版图不断扩张的大背景下,却在产品质量和服务上暴露出了不少问题,2017 年 3 月 15 日被曝涉嫌售卖核污染食品,尽管官方的解释暂时平息了舆论,但不到半年,无印良品又陷入食品农残超标丑闻。

可见,政府的大力推动,消费者的需求升级,企业的积极实践,生态文明型物流市场不断扩大,市场需求成为发展区域生态文明型物流的内部动力。

第四章

我国区域生态文明型物流发展存在的问题与原因

当我们讨论物流业发展或物流业的绿色发展时,必须将其放在特定的区域去考察,生态文明型物流发展也必然要置于特定的空间。区域生态文明型物流就是生态文明型物流在区域层面的落实与发展。中华人民共和国成立至今,我国物流发展已经历了四个阶段,现在正处于为发展生态文明型物流积蓄力量的新阶段。我国从 20 世纪 70 年代末才引进物流概念,国民的现代物流意识由于接触时间短和经济发展水平等的原因而普遍较低,把现代物流理念真正贯彻到物流实践的时间还较短,物流业的发展还没有系统量化的统计口径及指标,物流统计数据不够齐全,而关于区域生态文明型物流的统计则更少。因此,本章对我国物流发展阶段和区域物流发展现状分析的基础上指出我国区域生态文明型物流发展存在的问题并通过问卷调查的形式对我国区域生态文明型物流发展存在的问题及其原因做了进一步的分析。

第一节 我国区域生态文明型物流发展存在的问题

一、区域生态文明型物流发展相对滞后

从我国物流发展与国外相比较可以发现,无论是早期的物流发展还是当今与未来一段时间来看,我国物流发展阶段具有特殊性,总体相对落后,区域生态文明型物流发展也是在相对薄弱的基础上呈压缩性和跨越式发展特点。

我国物流发展已经历了四个阶段并为新的发展阶段积蓄力量的阶段:第一阶段从新中国成立到改革开放前是以储运业为代表的物流发展阶段;1978 改革开放到 1992 年确定建设社会主义市场经济为物流概念引进并普及,国营、集体、个体一齐发展物流的阶段;1993 年到 2001 年加入 WTO 为物流业在社会主义市场经济中

跨越发展阶段，以及2001年加入WTO以后到2017年的物流业与国际接轨并全面发展阶段；现在正处于为发展区域生态文明型物流积蓄力量的新阶段。

（一）以储运业为代表的物流发展阶段

1949年到1978年改革开放前为我国物流发展的第一阶段，这个阶段物流发展的特点是物流功能相割裂，主要在储运业方面得到发展。1949年，百废待兴，经济基础极其薄弱。1950年，国民生产总值才180亿美元，对外贸易总额只有11.3亿美元。这一阶段的初期，因长期的战乱造成工农业生产、交通运输等受到严重破坏，生产部门和物资流通部门结合需要修建仓库，购置车辆，设立储运部、运输队等，流通系统还建立了少数仓储公司或储运公司。行政部门也设置了相应的机构来管理储运工作。1953年，中央决定对粮食等农产品实行"统购统销"制度，即由国家统一收购和销售农产品的制度，这一制度延续了20多年，它对我国物流业发展的影响是深远的。实行第二个"五年计划"以后，我国建立了一些储运公司、仓储公司、外运公司等大中型物流企业以及储运部、中转站、仓库等小型物流企业，担负整个国家的大量物流业务，成为我国物流业的主流。"文化大革命"期间，储运业几乎陷于停滞状态。总之，这一阶段国家已开始重视运输、仓储等物流这一行业的发展，但工业生产部门尚未把物流问题摆上议事日程。

（二）物流概念引进并普及，国营、集体和个体共同参与物流发展阶段

1978改革开放到1992确定建设社会主义市场经济为我国物流发展的第二阶段。1979年，国家物资总局率团从日本引进物流概念，之后通过报刊杂志、学术报告、座谈会等形式开始大规模的物流学术交流，物流专业书籍也于1980年开始出版。国外物流知识和物流管理现状得到介绍与传播，物流理论研究开始受到重视。这个阶段物流发展的特点是物流理论研究开始受重视，但实践上物流整合程度不高，仍处于分散化阶段。

改革开放即"对外开放，对内搞活经济"，城市经济体制进行了改革，农村实行家庭联产责任制。在改革开放过程中，由于家庭联产责任制的实施大大提高了农民的积极性，解放了生产力，农村剩余劳动力从土地上转移出来，乡镇企业异军突起，为农村致富和逐步实现现代化，为促进工业和整个经济的改革和发展，开辟了一条新路。经济社会得到了较快发展，国内商品流通和国际贸易也不断扩大，对物流的需求也不断增长。除了储运公司、仓储公司、外运公司等专业性的流通部门和附属于各专业公司、批发站的储运部、中转站、仓库等小型物流企业不断增加或扩大外，包括乡镇企业在内的生产部门也开始重视物流的合理化。出现了国家、集

体、个体共同参与物流发展的大好形势①。这个阶段包括"六五"和"七五"计划,国民经济全面稳定增长,"六五"期间工农业总产值平均每年增长11%,"七五"期间五年内全国工农业总产值增长38%,平均每年增长6.7%,国民生产总值增长44%,平均每年增长7.5%,进出口贸易总额五年增长35%,并相应扩大利用外资和引进先进技术的规模,城乡居民实际消费水平,平均每年增长5%。经济的增长为物流基础设施的改善提供了条件。20世纪80年代初和80年代末国家干线公路网和国道主干线系统规划先后制定并实施,公路建设在继续扩大总体规模的同时,质量水平也得到提高,高速公路及其他高等级公路迅速发展;航道建设揭开了新的篇章,可通航1 000 t以上的三级及以上等级的内核航线由1979年全国内河航道普查数的2 704 km提高到1991年的5 655 km;港口建设规模和发展速度也大大提高;铁路、机场建设也得到进一步发展;车辆等物流装备技术也在提高。总之,随着改革开放的深入发展,物流业本身也不断朝专业化、社会化、现代化、国际化的方向发展。但总的来说,因为上规模的企业不多,特别是乡镇企业分布零散,作坊式生产普遍,基础设施和装备技术落后,造成物流分散,整合程度不高,效率比较低下。

(三)物流业在社会主义市场经济中跨越发展阶段

1993年到2001年加入WTO为我国物流发展的第三阶段。这个阶段物流业在社会主义市场经济中得到跨越发展,物流信息化和社会化水平不断提高,第三方、第四方物流不断壮大,物流整合程度获得提升、效率得到提高。物流社会化是我国国民经济高速发展的必然要求。东部沿海发展最快的一些省市利用国家对经济特区、沿海开放城市等一系列优惠政策,大力改革开放,发展经济,率先实现经济的超常规大幅度增长,涌现出一批实力雄厚的大型企业,如宝洁、IBM等,它们迫切需要把自身的物流业务外包以专心于核心业务,我国第一批第三方物流企业也是在20世纪90年代中期由一些国内的外资企业率先促成的。广东处于改革开放的最前沿,经济活跃,发展速度快,因此第三方物流首先从广东开始兴起。1994年,我国第一个民间资本创建的第三方物流企业——宝供物流公司在广州成立,并成功地承担美国宝洁公司产品在中国大陆的分销物流。信息化则为物流社会化提供了有利条件。随着因特网技术以及各种信息技术的发展,为企业建设高效率的信息技术网络创造了条件,利用信息技术可以方便与客户沟通交流,横向上可以更快

---

① 吴润涛.中国物流发展五十年述略[J].物流技术,2000(1):11-13.

捷地与其他企业进行信息交流,方便合作与协调,纵向上能够提高物流企业对物流各个环节一体化管理的水平。1993年,上海华联超市在我国最早使用计算机网络实现统一进货和商品配送;中海物流利用互联网和电子数据交换系统(EDI)与海关联机操作,初步实现报关无纸化,并且通过网络和该系统可以随时查看交易状况和库存量;1997年,中远集团率先推出计算机电子委托订舱业务;1999年,中远国际货运公司为系统内的50台车辆安装了GPS系统,成为我国首家运用卫星定位技术来组织管理车辆的国有运输企业。

这一阶段,我国物流业的固定资产投资额不断提高(图4-1),一方面是深化国有企业改革,明晰企业产权关系,另一方面是对外进一步开放、引进外资,开办中外合资或外商独资企业等,为中国物流业的发展带来了机遇和挑战。1997年以来,我国先后批准了丹麦马士基、美国总统班轮等4家外国航运企业在我国设立独资集运公司,进行物流服务试点。日本的通运、伊藤忠,澳大利亚的TNT和英国的英之杰等公司均在上海、北京、广州、武汉等大中城市建立物流机构和货运网络。国外参与物流业的竞争总体上加快了我国物流发展速度。

图4-1 1992~2001年我国物流业固定资产投资额

20世纪90年代的互联网及电子商务的出现,加速了专业物流企业的发展,出现了第三方物流企业及第四方物流企业。现代物流业以信息为中心,整合程度不断提升,形成供应、生产、销售的供应链系统。由原运输企业、仓储企业、商业企业或工业企业等改造重组而来的物流企业,在参与世界物流业合作与交流、提供现代物流服务的过程中逐步成为国民经济中的一个重要行业,物流运行效率总体不断提高,社会物流总费用占GDP的比例逐年下降,已从1992年的23%下降到2001

年的 18.8%（图 4-2）。

图 4-2　1992～2001 年我国社会物流总费用占 GDP 的比重

（四）物流业与国际接轨并全面发展阶段

从 2001 年加入 WTO 以后至今为我国物流发展的第四阶段。这一阶段是我国物流业与国际接轨并全面发展的阶段。2001 年，我国"十五"计划把物流列为要大力发展的新型服务业之一，同年中国物流与采购联合会成立，物流基础工作全面展开，标志我国物流作为一个行业正式登上了历史舞台。物流行业是由物流企业组成的，是物流企业的联合体。根据工商总局提供的数字，到 2007 年底，经工商登记注册的物流企业已超过 5.2 万家。依据《物流企业分类与评估指标》(GB/T 19680—2013)国家标准，中国物流与采购联合会自 2005 年开始，从企业的经营状况、资产、设备设施、管理及服务、人员素质和信息化水平六个方面开展 A 级物流企业综合评估工作，截至 2012 年 2 月已对十四批 A 级物流企业开展了综合评估工作，审定通过 A 级物流企业达 1 835 家。其中，5A 级企业 110 家；4A 级企业 580 多家；3A 级企业 770 多家；2A 级企业 310 多家；1A 级企业 20 多家。2017 年审定通过第二十四批 A 级物流企业 495 家，审定通过复核企业 514 家。物流企业信用评价已开展了十批，到 2012 年底，A 级信用企业累计已有 220 家，发挥了行业自律和诚信经营的引导作用。2017 年第二十一批物流企业信用评价，共评出 A 级信用企业 26 家，其中 AAA 级信用企业 14 家、AA 级信用企业 12 家。"中国物流示范基地"和"中国物流实验基地"自 2001 年开始设立，发挥了行业示范和先行先试的积极作用，命名 11 家单位为"中国物流示范基地"或"中国物流实验基地"。

根据加入 WTO 时的约定，从 2005 年 12 月起，物流领域全面对外开放，取消在地域、股权比例等方面对外资的限制，对我国物流业造成了全面的冲击。短短几年间，UPS(美国联合包裹公司)、FedEx(联邦快递)、DHL(敦豪)、TNT(天地快运)

就占据了中国国际快递业务的大量市场份额。2004年底UPS回购中外运持有的股份，开始在中国市场进行独资运作，2005年12月，UPS在上海、广州、深圳、天津和青岛及其他18个城市获得控制权。TNT在中国的合资公司是中外运天地快件有限公司，是由中国对外贸易运输集团和欧洲天地运输集团共同投资经营的中外合资企业，2005年12月，TNT收购国内最大货物包裹运输企业——华宇物流集团，拥有中国最大的独家专营的货物及包裹运输网络。国外物流企业技术先进、资金雄厚，使得他们的服务质量高于国内物流企业一筹，但同时也间接提高了我国整个物流行业的服务标准。

我国"十一五"规划指出要大力发展现代物流业，积极发展第三方物流，物流产业地位得到全方位确立。铁路、公路、机场、港口、水运等物流基础设施进一步完善。"十一五"期间我国铁路营业里程达9.1万千米，新线投产1.47万千米；复线投产1.12万千米、电气化投产2.13万千米，全路复线率、电气化率分别达到41%、46%。公路总里程由2002年的176.52万千米增长到2011年的410.64万千米，"五纵七横"12条国道主干线提前13年全部建成。"十一五"期间民航基础设施建设共投资2 500亿元，约为前25年民航建设资金之和。布局合理、层次分明、优势互补、功能完善的现代港口体系以及畅通、高效、平安、绿色的现代化内河水运体系也已初步形成。截至2016年底，我国高速公路和高速铁路里程分别达到13.1万千米和2.2万千米，都居世界第一位，我国物流基础设施发生了深刻变革，形成了互联互通的物流网络①。

物流业在参与国际竞争与合作中逐步实现与国际接轨并得到全面发展，物流规划也纳入政府的议事日程，2009年国务院出台了物流业调整和振兴规划。物流市场需求扩大，物流服务社会化和专业化不断推进，物流企业兼并重组加快，重点领域物流、国际物流和保税物流不断发展，物流业发展的区域布局不断优化，物流基础设施建设的衔接与协调加强，物流信息化水平提高，物流标准化体系逐步完善，物流新技术不断得到开发与应用。多式联运、转运设施工程、物流园区、城市配送、大宗商品和农村物流、制造业与物流业联动发展等物流重点工程持续进行。

（五）为发展生态文明型物流积蓄力量阶段

众所周知，现代物流是继节约资源消能源消耗、提高劳动生产效率之后的第三利润源泉，也是推进经济转型升级的加速器。全球气候变化及其不利影响是当今

---

① 何黎明.中国智慧物流发展趋势[J].中国流通经济，2017(6):3-7.

国际社会普遍关心的重大问题,绿色循环低碳发展成为各国努力抢占的经济科技制高点。我国先后制定和修订了《中华人民共和国节约能源法》《中华人民共和国可再生能源法》《中华人民共和国循环经济促进法》《中华人民共和国清洁生产促进法》等一系列与应对气候变化、促进经济绿色循环低碳发展有关的法律。2006年全国人民代表大会批准的《中华人民共和国国民经济和社会发展第十一个五年规划纲要》,确定了节能减排的目标任务。2009年全国人民代表大会常务委员会关于积极应对气候变化决议草案议案明确提出,我国要研究制定发展绿色经济、低碳经济的政策措施,加大绿色投资,倡导绿色消费,促进绿色增长,立足国情发展绿色经济、低碳经济。"十二五"规划用了一整章阐述绿色发展,建设资源节约型、环境友好型社会,指出要大力发展循环经济。物流是为经济社会发展服务的,"十一五"规划全方位确定物流的产业地位,"十二五"规划进一步明确物流的发展任务。

在大力倡导绿色循环低碳转型的背景下,生态文明经济不断发展,与之相适应的生态文明型物流也将应运而生。本书第三章第三节论证了区域生态文明型物流是区域物流的发展趋势,我国正在为发展生态文明型物流积蓄力量。2017年习近平总书记在党的十九大报告中指出,中国特色社会主义进入了新时代,强调建设美丽中国,为人民创造良好生产生活环境。生态文明型物流发展迎来了新时代,新机遇,但是生态文明型物流对生态化技术体系和物流绿色化管理水平要求较高,是一个逐渐形成不断完善的过程,大致要经历打基础、初步发展、步入正轨、比较成熟、成熟的发展阶段,最后进入大物流发展阶段。

(六)我国物流发展阶段的特点

发达国家20世纪初到50年代中期为后勤管理物流与分销物流理念产生与并存发展阶段;20世纪50年代中期至80年代中期为分销物流理论进一步发展并扩散阶段;20世纪80年代中期至90年代中期为分销物流向后勤管理物流理论转化阶段,1985年,美国国家配送管理协会正式更名为物流管理协会,标志着现代物流观念的确立,后勤管理物流取代分销物流成为物流理论的主体;20世纪90年代中期以来,后勤管理物流向供应链物流理论演化,1998年,美国物流管理协会就把物流定义为供应链管理活动的一部分,2005年,美国物流管理协会更名为美国供应链管理协会,标志供应链管理取代后勤管理成为物流理论的主体;20世纪90年代以来,西方发达国家出现了逆向物流、绿色物流、绿色供应链、低碳物流等概念,开始实践生态文明型物流(ECMF)。而我国一直到改革开放前以储运业为代表的物流发展阶段充其量只能属于分销物流的概念;1978年改革开放到1992年确定建设社会主义市场经济的物流发展阶段,我国引进的物流概念也属于 PD 范畴;1992 年到 2001 年加入 WTO 在社会主义市场经济中实现物流跨越发展阶段,后勤管理成为物流理论主体;2001 年加入 WTO 以后至今的物流业与国际接轨并全面发展阶段,2005 年我国物流领域全面对外开放,后勤管理和供应链管理成为物流理论的双主体;2012 年党的十八大提出,把生态文明建设放在突出地位,融入经济建设、政治建设、文化建设、社会建设各方面和全过程,我国物流进入了为发展生态文明型物流积蓄力量的新阶段,生态文明型物流(ECMF)开始发展并将不断壮大,最后进入大物流(MF)发展阶段。我国与发达国家的物流发展过程并不同步(图 4-3),从图中可以看出,我国物流发展呈现压缩性、跨越性特点,在总体发展水平落后于发达国家的情况下也具有后发优势,能够以相对较快的速度进入生态文明型物流发展的正轨并进入大物流发展阶段。我国物流和供应链部门已取得长足发展,如今的中国物流业比以往任何时候都更加成熟,并一直致力于打造自己的产业。

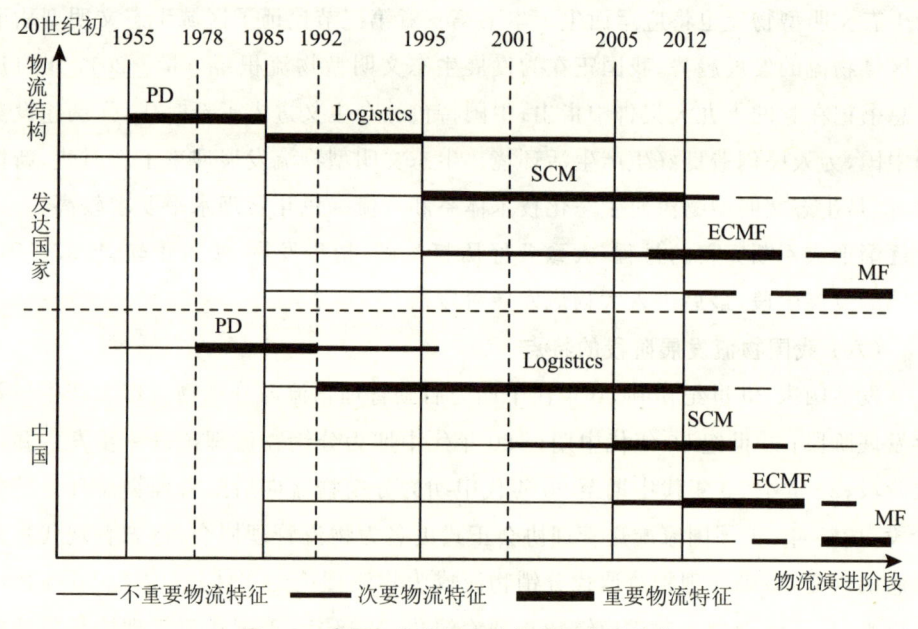

图 4-3 我国与发达国家物流发展阶段比较

二、区域物流运行态势离生态文明型物流要求差距较大

(一)社会物流总额逐年增长,社会物流需求系数提高

从 1992 年开始实行社会主义市场经济以来,我国社会物流总额逐年增长,从 1992 年的 3.91 万亿元增长到 2017 年的 252.8 万亿元,同比增幅平均达 19.1%,

GDP 从 1992 年的 2.69 万亿元增长到 2017 年的 82.71 万亿元,同比增幅平均达 14.8%(表 4-1)。从表 4-1 可以看出,社会物流总额的增幅除了少数几年外明显大于同期我国 GDP 的增长速度,说明我国物流需求总体上处在较高的增长期,但这几年增幅有所回落。从社会物流需求系数(物流总额与 GDP 相比,是反映生产总值对物流依赖度的指标,即每单位 GDP 产出需要多少单位的物流总额来支持)来看,随着中国市场经济的发展,商品交易的深度和广度得到拓展,每单位 GDP 的物流需求系数从 1992 年的 1.5 上升至 2011 年的 3.3,再到 2017 年的 3.1,说明国民经济发展对物流的依赖程度越来越高,在达到一定高度时趋于稳定并有回落迹象(图 4-4)。经济发展对物流依赖程度提高的趋势从我国加入 WTO 之后更加明显,1992~2001 年的平均社会物流需求系数为 1.6,2002 年以来的平均数为 2.9,表明我国 2002 年以来跟之前相比每单位 GDP 产出需要增加 1.3 个单位的物流总额来支持。

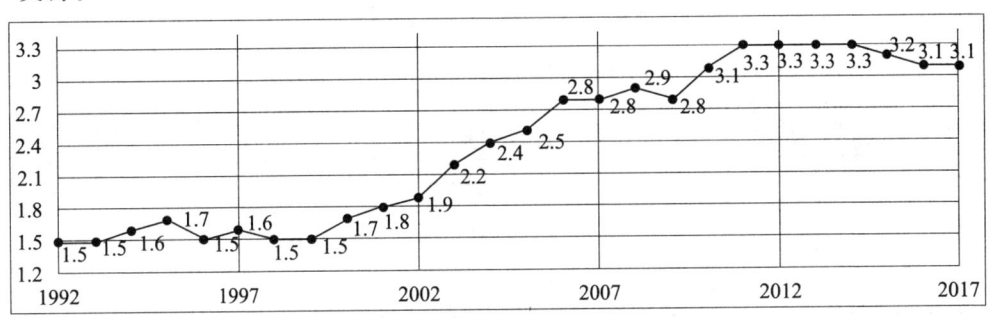

图 4-4 我国物流需求系数变化情况

表 4-1 1992 年以来社会物流总额、GDP、同比增长率及物流需求系数

年份	社会物流总额/万亿元	同比增长/%	GDP/万亿元	同比增长/%	物流需求系数
1992	3.91	29.3	2.69	23.4	1.5
1993	5.43	39.0	3.53	31.2	1.5
1994	7.92	45.9	4.82	36.5	1.6
1995	10.20	28.7	6.08	26.1	1.7
1996	11.03	8.2	7.12	17.1	1.5
1997	12.37	12.1	7.90	11.0	1.6
1998	12.87	4.1	8.44	6.8	1.5

续表 4-1

年份	社会物流总额/万亿元	同比增长/%	GDP/万亿元	同比增长/%	物流需求系数
1999	13.90	7.9	8.97	6.3	1.5
2000	17.06	22.7	9.92	10.6	1.7
2001	19.45	14.0	10.97	10.6	1.8
2002	23.26	19.6	12.03	9.7	1.9
2003	29.55	27.0	13.58	12.9	2.2
2004	38.38	29.4	15.99	17.7	2.4
2005	48.20	25.6	19.49	21.9	2.5
2006	59.60	23.7	21.63	11.0	2.8
2007	75.23	26.2	26.58	22.9	2.8
2008	89.90	19.5	31.40	18.1	2.9
2009	96.65	7.4	34.09	8.6	2.8
2010	125.40	29.7	40.15	17.8	3.1
2011	158.40	26.3	47.29	17.8	3.3
2012	177.3	11.9	54.04	5.8	3.3
2013	197.8	11.6	59.52	10.1	3.3
2014	213.5	7.9	64.40	8.2	3.3
2015	219.2	2.7	68.91	7.0	3.2
2016	229.7	4.8	74.36	7.9	3.1
2017	252.8	10.1	82.71	11.2	3.1

资料来源：根据《中国统计年鉴》《中国物流年鉴》和各年全国物流运行情况通报整理。

（二）社会物流总费用占 GDP 的比重有所下降，但物流运行效率还不高

我国社会物流总费用 1992 年为 6 137 亿元，占当年 GDP 比重的 22.8%，2017 年社会物流总费用为 12.1 万亿元，占 GDP 的 14.6%，下降了 8.2%（表 4-2）。社会物流总费用占 GDP 的比重下降比较明显，但跟发达国家社会物流总费用占 GDP 比重低于 10% 相比，差距还较大，所占比重还较高，还有较大的下降空间。

表 4-2 社会物流总费用占 GDP 比重情况

年份	运输费用/亿元	保管费用/亿元	管理费用/亿元	社会物流总费用/亿元	物流费用占GDP比重/%
1992	3 379	1 922	836	6 137	22.8
1993	4 507	2 317	1 074	7 898	22.4
1994	5 579	3 276	1 483	10 338	21.4
1995	6 455	4 459	1 970	12 884	21.2
1996	7 633	5 109	2 250	14 993	21.1
1997	8 218	5 820	2 629	16 667	21.1
1998	8 668	5 625	2 728	17 021	20.2
1999	9 533	5 344	2 937	17 814	19.9
2000	10 070	5 975	3 185	19 230	19.4
2001	10 813	6 458	3 348	20 619	18.8
2002	12 000	7 281	3 460	22 741	18.9
2003	14 068	8 057	3 570	25 695	18.9
2004	16 932	8 981	4 089	30 002	18.8
2005	18 639	10 632	4 590	33 860	18.3
2006	21 018	12 331	5 066	38 414	17.8
2007	24 708	14 943	5 755	45 406	17.1
2008	28 669	18 928	6 945	54 542	17.4
2009	33 628	19 955	7 244	60 826	17.8
2010	38 321	24 044	8 619	70 984	17.7
2011	44 000	29 000	10 000	84 000	17.8
2012	49 000	33 000	12 000	94 000	18
2013	54 000	36 000	13 000	102 000	18
2014	56 000	37 000	13 000	106 000	16.6
2015	58 000	37 000	14 000	108 000	16
2016	60 000	37 000	14 000	111 000	14.9
2017	66 000	39 000	16 000	121 000	14.6

资料来源：根据《中国统计年鉴》《中国物流年鉴》和各年全国物流运行情况通报整理。

由表 4-1 和表 4-2 可知,社会物流总费用占 GDP 的比重有所下降的同时,我国物流运行质量和效率有所提高(但跟发达国家比还有不小差距,物流运行效率还较低),社会物流总费用占社会物流总额的比例已从 1992 的 15.7% 降为 2017 年的 4.8%(图 4-5),说明每万元社会物流总额花费的社会物流总费用呈明显下降趋势,由 1992 年的 1 570 元下降到 2017 年的 480 元,也说明了我国在社会主义市场经济中物流业得到跨越式发展。

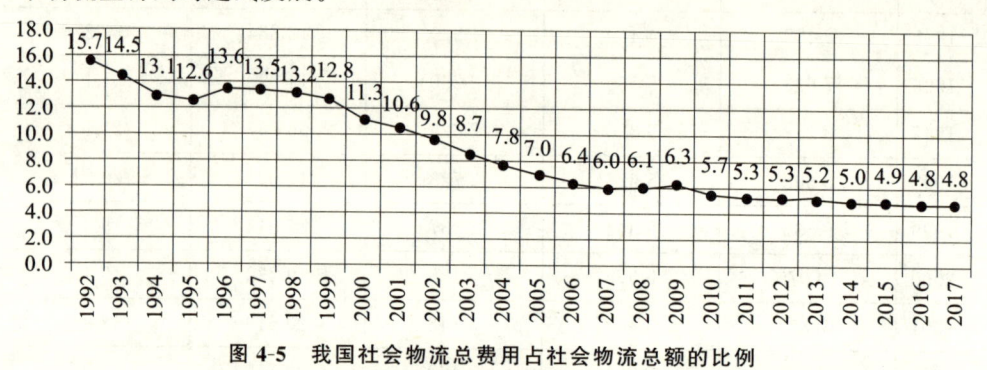

图 4-5　我国社会物流总费用占社会物流总额的比例

(三) 物流业平均增加值不小,但物流业增加值波动较大

物流业增加值是指物流产业在一定时期内通过物流活动为社会提供的最终成果的货币表现。从表 4-3 可以看出,物流业增加值波动较大,1993 年物流业增加比例最大,为 33.7%,2014 年最低,为 -10.3%,1992～2014 年物流业增加值平均增长 6.89%。物流业增加值占第三产业增加值的比重波动也较大,最大的 2011 年为 24.8%,最小的 2014 年为 10.8%,但 1992～2014 年物流业增加值占第三产业增加值的平均比重并不小,达 18.0%。物流业增加值占 GDP 的比重也有一定波动,最大的 1993 年为 8.22%,最小的 2014 年为 5.44%,1992～2014 年的平均比重为 6.9%。

表 4-3　物流业增加值变化情况

年份	物流业增加值/亿元	物流业增加比例/%	第三产业增加值/亿元	物流业占第三产业增加值的比例/%	GDP/亿元	物流业增加值占 GDP 的比例/%
1992	2 174	17.5	9 357	23.2	26 923	8.07
1993	2 906	33.7	11 916	24.4	35 334	8.22
1994	3 654	25.7	16 180	22.6	48 198	7.58
1995	4 265	16.7	19 978	21.3	60 794	7.02

续表 4-3

年份	物流业增加值/亿元	物流业增加比例/%	第三产业增加值/亿元	物流业占第三产业增加值的比例/%	GDP/亿元	物流业增加值占GDP的比例/%
1996	4 996	17.1	23 326	21.4	71 177	7.02
1997	5 398	8.0	26 988	20.0	78 973	6.84
1998	5 858	8.5	30 580	19.2	84 402	6.94
1999	6 416	9.5	33 873	18.9	89 677	7.15
2000	6 887	7.3	38 714	17.8	99 215	6.94
2001	7 429	7.9	44 362	16.7	109 655	6.77
2002	7 927	6.7	49 899	15.9	120 333	6.59
2003	9 112	14.9	56 005	16.3	135 823	6.71
2004	10 776	18.3	64 561	16.7	159 878	6.74
2005	12 271	13.9	74 919	16.4	184 937	6.64
2006	14 430	17.6	88 555	16.3	216 314	6.67
2007	18 200	26.1	111 352	16.3	265 810	6.85
2008	21 509	18.2	131 340	16.4	314 045	6.85
2009	23 078	7.3	148 038	15.6	340 903	6.77
2010	27 310	18.3	173 087	15.8	401 202	6.81
2011	32 000	17.2	216 099	24.8	489 301	6.54
2012	36 000	12.5	244 822	13.3	540 367	6.66
2013	39 000	8.3	277 959	13.5	595 244	6.55
2014	35 000	−10.3	308 059	10.8	643 974	5.44

资料来源：根据《中国统计年鉴》和《中国物流年鉴》整理。

（四）物流业固定资产投资增长率波动很大，但平均增幅也大

我国物流业固定资产投资增长率波动很大，但平均增幅也大。物流业固定资产投资增长率最高的1992年达81.8%，但最低的2011年物流业固定资产投资增长率为−5.69%（图4-6）。1992~2016年物流业固定资产投资增长率平均达23.6%。25年来，物流业固定资产投资额累计接近40万亿元，平均每年投入15 724亿元，虽然 2011 年物流固定资产投资负增长，但当年投资 28 291.7 亿元，投资额还是比较高的。我国物流业固定资产投资从 2009 年开始每年都超过 20 000 亿元，投资总量规模可观，物流基础设施得到较大改善，但还有不少提升空间。国务院印发的《物流业发展中长期规划(2014～2020 年)》提出着力加强物流基础设施网络建设，把物流基础设施及运作方式衔接更加顺畅作为发展目标之一。

图 4-6　1992～2016 年我国物流业固定资产投资增长情况

三、区域物流从而生态文明型物流发展差异较明显

为了解产业的区域发展差异，区位基尼系数和区位商是重要的分析工具。考虑到可比较性和数据的可获得性，本部分利用《中国统计年鉴》的统计数据，以交通运输、仓储和邮政业替代物流业，借助区位基尼系数和区位商的分析工具，把全国分为东部、中部、西部和东北四大区域，对我国物流区域发展差异进行分析，在加深对我国区域物流发展现状认识的基础上了解我国区域生态文明型物流发展状况。

（一）物流业空间分布的集散程度分析

源于洛伦茨曲线的区位基尼系数是分析产业空间分布集散程度的重要方法。意大利经济学家基尼依据洛伦茨曲线，提出了计算收入分配公平程度的统计指标，称为基尼系数。1986 年基布尔(Keeble)等人将洛伦兹曲线和基尼系数用于测量行业在地区间分布的均衡程度。1991 年保罗·克鲁格曼计算了美国 3 位数行业的区位基尼系数，分析了美国行业的地方化程度。区位基尼系数是描述某种产业在区域中集散程度的指标，数值越大，表明产业分布越集中。有一个简单的公式可以方便地计算某种产业的区位基尼系数：

$$\text{Gini}^s = \frac{1}{2(N-1)} \sum_{i=1}^{N} \sum_{j=1}^{N} |\lambda_i^s - \lambda_j^s|$$

其中，$\text{Gini}^s \in [0,0]$，N 为全国的区域个数，λ_i^s 和 λ_j^s 分别表示 i 和 j 区域的 s 产业在全国所占的比重。λ_i^s 和 λ_j^s 可以利用 r 地区 s 产业的规模（就业人数、产值等）λ_r^s 占全国该产业规模的比重 λ_r^s 来计算，即 $\lambda_r^s = \dfrac{\chi_r^s}{\chi^s}$，其中 χ^s 表示 s 产业的全国总规模[1]。根据基尼系数衡量产业分布均衡程度的一般标准，区位基尼系数与产业在域中的集散程度二者的关系如表4-4所列[2]。

表4-4　区位基尼系数与产业在区域中的集散程度

区位基尼系数	0.50以上	0.40～0.50	0.30～0.40	0.20～0.30	0.20以下
产业集散程度	高度集中	比较集中	比较分散	高度分散	极端分散

根据产业的区位基尼系数计算公式，利用《中国统计年鉴》的统计数据，以交通运输、仓储和邮政业替代物流业，根据我国东部、中部、西部和东北四大区域（东部包括：北京、天津、河北、上海、江苏、浙江、福建、山东、广东、海南；中部包括：山西、安徽、江西、河南、湖北、湖南；西部包括：内蒙古、广西、重庆、四川、贵州、云南、西藏、陕西、甘肃、宁夏、青海、新疆；东北包括：辽宁、吉林、黑龙江）各年的物流产值占全国物流总产值的比例，计算我国物流业的区位基尼系数，如表4-5所列。根据区位基尼系数与产业在区域中的集散程度关系（表4-4）可以发现，我国只有2001年物流业区位基尼系数介于0.40～0.50，为0.406 3，其余年份的物流业区位基尼系数都在0.30～0.40，说明我国只有2001年物流在空间分布上比较集中，其余年份都比较分散。

表4-5　各区域物流业产值占全国的比例及物流业区位基尼系数

年份	东部占比/%	中部占比/%	西部占比/%	东北占比/%	按产值的基尼系数
1999	54.38	19.68	16.46	9.48	0.391 7
2001	55.47	18.84	16.64	9.05	0.406 3
2003	54.54	19.32	17.08	9.06	0.393 9
2004	54.40	19.44	17.06	9.10	0.392 1
2005	50.70	21.26	18.75	9.30	0.342 6

---

[1] 蒲业潇.理解区位基尼系数：局限性与基准分布的选择[J].统计研究,2011(9):101-109.
[2] 沈玉芳,王能洲,马仁锋.长三角区域物流空间布局及演化特征研究[J].经济地理,2011(4):618-623.

续表 4-5

年份	东部占比/%	中部占比/%	西部占比/%	东北占比/%	按产值的基尼系数
2006	52.31	20.55	18.52	8.61	0.364 2
2007	52.47	20.60	18.36	8.58	0.366 3
2008	52.56	20.75	18.42	8.28	0.367 4
2009	52.42	19.34	19.68	8.51	0.365 7
2010	53.47	19.01	19.29	8.24	0.379 5
2011	53.15	18.67	19.69	8.49	0.375 4
2012	52.06	19.21	20.17	8.56	0.360 9
2013	51.72	19.55	20.41	8.33	0.356 2
2014	50.02	20.29	21.17	8.52	0.333 7
2015	50.00	20.24	20.78	8.98	0.333 4
2016	50.72	20.43	21.56	7.29	0.343 0

资料来源：根据《中国统计年鉴》整理。

根据我国东部、中部、西部和东北四大区域各年年末的物流从业人员占全国的比例，计算我国物流业的区位基尼系数，如表 4-6 所列。可以发现我国 1999 年和 2006～2016 年的物流业区位基尼系数都在 0.20～0.30 之间，说明按从业人员分析，我国这几年物流区域分布是高度分散的；2001 年和 2003～2005 年的物流业区位基尼系数都在 0.20 以下，说明物流区域分布是极端分散的。

表 4-6　各区域物流从业人员占全国比例及物流业区位基尼系数

年份	东部占比/%	中部占比/%	西部占比/%	东北占比/%	按人员的基尼系数
1999	40.01	27.15	22.37	10.47	0.20
2001	39.47	27.51	22.55	10.46	0.19
2003	36.28	24.68	22.54	16.50	0.15
2004	37.54	23.58	23.88	15.00	0.17
2005	39.33	22.90	22.37	15.40	0.19
2006	40.71	22.57	21.67	15.04	0.21
2007	39.76	21.73	21.84	16.66	0.20

续表 4-6

年份	东部占比/%	中部占比/%	西部占比/%	东北占比/%	按人员的基尼系数
2008	42.26	20.47	21.75	15.52	0.23
2009	41.58	18.68	23.01	16.73	0.22
2010	44.28	19.09	21.91	14.72	0.26
2011	45.06	19.10	20.94	14.90	0.27
2012	47.32	20.74	19.77	12.17	0.30
2013	44.34	19.49	22.32	13.84	0.26
2014	45.81	19.96	21.78	12.44	0.28
2015	47.01	20.15	21.63	11.22	0.29
2016	47.71	19.85	21.36	11.07	0.30

资料来源：根据《中国统计年鉴》整理。

把按物流业产值和按物流从业人员计算的物流业区位基尼系数结合起来看，按物流业产值计算的物流业区位基尼系数呈下降趋势，按物流从业人员计算的物流业区位基尼系数呈上升趋势，两者的区位基尼系数趋于靠拢，差距最大的是2003年，两者相差0.24，差距最小的是最近两年，两者相差0.4(图4-7)。不管是按物流业产值计算的物流业区位基尼系数还是按物流从业人员计算的物流业区位基尼系数，大多落在0.30~0.40或者0.20~0.30之间，说明我国物流的区域分布总体上都比较分散或者高度分散。

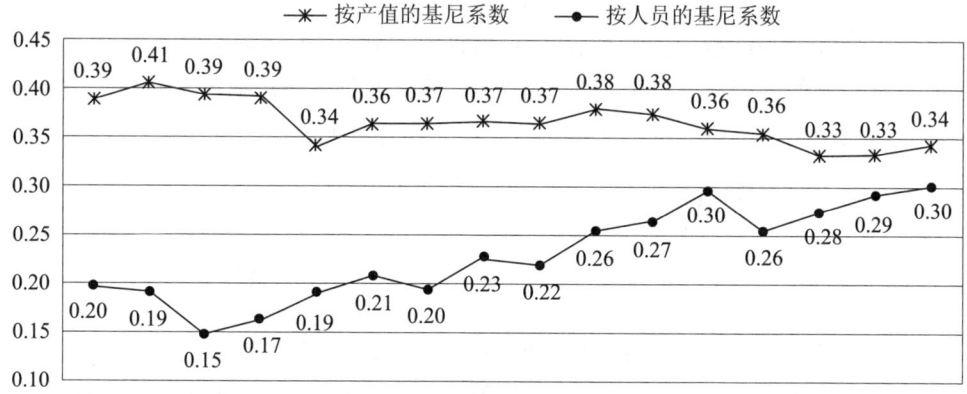

图 4-7 按产值和从业人员计算的我国物流业区位基尼系数

根据表 4-6 和表 4-7 可以按区域物流产值比与物流从业人员比的商(物流产值比/物流从业人员比)计算我国东部、中部、西部和东北的物流效率,如图 4-8 所示。从图中可以看出,东部物流效率最高,它的物流产值比与物流从业人员比的商都大于 1,说明它的物流效率都超过全国平均值,物流效率最低的是东北,中西部物流效率比较接近。总体上看,东部在交通运输、仓储和邮政业为代表的物流业中的优势比较明显,但最近几年与中西部的差距在缩小,而东北的物流效率与中西部的差距趋于扩大。区域物流效率的差异从一个侧面可以说明我国区域生态文明型物流的发展差异。

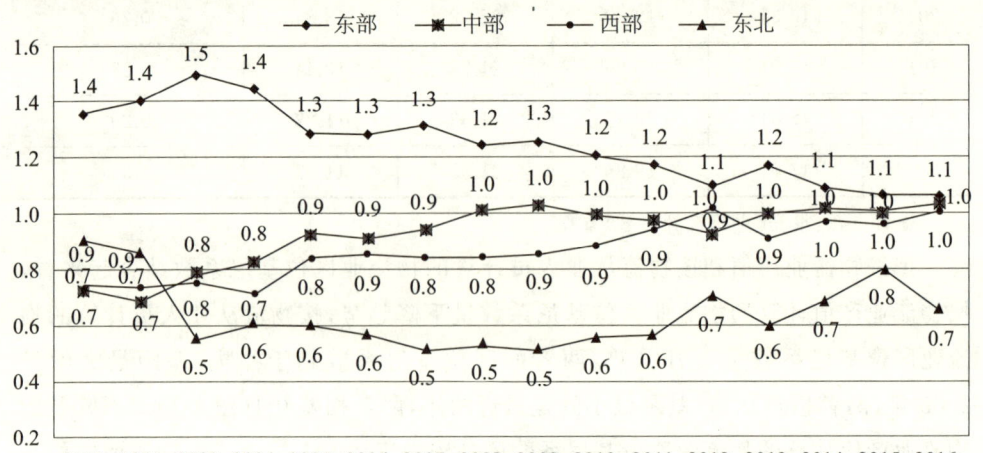

图 4-8 我国东、中、西和东北四大区域物流效率比较

(二) 利用区位商考察我国物流业的发展状况

区位商(location quotient,简称 LQ)也称专业化率,所谓商就是比率的比率。区位商是产业的效率与效益分析的定量工具,用来衡量某一产业的某一方面,在某一特定区域的相对集中程度。区位商的计算公式有两种:

$$LQ_{ij} = \frac{Q_{ij} / \sum_{j=1}^{m} Q_{ij}}{\sum_{i=1}^{n} Q_{ij} / \sum_{i=1}^{n} \sum_{j=1}^{m} Q_{ij}} \cdots\cdots(1) \qquad LQ_{ij} = \frac{Q_{ij} / \sum_{i=1}^{n} Q_{ij}}{\sum_{j=1}^{m} Q_{ij} / \sum_{j=1}^{m} \sum_{i=1}^{n} Q_{ij}} \cdots\cdots(2)$$

其中:i 表示第 i 个地区($i=1,2,3\cdots n$);j 表示第 j 个产业($j=1,2,3\cdots m$);Q_{ij} 表示第 i 个地区的第 j 个产业的产值、从业人员、增加值,等;LQ_{ij} 表示 i 地区 j 产业的区位商。公式(1)用来反映产业的地域专业化水平和产品的丰富程度;区位商大于 1,说明 j 产业是 i 地区的专业化部门或者表示 j 产业的产品有剩余,可输

出;区位商越大,专业化水平越高或者可输出的产品越多;区位商等于1,则说明 j 产业相当于平均水平或者是自给性部门;区位商小于1时,表示 j 产业专业化低于平均水平或者是其产品不能满足 i 地区的需要。公式(2)用来反映行业的优劣势:区位商大于1,说明具有行业优势;区位商小于1时,表示为行业劣势;区位商等于1,表示行业为一般水平。区位商一般可以分为五个等级,说明某一产业的专业化水平、产品的丰富程度、行业的优劣势(表4-7)。

表4-7 区位商与产业专业化水平/产品丰富程度/行业优劣势

区位商	2.00以上	1.51~2.00	1.01~1.50	0.51~1.00	0.50以下
产业专业化水平	极高	高	较高	较低	低
产品丰富程度	极丰富	丰富	较丰富	较不足	不足
行业优劣势	极富优势	优势明显	较有优势	存在劣势	劣势明显

以下根据区位商的两个计算公式,利用《中国统计年鉴》的统计数据,以交通运输、仓储和邮政业替代物流业,计算我国东部、中部、西部和东北四大区域物流业的区位商,考察各区域物流业的专门化程度与优劣势。1999年,国家经济贸易委员会与世界银行联合在北京联合召开"现代物流发展国际研讨会",国家领导人首次在大会上讲话强调要重视发展现代物流,这一年可以说是中国物流业实践迅速发展的标志和起点。因此,选取1999~2016年间的其中16年数据作为物流区位商的计算基础。

1. 按物流产值计算区位商考察专门化程度

分别按物流业产值占地区总产值和占第三产业产值的比例计算的物流区位商,结果见表4-8。按物流业占地区总产值比例计算的区位商,结果显示16年中,具有较高专业化水平(区位商1.01~1.50)的,东部有7年、中部有4年、西部有14年、东北有6年,其余年份物流业专业化水平都较低(区位商0.51~1.00),总体上说明只有西部的物流业具有较高的专业化水平;按物流业占第三产业产值比例计算的区位商,结果显示16年中,物流业都具有较高专业化水平(区位商1.01~1.50)的,东部只有1年、中部有16年、西部有14年,东北有13年,其余年份物流业专业化水平都较低(区位商0.51~1.00),从2004年开始,中部、西部和东北三个地区的物流业区位商都在1.01~1.50之间,总体上说明中部、西部和东北的物流业具有较高的专业化水平。

表 4-8 按物流业产值占地区总产值和占第三产业产值的比例计算的物流区位商

年份	按物流业占地区总产值比例计算				按物流业占第三产业产值比例计算			
	东部	中部	西部	东北	东部	中部	西部	东北
1999	1.05	0.95	0.94	0.95	1.00	1.03	0.98	0.97
2001	1.05	0.93	0.97	0.91	1.01	1.01	0.99	0.95
2003	1.01	0.99	1.01	0.95	0.98	1.05	1.02	0.99
2004	1.00	0.99	1.01	0.98	0.97	1.05	1.02	1.01
2005	0.91	1.13	1.11	1.07	0.89	1.22	1.10	1.12
2006	0.94	1.10	1.08	1.01	0.90	1.19	1.10	1.07
2007	0.95	1.09	1.06	1.01	0.90	1.20	1.11	1.09
2008	0.97	1.07	1.03	0.96	0.90	1.21	1.10	1.05
2009	0.97	1.00	1.07	1.00	0.91	1.14	1.14	1.06
2010	1.01	0.96	1.04	0.96	0.92	1.13	1.13	1.05
2011	1.02	0.93	1.02	0.98	0.92	1.10	1.14	1.09
2012	1.01	0.95	1.02	0.98	0.91	1.12	1.13	1.07
2013	1.00	0.97	1.02	0.96	0.91	1.13	1.13	1.05
2014	0.98	1.00	1.04	1.01	0.89	1.14	1.15	1.09
2015	0.97	1.00	1.04	1.12	0.90	1.11	1.13	1.16
2016	0.96	0.99	1.07	1.08	0.90	1.10	1.16	1.07

资料来源:根据《中国统计年鉴》整理。

2. 按物流从业人员计算区位商考察专门化程度

分别按物流业从业人员占地区总从业人员和占第三产业从业人员的比例计算的物流区位商,结果如表4-9所列。从中可以发现,按物流从业人员占总从业人员比例计算,16年中,物流业区位商在0.51~1.00之间、物流业从业人员的比例较低的,东部有11年、中部有7年、西部有9年;物流业区位商在1.01~1.50、物流业从业人员的比例较高的,东部有5年、中部有3年、西部有7年、东北有3年;物流业区位商在1.51~2.00之间、物流业从业人员的比例高的,东北有10年、其他地区没有;物流业区位商在2.00以上、物流业从业人员的比例极高的,中部有6年、东北有3年。按物流业从业人员占第三产业从业人员的比例计算,16年中,物流业区位商在0.51~1.00之间、物流业从业人员的比例较低的,东部有9年、中部有15年、西部有16年;物流业区位商在1.01~1.50、物流业从业人员的比例较高的,东部有 7 年、中部有 1 年、东北有 3 年;物流业区位商在 1.51～2.00 之间、物流业从业人员的比例高的,东北有 12 年、其他地区没有;物流业区位商在 2.00 以上、物流业从业人员的比例极高的,东北有 1 年、其他地区没有。比较明显的是按物流业从业人员计算总体上只有东北物流专业化程度较高及以上,按物流业从业人员占第三产业从业人员的比例计算,西部物流专业化程度较低。

表 4-9 按物流业占地区总从业人员和占第三产业从业人员的比例计算的物流区位商

年份	按物流从业人员占总从业人员比例计算				按物流从业人员占第三产业从业人员比例计算			
	东部	中部	西部	东北	东部	中部	西部	东北
1999	1.15	0.94	0.77	1.43	1.04	1.00	0.86	1.19
2001	1.13	0.96	0.78	1.46	1.05	1.04	0.83	1.22
2003	1.02	0.87	0.78	2.36	0.95	0.95	0.82	2.06
2004	1.05	0.83	0.83	2.12	0.97	0.91	0.87	1.86
2005	1.08	0.82	0.78	2.23	1.02	0.93	0.77	1.95
2006	0.84	1.08	1.03	1.57	0.92	1.00	0.92	1.59
2007	0.81	1.07	1.03	1.77	0.89	0.98	0.92	1.74
2008	0.85	1.02	1.02	1.69	0.94	0.94	0.91	1.65
2009	0.83	0.93	1.09	1.84	0.94	0.94	0.91	1.65
2010	0.90	0.92	1.05	1.63	0.99	0.85	0.95	1.57
2011	0.92	2.16	1.00	1.68	1.01	0.82	0.91	1.62
2012	0.98	2.37	0.92	1.39	1.08	0.91	0.82	1.32
2013	0.90	2.33	1.03	1.66	0.99	0.89	0.91	1.56
2014	0.92	2.57	1.02	1.60	1.02	0.88	0.90	1.52
2015	0.93	2.95	1.00	1.64	1.01	0.90	0.89	1.58
2016	0.92	3.11	0.99	1.73	1.00	0.93	0.88	1.60

资料来源:根据《中国统计年鉴》整理。

3. 按地均物流产值计算区位商考察专门化程度

按各地区的物流业产值跟各地区面积相比获得地均物流产值(元/km²),结果如表 4-10 所列。

表 4-10 物流业产值与区域面积比值情况

年份	地均物流产值/(元/km²)				
	全国	东部	中部	西部	东北
1999	66 593	379 337	122 442	15 324	76 939
2001	87 812	510 287	154 552	20 430	96 797
2003	106 489	608 430	192 194	25 428	117 561
2004	125 840	717 198	228 534	30 005	139 544
2005	116 068	616 446	230 540	30 416	131 471
2006	136 357	747 275	261 792	35 308	143 111
2007	155 870	856 772	299 969	39 995	162 866
2008	178 714	983 944	346 420	46 006	180 327
2009	191 646	1 052 337	346 211	52 730	198 740
2010	223 896	1 254 039	397 714	60 364	224 654
2011	258 548	1 439 632	450 934	71 156	26 7542
2012	287 032	1 565 533	515 108	80 929	299 288
2013	311 089	1 685 398	568 280	88 741	315 560
2014	328 992	1 724 058	623 584	97 366	34 1427
2015	348 118	1 823 460	658 242	101 102	381 092
2016	366 146	1 945 574	699 000	110 331	325 125

资料来源:根据《中国统计年鉴》整理。

根据表 4-10 中的地均物流产值占总产值和第三产业产值的比例计算物流业区位商,结果如表 4-11 所列。按地均物流产值占总产值比例计算的区位商结果显示,16 年中,东部有 7 年、中部有 4 年、西部有 14 年、东北有 6 年物流业区位商在 1.01~1.50,物流业专业化程度较高,其余年份区位商都在 0.51~1.00,物流业专业化程度较低。按地均物流产值占第三产业产值的比例计算,16 年中,东部物流有 11 年区位商都在 0.50 以下,专业化水平低,其余 5 年区位商在 0.51~1.00,专业化水平低较低;中部有 11 年区位商都在 0.51~1.00,物流业专业化程度较低,其余 5

年区位商在 1.01～1.50,专业化程度较高;西部有 11 年区位商都在 2.00 以上,专业化水平极高,其余 5 年区位商在 1.01～1.50,专业化程度较高;东北有 11 年区位商在 1.01～1.50,专业化程度较高,其余 5 年物流区位商在 0.51～1.00,专业化水平低。说明按地均物流产值计算(地均物流产值占总产值比例或地均物流占第三产业产值比例)总体上只有西部物流业的专业化水平总体较高或极高。

表 4-11 地均物流产值占总产值和第三产业产值比例计算的物流业区位商

年份	按地均物流产值占总产值比例计算				按地均物流产值占第三产业产值比例计算			
	东部	中部	西部	东北	东部	中部	西部	东北
1999	1.05	0.95	0.94	0.95	0.18	0.53	4.02	0.80
2001	1.05	0.93	0.97	0.91	0.17	0.57	4.22	0.86
2003	1.01	0.99	1.01	0.95	0.17	0.58	4.27	0.89
2004	1.00	0.99	1.01	0.98	0.17	0.58	4.28	0.91
2005	0.91	1.13	1.11	1.07	0.17	0.61	4.20	0.99
2006	0.94	1.10	1.08	1.01	0.17	0.62	4.25	1.02
2007	0.95	1.09	1.06	1.01	0.16	0.62	4.31	1.05
2008	0.97	1.07	1.03	0.96	0.16	0.62	4.27	1.04
2009	0.97	1.00	1.07	1.00	0.17	0.63	4.13	1.03
2010	1.01	0.96	1.04	0.96	0.16	0.63	4.20	1.05
2011	1.02	0.93	1.02	0.98	0.16	0.63	4.13	1.05
2012	1.01	0.95	1.02	0.98	0.91	1.12	1.13	1.07
2013	1.01	0.97	1.02	0.96	0.91	1.13	1.13	1.05
2014	0.98	1.00	1.04	1.01	0.89	1.14	1.15	1.09
2015	0.97	1.00	1.04	1.12	0.90	1.11	1.13	1.16
2016	0.96	0.99	1.07	1.08	0.90	1.10	1.16	1.07

资料来源:根据《中国统计年鉴》整理。

4. 按人均物流产值计算区位商考察专门化程度

按各地区的物流业产值跟各地区物流从业人员相比获得人均物流产值(亿元/万人),结果如表 4-12 所列。

表 4-12 物流产值与物流从业人员比值情况

年份	人均物流产值/(亿元/万人)				
	全国	东部	中部	西部	东北
1999	3.161 229	4.296 562	2.291 085	2.326 489	2.862 953
2001	4.137 601	5.814 539	2.832 876	3.053 477	3.578 566
2003	9.960 992	14.973 499	7.795 683	7.549 595	5.470 800
2004	11.145 152	16.153 138	9.186 947	7.959 648	6.762 738
2005	11.002 466	14.181 063	10.212 132	9.221 840	6.643 825
2006	12.653 331	16.258 782	11.518 117	10.814 909	7.246 626
2007	14.567 388	19.222 371	13.809 564	12.240 518	7.497 349
2008	15.906 860	19.780 552	16.120 759	13.469 231	8.489 864
2009	16.039 312	20.221 379	16.600 572	13.719 398	8.159 032
2010	19.212 718	23.200 682	19.129 801	16.909 237	10.751 725
2011	21.128 403	24.921 888	20.653 167	19.867 141	12.039 645
2012	18.306 905	20.143 872	16.950 872	18.674 340	12.877 406
2013	23.664 351	27.599 664	23.735 104	21.635 510	14.230 783
2014	21.188 266	23.135 554	21.537 244	20.592 947	14.501 887
2015	22.243 943	23.658 771	22.343 707	21.369 806	17.819 703
2016	22.632 149	24.061 053	23.296 205	22.835 654	14.893 372

资料来源:根据《中国统计年鉴》整理。

根据表 4-12 中的人均物流产值占总产值和第三产业产值的比例计算物流业区位商,结果如表 4-13 所列。按人均物流产值占总产值比例计算的区位商结果显示,16 年中,东部有 11 年、中部有 14 年、西部有 13 年物流业区位商在 1.01~1.50,物流业专业化程度较高,其余年份和东北各年份区位商都在 0.51~1.00,物流业专业化程度较低;按人均物流产值占第三产业产值的比例计算,16 年中,东部有 1 年、西部有 14 年、东北有 13 年、中部各年区位商在 1.01~1.50,物流专业化水平较高,其余年份区位商都在 0.51~1.00,物流业专业化程度较低。说明按人均物流产值计算总体上只有中西部的物流业专业化程度较高。

表 4-13 人均物流产值占总产值和第三产业产值比例计算的物流业区位商

年份	按人均物流产值占总产值比例算				按人均物流产值占第三产业产值比例算			
	东部	中部	西部	东北	东部	中部	西部	东北
1999	0.91	1.01	1.22	0.67	1.00	1.03	0.98	0.97
2001	0.93	0.98	1.25	0.62	1.01	1.01	0.99	0.95
2003	0.99	1.14	1.30	0.40	0.98	1.05	1.02	0.99
2004	0.96	1.19	1.22	0.46	0.97	1.05	1.02	1.01
2005	0.85	1.38	1.42	0.48	0.89	1.22	1.10	1.12
2006	1.12	1.02	1.05	0.64	0.90	1.19	1.10	1.07
2007	1.17	1.02	1.02	0.57	0.90	1.20	1.11	1.09
2008	1.13	1.05	1.01	0.57	0.90	1.21	1.10	1.05
2009	1.17	1.07	0.98	0.54	0.91	1.14	1.14	1.06
2010	1.12	1.05	0.98	0.59	0.92	1.13	1.13	1.05
2011	1.11	1.04	1.02	0.58	0.91	1.10	1.14	1.09
2012	1.04	0.98	1.11	0.70	0.91	1.12	1.13	1.07
2013	1.12	1.03	0.99	0.58	0.91	1.13	1.13	1.05
2014	1.06	1.06	1.02	0.63	0.89	1.14	1.15	1.09
2015	1.04	1.04	1.03	0.68	0.90	1.11	1.13	1.16
2016	1.05	1.01	1.08	0.63	0.90	1.10	1.16	1.07

资料来源：根据《中国统计年鉴》整理。

5. 按产值和人员、人均或地均物流产值计算区位商考察区域物流的优劣势

按区域物流产值占全国物流产值的比例与区域总产值占全国总产值的商、区域物流从业人员占全国物流从业人员的比例与区域从业人员占全国从业人员的比例计算物流区位商，结果如表 4-14 所列。按物流产值比与总产值比的商计算的区位商，16 年中，东部有 7 年、中部有 9 年、西部有 2 年、东北有 9 年区位商在 1.01～1.50，物流业比较有优势，其余年份区位商在 0.51～1.00，物流业存在劣势。按物流从业人员比值与总从业人员的商计算的区位商，16 年中，东北各年的区位商都在 1.01 以上，最高为 2.36，说明东北的物流业比较有优势甚至极富优势，东部有 5 年、中部有 3 年、西部有 7 年的区位商在 1.01～1.50，物流业比较有优势，而其余年份的区位商都在 0.51～1.00，物流业存在劣势。

表 4-14　按物流产值比/总产值比和物流从业人员比/总从业人员比计算的区位商

年份	物流产值比/总产值比				物流从业人员比值/总从业人员比			
	东部	中部	西部	东北	东部	中部	西部	东北
1999	1.05	1.05	1.06	1.05	1.15	0.94	0.77	1.43
2001	1.05	1.07	1.03	1.10	1.13	0.96	0.78	1.46
2003	1.01	1.01	0.99	1.05	1.02	0.87	0.78	2.36
2004	1.00	1.01	0.99	1.02	1.05	0.83	0.83	2.12
2005	0.91	0.89	0.90	0.93	1.08	1.08	0.78	2.23
2006	0.94	0.91	0.92	0.99	0.84	1.07	1.03	1.57
2007	0.95	0.92	0.95	0.99	0.81	1.07	1.03	1.77
2008	0.97	0.93	0.97	1.04	0.85	1.02	1.02	1.69
2009	0.97	1.00	0.93	1.00	0.83	0.93	1.09	1.84
2010	1.01	1.04	0.97	1.04	0.90	0.92	1.05	1.63
2011	1.02	1.07	0.98	1.02	0.92	0.90	1.00	1.68
2012	1.01	1.05	0.98	1.02	0.98	0.97	0.92	1.39
2013	1.01	1.03	0.98	1.04	0.90	0.94	1.03	1.66
2014	0.98	1.00	0.96	0.99	0.92	0.94	1.02	1.60
2015	0.97	1.00	0.97	0.89	0.93	0.96	1.00	1.64
2016	0.96	1.01	0.93	0.92	0.92	0.98	0.99	1.73

资料来源:根据《中国统计年鉴》整理。

按区域地均物流产值占全国地均物流产值的比例与区域总产值占全国总产值的商、区域人均物流产值占全国人均物流产值的比例与区域从业人员占全国从业人员的比例计算物流区位商,结果如表 4-15 所列。

表 4-15　按地均物流产值比/总产值比和人均物流产值比/总产值比计算的区位商

年份	地均物流产值比/总产值比				人均物流产值比/总产值比			
	东部	中部	西部	东北	东部	中部	西部	东北
1999	1.05	0.95	0.94	0.95	1.05	0.95	0.94	0.95
2001	1.05	0.93	0.97	0.91	1.05	0.93	0.97	0.91
2003	1.01	0.99	1.01	0.95	1.01	0.99	1.01	0.95
2004	1.00	0.99	1.01	0.98	1.00	0.99	1.01	0.98

续表 4-15

年份	地均物流产值比/总产值比				人均物流产值比/总产值比			
	东部	中部	西部	东北	东部	中部	西部	东北
2005	0.91	1.13	1.11	1.07	0.91	1.13	1.11	1.07
2006	0.94	1.10	1.08	1.01	0.94	1.10	1.08	1.01
2007	0.95	1.09	1.06	1.01	0.95	1.09	1.06	1.01
2008	0.97	1.07	1.03	0.96	0.97	1.07	1.03	0.96
2009	0.97	1.00	1.07	1.00	0.97	1.00	1.07	1.00
2010	1.01	0.96	1.04	0.96	1.01	0.96	1.04	0.96
2011	1.02	0.93	1.02	0.98	1.02	0.93	1.02	0.98
2012	1.01	0.95	1.02	0.98	1.01	0.95	1.02	0.98
2013	1.01	0.97	1.02	0.96	1.01	0.97	1.02	0.96
2014	0.98	1.00	1.04	1.01	0.98	1.00	1.04	1.01
2015	0.97	1.00	1.04	1.12	0.97	1.00	1.04	1.12
2016	0.96	0.99	1.07	1.08	0.96	0.99	1.07	1.08

资料来源：根据《中国统计年鉴》整理。

按地均物流产值比与总产值比的商计算的区位商，16年中，东部有7年、中部有4年、西部有14年、东北有6年区位商在1.01～1.50之间，物流业比较有优势，其余年份区位商都在0.51～1.00之间，物流业存在劣势，说明按地均产值计算总体上只有西部物流业比较有优势。按人均物流产值比与总产值比的商计算的区位商，16年中，东部有7年、中部有4年、西部有14年、东北有6年的区位商在1.01～1.50之间，物流业比较有优势，而其余年份的区位商都在0.51～1.00之间，物流业存在劣势，说明按人均产值计算总体上只有西部的物流业较有优势。

（三）我国区域物流规划本身就体现出较大差异

我国区域物流规划本身就体现出较大差异，从而也会影响区域生态文明型物流的发展，这从物流业调整和振兴规划中物流区域及节点城市的相关比例可以得到一定程度的反映。我国幅员辽阔，自然条件差异明显，经济社会发展的区域差异也大，体现在区域物流发展上的差异也较明显。在2009年物流业调整和振兴规划九大物流区域中，东部有5个，中部2个，西部和东北各1个；全国性21个物流节点城市中,东部有 11 个,中部有 2 个,西部有 6 个,东部有 2 个;17 个区域性物流节点城市中,东部有 4 个,中部有 4 个,西部有 7 个,东部有 2 个。此外,物流园区的规划建设也存在明显的区域差异,根据国家发改委和中国物流与采购联合会 2006 年重点研究课题报告,全国运营、在建和规划中的 207 个物流园区中,按照"十一五"发展规划中提出的经济区域划分,东北经济区 21 个、北部沿海经济区 28 个、东部沿海经济区 52 个、南部沿海经济区 36 个、黄河中游经济区 21 个、长江中游经济区 17 个、西北经济区 13 个、西南经济区 19 个,其中沿海三个经济区的物流园区总量超过全国物流园区总量的 56%。

四、企业发展生态文明型物流的积极性还不高

不论是从市场的发展、面对的竞争压力还是渴望企业可持续发展的主观愿望来看,企业发展生态文明型物流都是必要的,但我国物流发展总体水平还不高,因参与主体多而难以形成合理的利益协调机制,物流供应链管理的普及面还较低,加之市场发育不够完善,交易成本较高,种种因素造成我国企业更关心直接可见的仓储和运输成本,物流总成本意识较淡薄,物流对生态环境造型破坏所产生的成本更被忽视。企业发展生态文明型物流需要企业全体人员的积极参与,但由于现代物流人才缺乏、绿色物流科技不足、社会责任意识和绿色物流观念不强及其他一些原因造成从企业高层到一线员工为发展生态文明型物流而尽力的积极性总体并不高。

第二节 我国区域生态文明型物流发展存在问题的原因

物流业的发展还没有系统量化的统计口径及指标,关于区域生态文明型物流的量化指标更是处于摸索当中。为发现我国区域生态文明型物流发展存在问题的原因,本研究采用问卷调查的形式。问卷由 8 部分组成(见附录),对党政机关、事业单位、生产企业、商贸企业和物流企业的有关人员进行线上(通过网络)和线下(实地调查)问卷调查,共回收问卷 486 份,其中有效问卷 431 份。对有效问卷的结果进行如下处理:把指标体系某部分的每题每个选项获选比例和答案赋分之积作为该题的得分,然后把每题得分加总取数学平均值获得某部分的评价得分,必要时把各部分加总的平均分作为我国区域生态文明型物流发展情况的总体评价得分。指标体系某部分各题的得分计算公式如下:

$$E_{pt} = \sum_{a=1}^{n} F_{ta} \cdot G_{ta} / Q$$

其中,E_{pt} 表示第 p 部分第 t 题的评价得分;n 表示备选答案的个数,本调查 n 为 5,赋分情况为 $n_1=2,n_2=4,n_3=6,n_4=8,n_5=10$;$F_{ta}$ 表示选择第 t 题第 a 备选答案的样本数;G_{ta} 表示选择第 t 题中第 a 备选答案的赋分;Q 表示样本总数量。通过第 p 部分各题的评价得分加总取数学平均值,可以获得第 p 部分的总体评价得分,其计算公式为:

$$E_p = \frac{1}{t}\sum E_{pt}$$

其中,E_p 表示第 p 部分的评价得分,t 表示第 p 部分共有 t 题,E_{pt} 表示第 p 部分第 t 题的评价得分。相应的可以计算我国生态文明型物流发展情况的总体评价得分,公式为:

$$E = \frac{1}{p}\sum E_{pt}$$

其中,E 表示我国生态文明型物流发展情况的总体评价得分,p 表示共由 p 部分组成来评价我国生态文明型物流发展情况的得分,E_p 表示第 p 部分的评价得分。借鉴学习成绩的考核标准和相关研究成果[1],评价得分的分数等级(表示的发展程度或对某一问题的赞同程度)如表 4-16 所列。

表 4-16 分数等级与发展程度

分数	8.5~10	7.5~8.49	6.5~7.49	5.5~6.49	5.5 以下
等级/发展程度、赞同程度	优秀/高级、很赞同	良好/中上、赞同	中等/中级、中立	及格/中下、不赞同	不及格/初级、很不赞同

一、区域生态文明型物流发展处于初级阶段

问卷中对我国区域绿色(生态文明型)物流发展的总体评价部分有 8 个评价项目,分别为:A1.我国物流专业化发展水平高、物流企业规模合理、物流业能耗低(评价得分 5.11);A2.我国物流作业效率高,经济活动中所付出的物流成本低(评价得分 4.97);A3.我国物流基础设施的配套性和兼容性好,很少有重复建设的现象(评价得分 4.84);A4.我国物流信息化程度高,企业绿色经营意识强,物流运作的生态化水平高(评价得分 5.12);A5.我国地方保护主义问题少,绿色产品流通顺畅,假冒产品少,市场秩序良好(评价得分 4.57);A6.我国包括采购、生产、销售等正向物流体系及退货、回收等逆向物流体系健全,高效运行的物流技术体系也已建立(评

---

[1] 王民.环境意识及测评方法研究[M].北京:中国环境科学出版社,1999:151-154.

价得分 5.33);A7.我国区域物流主体合作水平高,绿色供应链管理已得到较好落实(评价得分 5.34);A8.我国政府部门、物流供给方、物流需求方、中介企业能够密切配合,区域物流资源能够得到充分利用(评价得分 5.32)。8 个项目评价最高得分 5.34,最低得分 4.57,平均得分 5.07,都在 5.5 以下,说明我国区域绿色(生态文明型)物流发展处于初级阶段。在新事物发展的初级阶段难免存在各种各样的问题,有待改善的地方较多,我国区域生态文明型物流发展正处于这一阶段,需要方方面面的改进。

二、认知和态度与行动存在差距

(一)对发展区域生态文明型物流的认知

问卷中对发展区域绿色(生态文明型)物流的基本认识部分有 7 个评价项目,分别为:B1.区域绿色物流发展的主体涉及企业、政府、公众、媒体、科研机构、非政府组织等(评价得分 7.33);B2.企业绿色物流管理对保护生态环境至关重要(评价得分 7.89);B3.政策的支持、环保法律体系的完善是发展区域绿色物流的关键(评价得分 7.96);B4.公众绿色消费意识的提高有利于区域绿色物流的发展(评价得分 8.01);B5.媒体的客观公正报道、对污染环境等不良行为的曝光,有助于净化发展区域绿色物流的社会环境(评价得分 7.78);B6.科研机构的绿色技术创新及其现实应用在区域绿色物流发展过程中具有重要作用(评价得分 7.80);B7.诸如环保组织、行业协会等非政府组织的积极参与,对促进区域绿色物流发展很有帮助(评价得分 7.73)。7 个评价项目中,最低得分 7.33,落在 6.5~7.49 之间,说明对区域绿色(生态文明型)物流发展的主体涉及企业、政府、公众、媒体、科研机构、非政府组织等持中立态度,其余评价项目得分落在 7.5~8.49 之间,都表示赞同;平均得分 7.79,在 7.5~8.49 之间,说明对发展区域绿色(生态文明型)物流的基本认识处于中上水平,等级为良。

(二)对发展区域生态文明型物流的态度

问卷中对发展区域绿色(生态文明型)物流的态度部分有 7 个评价项目,分别为:C1.企业要对物流的环境影响负责,不能为了实现自身利益而破坏生态环境(评价得分 8.20);C2.政府要完善环保法律体系并严格执法、出台支持政策促进区域绿色物流发展(评价得分 8.22);C3.公众要主动提高绿色消费意识,积极参与有利于发展区域绿色物流的活动(评价得分 8.06);C4.媒体要以建设生态文明为己任,传播绿色理念,为发展区域绿色物流服务(评价得分 7.91);C5.非政府组织要积极参与区域内外公共事务的治理,在发展区域绿色物流中发挥其应有的作用(评价得分

7.78);C6.科研机构要更多地进行绿色技术创新,满足区域绿色物流发展过程中对技术的需求(评价得分7.92);C7.区域绿色物流的各参与主体要互相协作、责任公担、利益公平分享(评价得分8.19)。7个评价项目中,最低得分7.78,最高得分8.22,平均得分8.04,都落在7.5~8.49之间,说明对发展区域绿色(生态文明型)物流都持赞同态度。

(三) 对发展区域生态文明型物流的行动

问卷中对发展区域绿色(生态文明型)物流的行动部分有12个评价项目,分别为:D1.企业已经做到优先采购绿色材料,在产品设计阶段就考虑环境影响,方便物品的回收和再利用(评价得分6.00);D2.企业已做到积极进行绿色合作,供应链上企业间的信息传递及时,能实现有效共享(评价得分5.95);D3.企业高层管理者已经做到重视环境审计与环境成本核算,重视员工环保意识的提高(评价得分6.05);D4.企业已做到选择清洁运输方式、绿色包装材料,循环利用包装物,进行废旧产品回收网络建设,对整个物流系统进行绿色设计(评价得分5.90);D5.为树立企业绿色形象、提高顾客满意度、避免绿色贸易壁垒,企业已大力实施绿色供应链管理(评价得分6.10);D6.企业已尽力减少三废,降低环境影响,改善企业的环保形象(评价得分6.31);D7.环保法规已不断完善,环保执法效果良好,政府出台一系列政策,有效地促进了区域绿色物流发展(评价得分6.15);D8.公众绿色消费意识强,绿色消费市场旺盛,能够以实际行动参与物流绿色化(评价得分5.93);D9.媒体自由且负责任地引导社会舆论监督,已在区域绿色物流发展中发挥重要作用(评价得分6.04);D10.非政府组织在联系政府与企业、公众等方面起桥梁纽带作用,在区域协调与公共事务治理方面成果显著(评价得分5.99);D11.科研机构积极主动服务企业和社会,对促进区域绿色物流发展、绿色科技转化为现实生产力已有明显成效(评价得分6.02);D12.区域绿色物流发展的参与主体相互配合,已形成较和谐的利益协调机制(评价得分5.87)。12个评价项目中,最低得分5.87,最高得分6.31,平均得分6.03,都落在5.5~6.49之间,说明对发展区域绿色(生态文明型)物流的行动属于中下水平,是不积极的。

(四) 对发展区域生态文明型物流的认知和态度与行动比较

对发展区域绿色(生态文明型)物流的基本认识部分平均得分7.79,在7.5~8.49之间,说明对发展区域绿色(生态文明型)物流的基本认识处于中上水平;对发展区域绿色(生态文明型)物流的态度部分有7个评价项目,平均得分8.04,都落在7.5~8.49之间,说明对发展区域绿色(生态文明型)物流都持赞同态度;对发展区域绿色(生态文明型)物流的行动部分有 12 个评价项目,平均得分 6.03,都落在 5.5～6.49 之间,说明对发展区域绿色(生态文明型)物流的行动属于中下水平,是不积极的,这跟对我国生态文明型物流发展情况的总体评价比较一致。由此可见,人们大多认识到应该发展生态文明型物流,对发展生态文明型物流持赞同态度,但行动上却不积极,说明对于发展生态文明型物流,人们的认识、态度和行动之间是有差距的,行动方面落后于认识和态度。对发展区域生态文明型物流的认知、态度与行动的平均得分为 7.28,在 6.5～7.49 之间,说明从认知、态度与行动三方面对我国生态文明型物流发展情况的评价为中等水平,而总体评价部分平均得分 5.07,说明我国区域绿色(生态文明型)物流发展处于初级水平,二者的差异说明我国发展生态文明型物流的真实情况是大家持观望的态度,行动上还不积极。

三、制约区域生态文明型物流发展的其他因素

我国区域生态文明型物流发展处于初级水平,人们对发展区域生态文明型物流处于观望状态,行动上还不积极。此外,制约区域生态文明型物流发展的其他因素还较多。问卷从 20 个项目调查影响区域绿色(生态文明型)物流发展的因素,评价结果如下:E1.绿色循环低碳技术开发难度大、成本高、风险大、获利不稳定,研发动力不足(评价得分 7.17 ,同意及很同意所占比例为 60.7%);E2.缺乏诚信市场,绿色循环低碳产品由于缺乏成本优势在竞争时处于不利地位(评价得分 7.39 ,同意及很同意所占比例为 67.0%);E3.生态环境对可持续发展很重要,但如果污染环境有利可图还是会不顾环保(评价得分 6.86,同意及很同意所占比例为 59.8%);E4.进行绿色循环低碳物流创新的前提是可以获得不低于传统物流运作的利润(评价得分 7.16,同意及很同意所占比例为 64.9%);E5.如果寻求政府庇护有利于开拓市场、增加收益,就会尽力去做(评价得分 6.90,同意及很同意所占比例为 53.7%);E6.包括技术、资金、信息等的绿色循环低碳服务体系不完善,国家对绿色物流的政策支持力度不够(评价得分 7.59,同意及很同意所占比例为 72.3%);E7.环保制度一方面是不够健全,另一方面是对现有的法律法规落实不到位,造成违法成本低,守法成本高(评价得分 7.66,同意及很同意所占比例为 71.4%);E8.中央政府与地方政府存在利益冲突,地方总是以对己有利的方式在执行政策时变通执行中央决策(评价得分 7.36,同意及很同意所占比例为 62.6%);E9.地方政府间存在利益冲突,它们一方面争项目和政策倾斜,另一方面进行地域发展的自我保护(评价得分 7.55,同意及很同意所占比例为 70.7%);E10.地方政府以追求和实现预算规模、行政权力、政府机构规模的最大化为目标(评价得分 7.13,同意及很同意所占比例为

54.4%);E11.政府官员运用所掌握的权力追逐个人利益的增加和权力的扩张(评价得分7.18,同意及很同意所占比例为55.8%);E12.民众要对政府及官员行为进行有效监督,困难很大,政策执行的监督约束机制乏力(评价得分7.75,同意及很同意所占比例为71.4%);E13.明知是假冒名牌或产品质量不高,但因为收入有限还是选择便宜货(评价得分6.92,同意及很同意所占比例为50.5%);E14.选择绿色物流方式如果会增加开支会力不从心,结果往往放弃(评价得分7.20,同意及很同意所占比例为60.0%);E15.非政府组织更容易被企业收买、也易受制于政府权威,而民众对其影响有限(评价得分7.38,同意及很同意所占比例为64.2%);E16.科研院所服务企业和社会的积极性不高,科研人员更关心自己的荣誉和利益,却忽视把绿色科技转化为现实生产力(评价得分7.34,同意及很同意所占比例为63.5%);E17.媒体监督受限较多,独立性不全,对促进区域物流绿色化的重要作用发挥不够(评价得分7.40,同意及很同意所占比例为65.1%);E18.区域物流参与主体各有自己的盘算,担心局面失控,阻碍合作的深入,难以获得"1+1>2"的系统效应(评价得分7.50,同意及很同意所占比例为68.8%);E19.物流供应方首先考虑的是从物流服务中能够获利多少,而物流需求方则考虑与哪家物流商合作成本低,至于如何减少物流运作对环境的影响则无力顾及(评价得分7.38,同意及很同意所占比例为66.0%);E20.企业保证生存在先,力求发展在后。在总体竞争力不高的情况下,保护生态环境方面的竞争力被放在次要位置(评价得分7.19,同意及很同意所占比例为60.0%)。在20个评价项目中,最低得分6.86,最高得分7.75,其中E6(评价得分7.59)、E7(评价得分7.66)、E9(评价得分7.55)、E12(评价得分7.75)和E18(评价得分7.50)都在7.5~8.49之间,表示赞同,说明同意以下5项内容:包括技术、资金、信息等的绿色循环低碳服务体系不完善,国家对绿色物流的政策支持力度不够;环保制度一方面是不够健全,另一方面是对现有的法律法规落实不到位,造成违法成本低,守法成本高;地方政府间存在利益冲突,它们一方面争项目和政策倾斜,另一方面进行地域发展的自我保护;民众要对政府及官员行为进行有效监督,困难很大,政策执行的监督约束机制乏力;区域物流参与主体各有自己的盘算,担心局面失控,阻碍合作的深入,难以获得"1+1>2"的系统效应。其他15项评价得分最低6.86,最高7.40,在6.5~7.49之间,表示中立,但同意及很同意所占比例最低为50.5%,最高67.0%,说明同意及很同意所占比例都超过一半。20项平均同意及很同意所占比例为63.1%,说明同意问卷中所有20项内容的还是占大多数,因此它们也成为制约我国区域生态文明型物流发展的重要因素。

第五章

发达国家区域生态文明型物流发展经验借鉴

通过第三章的论述可知我国区域物流发展总体上落后于发达国家,发达国家20世纪90年代就已经开始区域生态文明型物流的发展实践,而我国目前正处于为发展区域生态文明型物流积蓄力量阶段。借鉴发达国家和地区物流业及区域生态文明型物流发展的实践经验,对促进我国物流业的提升和区域生态文明型物流的发展具有重要的意义。与其他国家和地区相比,美国的物流发展历史最长,也最为成熟,不管是在规模总量、企业实力还是在先进技术应用上,美国的物流发展都代表了世界最高水平[①];日本自20世纪50年代从美国引进物流概念以来,经过几十年的发展,其物流业在各个方面都有了很大的提高,生态文明型物流也取得积极进展;早在20世纪中叶,欧洲主要发达国家就开始注重物流的合理化问题,通过多年的发展,如今在低碳、绿色物流方面已走在世界前列。因此,本章以美国、日本、欧洲主要发达国家的区域生态文明型物流发展作为我国的借鉴对象,深入探究其物流产业发展的成功经验以及我国物流发展与其存在的差距,结合实际探讨如何借鉴这些国家区域生态文明型物流的发展经验,提升我国区域生态文明型物流发展水平。

第一节 发达国家发展区域生态文明型物流的政策与措施

一、美国发展区域生态文明型物流的政策与措施

通过物流管理能够实现物品的空间效用和时间效用,空间效用主要通过运输实现,时间效用主要通过仓储实现。美国奉行市场经济原则,在仓储活动中,因为

---

① 葛学平.美国现代物流发展的三方互动模式研究及启示[J].中国港口,2011(4):60-62.

企业对存货拥有财产所有权,因此,除非企业对政府承担诸如石油等的战略储备物资外,政府不会去干涉企业的存货管理活动,仓储设施建设安全也由仓储公司自己规划决定。而运输管理的情况则不同,运输活动除了利用自有产权的运输资源之外,往往因为它的跨区域性还会涉及对诸如公共基础设施等区域运输资源的占用,会影响区域其他公众的利益,因此,作为公众利益维护者的政府,必然要通过交通运输政策直接参与国家运输资源的配置,规范企业的运输经营行为。美国根据经济社会发展情况和物流业的发展需要,主要通过运输产业的政策调整,创造一个公平与公正的市场环境,进而通过运输业的传导作用影响供应链的各个环节,以达到引导其物流业及区域生态文明型物流发展的目的。

(一)物流发展的初级阶段,美国政府加强对运输业的管制

一直到20世纪50年代中后期,美国物流发展都处于初级阶段,企业物流活动处于离散状态。为了弥补自由市场力量的先天不足,整合物流资源,美国政府不断加强对物流经济活动的管理和调控。早期的美国运输业主要是铁路运输,几乎处于绝对垄断地位,铁路运输公司的垄断经营往往侵害了运输需求者的利益。因此,美国各州和联邦政府通过立法及行政手段干预限制铁路客运和货运最高费率,开始对运输市场实施经济管制。美国还设立了专职的管制委员会搜集运输市场的有关信息并负责执行相关法律。例如集立法、审判和执行于一身的州际商务委员会(ICC),其职能最初是管理铁路企业,通过调整法案要求铁路公司不得长短途运输歧视,做到运价"公平合理",后来其职能扩大到管理卡车、轮船和其他州际运输。美国政府对通过在特定的历史时期保护市场力量相对比较小的一方,其主要目的是为了创造公平的市场竞争环境,保护公众利益的同时实现运输资源的有效配置。总的来看,从1887年开始对铁路运输,1916年对远洋运输,1935年对汽车运输,1938年对航空运输,1940年对内河航运实施管制,1942年对货运代理进行管制立法,美国政府差不多用了55年的时间通过采取多种措施完成了对逐步出现的各种运输服务方式的管制[①]。据统计,到1970年,6.7%的内河航运、43.1%的卡车运输、80%的管道运输以及100%的铁路和航空货运吨公里数均受到美国联邦政府对运输业所实施的经济管制政策的影响。

(二)在物流内、外部一体化的发展过程中,对运输业放松了管制

从20世纪60年代到70年代,离散的物流活动逐步整合成生产制造之前的物

---

① 王佐.美国的物流相关产业政策研究:略论美国运输管制政策的演变(二)[J].空运商务,2006(9):32-35.

料管理和生产制造之后的产品分销两大功能活动,实现企业物流的内部一体化。70年代以来,随着信息技术的发展,区域经济联系更加密切,产品销售范围进一步拓展,市场竞争更加剧烈,通过快速响应顾客需求抢占市场机会更加紧迫,只从企业内部实现物流一体化已不适应变化了的经济发展环境,探索企业物流外部一体化成为必然。因此,企业物流内外部一体化的综合物流供应链管理从20世纪80年代开始不断涌现。

为创造有利于公平竞争的物流市场环境,提高物流业发展水平,美国政府开始放松以运输业为代表的经济管制。从1978年航空业率先出现了放松管制开始,整个80年代对交通运输业放松管制达到一个高潮。运输业管制的逐步解除增强了美国运输业的竞争力和灵活性[①],对物流业产生了深远的影响,包括UPS和FedEx在内的一大批美国著名物流企业就是在放松运输管制的背景下逐渐兴起的。大量有实力的物流企业在市场运作中,不但降低回程空驶所造成的损失,而且通过分享每天销售数量、在途运输数量以及库存数量的信息,使整个美国订单实现率从80年代的88%提高到96%[②],从而使社会库存大大减少,解决了20世纪70年代以前一直困扰仓库的库存量高(10%左右)、安全库存量居高不下(50%左右)的问题。

(三)在物流向供应链发展过程中,绿色循环低碳转型的物流政策不断加强

从20世纪80年代开始,美国政府明显放宽了对公路、铁路、航空、航海等运输市场的管制,取消了运输公司在进入市场、经营路线、联合承运、合同运输、运输费率等多方面的审批与限制,通过一系列的法律改革,在某种程度上减少了对运输业的控制和约束,推动运输业更接近于自由市场的体系,促进了物流朝供应链的方向发展。经过20世纪90年代物流与战略规划、信息技术、市场营销和销售等功能的再整合,21世纪初,美国物流已经进入供应链管理时代。在物流向供应链发展过程中,绿色循环低碳转型的物流政策不断加强。为优化物流运输系统,美国于1991年颁布《多式联运法》明确发展国家多式联运系统的政策。1996年,美国运输部在克林顿政府时期所制定的《1997~2002财政年度战略规划》中提出,物流或运输的现代化不只是水泥、沥青和钢筋,而是建立一个以国际为所及范围,以联合运输为形式,以智能为特点,并将自然包括在内的运输体制,指出要建设一个世界上最安全、方便和经济有效的物流运输系统。1999年,美国国家科学技术委员会(National Science Technology Council,NSTC)向国会提交了题为《美国运输科技

---

① 王宪,毛立群,荣永昌.美国物流的发展及借鉴[J].中国物流与采购,2012(7):72-73.
② 姜文豹.美国的现代物流[J].经济管理,2003(11):88-89.

发展战略》的报告,其目的是为国家开展研发活动(R&D)提供财政投资指向,为21世纪运输科技发展提供指导方向和技术框架。在制定这个发展战略的同时,NSTC还陆续制定了《国家运输技术规划》、《国家运输战略性研究规划》和《摩根技术和运输的未来项目规划》三份更详细的分报告对发展战略进行更为详尽的阐述和细化,以保证美国未来25年内发展科技要达到的五项目标和成果:改善运输系统的安全性,提高运输系统的机动性,促进国家经济增长和贸易发展,改善人们的居住环境和生态环境,保障国防。2001年的"9·11"事件促使美国改变运输安全战略,新的运输安全管制政策已经事关美国国土和经济安全[①]。国际运输安全、整个供应链安全更加受到重视,管制措施更注重对物流各利益相关人的系统管制以及通过政府与企业的联合管制。2005年8月,美国运输部发布了一份《美国国家货运政策声明》,公布了制定美国货物运输政策的八条基本原则,包括确保运输系统安全、保护环境和节约能源等方面的内容,实际上也是对联邦政府在货物运输领域的角色做出的界定。为促进各州协同发展生态文明型物流,控制氮氧化物,美国2005年颁布了《州际清洁大气法案》,将臭氧和细颗粒物(PM2.5)的污染控制纳入统一的政策体系中。2009年2月,美国出台了将发展新能源为重要内容的《美国复苏与再投资法案》。2009年6月,美国众议院通过了《美国清洁能源安全法案》,对美国减少对国外石油依赖和温室气体排放量做了规定。时任美国总统奥巴马签署行政命令要求政府采购应向环境友好型产品和技术倾斜。总之,美国采取一系列措施发展绿色经济和低碳经济,促进美国经济的战略转型,以此带动区域生态文明型物流发展。

二、日本发展区域生态文明型物流的政策与措施

日本政府通过制定和执行促进生态文明型物流发展的法律法规,以配套的物流基础设施为平台和现代物流技术为支撑,积极引导物流朝绿色、低碳的方向发展。

(一)出台适当的政策法规提高物流运行效率

早在20世纪60年代,日本就制定了协调政府物流管理职能的一系列政策和法律。1966年制定了《流通业务城市街道整备法》,把分布在大城市中心部位的流通设施向距离市中心20 km的郊区集中,提高大城市流通的机能、物流的运行效率,增强城市物流的绿色化功能。如果对物流成本的计算是不完全的,就会影响物

---

① 王佐.美国的物流相关产业政策研究:略论美国运输管制政策的演变(四)[J].空运商务,2006(11):28-31.

流合理化的发展。为此,日本运输省于 1977 年制订颁布了适用于制造业的《物流成本核算统一规范》和适用于商业企业的《批发、零售业物流成本核算统一规范》;通商产业省中小企业厅 1992 年制定发表了《物流成本计算指南》。1990 年 12 月开始实施《货物汽车运输事业法》和《货物托运事业法》(两者统称为"物流二法"),前者把由日本政府批准的方式改为许可制,放松了准入规制,同时改善了对经营区域的规制,后者改变了旧的规制,开始允许承接运输代理业务企业自己进行货物运输。自 1997 年开始,日本还由经济产业省和国土交通省每 4 年共同制定一次《综合物流施策大纲》,作为日本物流业的纲领性政策文件,成为引导日本物流业发展的指导性法规,对于日本物流管理和有效的物流成本控制起到了很大的促进作用[1]。所有这些政策、法律为日本物流业发展创造了有利的竞争环境,对于推进企业物流管理、提高物流运行效率有着深远的影响。政府的推动与企业的努力,使日本全社会的物流管理得到了飞跃发展,也使日本迅速成为物流管理的先进国家。

(二) 推进物流基础设施的配套性与物流发展的合理化

日本政府一直比较重视物流基础设施的建设和完善,重视提高物流基础设施的配套性,推进物流合理化发展。早在 20 世纪 60 年代,日本政府就通过统一规划大量投资建设合理的区域物流运输体系和仓储系统。20 世纪 80 年代以来,电子数据交换系统、电子订货系统、销售时点系统、无线射频识别技术系统、全球卫星定位导航系统、输送过程信息管理系统等物流信息技术不断开发与推广,加速了准时制物流的发展,物流环节更合理也更具效率。进入 21 世纪,日本更加注重国际物流与多式联运系统建设,以满足经济全球化发展需要,解决城市物流瓶颈和物流给环境造成压力的问题。同时日本政府更加重视相关物流协会的作用,利用物流协会开展全国性普查获得统计数据和调研所反映的情况,定期推出地区间货物交流表并制定相应的政策和规范引导物流合理化发展。

(三) 引导物流业朝绿色、低碳方向发展

根据《京都议定书》规定的标准,日本需要解决二氧化碳减排的问题。为此,日本制定了《汽车 NO_x·PM 法》,即"关于减少特定地区机动车排放氮氧化物和颗粒物总量的特别措施法",也称为"机动车 NO_x 法修订案",修订案在原有的 NO_x 规定条款中,又追加了对有关 PM 车种限制的规定。在大气污染比较严重的地区,除达到了规定的排放气体基准的车辆以外,其他车辆均不给予车辆年检的更新;不满

---

[1] 中国物流与采购联合会.中国物流年鉴(2011):上[R].北京:中国物资出版社,2011:55-56.

足条例中所规定的 PM 排放标准的柴油车,禁止在市区内通行,而且对策控制区域还在扩大①。为了减少车辆 CO_2、NO_x、PM 的排放量,日本政府制定一些有针对性的措施,如提出了对车辆环保驾驶的严格执行、减少车辆的空载、增加低公害车的使用;提倡使用能源利用率高的物流体系,从以干线运输为主的卡车运输向铁路运输和水路运输等环保运行模式进行转换;通过车辆的大型化和拖车化以提高车辆的装载率和燃料效率;在大城市间主要干线的货物运输部分实行共同运输,提高装载效率;在城市内的货物运输业务都统一承接,重量在 700 kg 以下的中等批量货物都在市区内的共同设施内集中和分类,进行货物运输的合装型共同配送等各项措施。为了控制二氧化碳的排放,日本导入了碳税,碳税的征收既可以控制石油燃料的消费,又可以充当控制排放气体的补助金;日本还把营业费用的增加部分作为环境成本或转嫁到运费中,为更换更节能更高效的车辆提供资金援助。

　　日本结合循环型社会建设构建完整的静脉物流系统,促进各种废弃物的回收和利用,大力发展循环物流,节约自然资源,发展循环型再生资源,在具体运行过程中,形成了以《公害对策基本法》《环境基本法》等为基础,《能源保护和促进回收法》《废弃物处理法》《建筑材料再循环法》《汽车循环法案》等各类综合法和专项法为配套,使保护环境、可持续发展和地区间相互协调的新理念上升为法律,要求企业、社会团体、国民注重资源循环再利用,同时在循环物流建设、资源再利用的公共设施建设上进行财政支持。通过物流政策、法规引导日本物流业朝绿色、低碳方向发展,结合各项现代物流技术的改进,日本物流业所造成的环境污染得到了很大程度的控制,实现了物流业的可持续发展。

三、欧洲主要发达国家发展区域生态文明型物流的政策与措施

(一) 创造充分竞争与合作的物流市场环境

　　欧洲发达国家主要通过欧盟和国内两个层次努力创造充分竞争与合作的物流市场环境。欧盟在促进欧洲统一市场形成过程中制定和大力推行的统一贸易政策、运输政策、关税政策、货币政策等,极大地促进了货物在全欧洲范围内自由流动,这是欧洲物流产业得以快速发展的最重要的制度基础。不仅如此,欧盟也在寻求物流发展的全面合作,例如提出一项旨在避免或者减少海洋运输对环境的污染整体运输安全计划,通过船舶运行实时信息的收集,预防事故发生或者及时采取应急措施减少事故损失。欧洲发达国家的政府积极为本国物流产业发展营造良好的

---

① 中国物流与采购联合会.中国物流年鉴(2009)[R].北京:中国物资出版社,2009:59-60.

制度环境。20世纪80年代以来,欧洲各国为促进物流产业的进一步发展,着手改变政策和采取放松管制的措施,为第三方物流企业提供物流延伸服务创造条件。比如荷兰政府运输部对分散的按不同运输方式管理的政府职能进行调整,为联合运输及第三方物流发展创造环境。

(二)重视规划并推进物流产业的标准化

欧洲的主要国家都非常重视物流基础设施的规划建设与发展。德国1980年制定了在全国建设40个物流中心的规划。英国政府出台了《低碳交通创新战略》,在交通减排方面提出了宏伟的发展规划。物流标准化是欧盟国家标准化工作中的一个重要环节。欧盟各国普遍重视标准化工作,都设有由政府大力支持的标准化技术组织,同时重视发挥行业协会在物流标准化工作的作用。例如,负责国家标准化的唯一机构——法国标准化协会,下设10个业务处,其中运输、环境保护、信息技术3个处都和物流相关;欧洲货代组织为了整个行业的利益和长远之计,重视对绿色物流技术的研究和应用,对运输、装卸等过程制定了绿色标准,积极推动绿色物流的发展。在推进物流产业标准化进程中,行业标准、强制性标准、基础性和通用性标准是欧洲各国主要考虑的方面。

(三)通过提高标准、税收等措施促进物流低碳化发展

欧洲政府把物流过程减排作为发展低碳经济的重要途径,认为汽车尾气排放标准的不断提高是实现物流低碳化发展的有效措施。欧盟2005年推行欧Ⅳ排放标准,不多久又制定了更加严格的欧Ⅴ和欧Ⅵ排放标准,2009年就已实施欧Ⅴ标准,欧Ⅵ排放标准也将于2014年实施。欧Ⅴ标准与欧Ⅳ标准比较,柴油轿车颗粒物排放量将减少80%;欧Ⅵ标准与欧Ⅳ标准比较,柴油轿车NO_x排放量将减少68%。低碳税收等措施是促进物流低碳化发展的重要手段。英国采取燃油税等财政手段促进交通减排。德国政府也通过税收等手段限制比其他运输方式能耗高的公路运输。挪威于2007年1月开始针对船舶、航空以及道路等移动源和部分工业固定源征收氮氧化物排污税。此外,通过披露企业污染排放信息也是促进物流低碳化发展的重要措施。2009年10月8日,全球第一份具有法律约束效力的《污染物排放及转移登记议定书》在欧洲17个国家正式生效,并向所有联合国成员国或区域一体化组织开放。欧洲发达国家将企业排放登记制度和企业污染源信息披露制度作为重要的辅助工具应用于污染物削减政策的制定和执行。

四、发达国家发展区域生态文明型物流的主要经验

(一)重视规划来引导区域生态文明型物流发展

美国、日本、欧洲主要国家都非常重视通过规划引导区域生态文明型物流发展。美国根据物流的不同发展阶段对区域物流基础设施进行规划并采取相应措施为物流发展创造良性竞争环境,绿色循环低碳物流政策也不断加强,例如为建立安全、高效、充足和可靠运输系统的《国家运输科技发展战略》。日本自1956年以来就开始对物流现代化进行规划,积极推进区域物流基础设施的配套性与物流发展的合理化,引导区域物流朝绿色循环低碳方向发展的政策不断涌现,例如为减少污染排放以保护地球环境的《新综合物流实施大纲》。欧洲是规划区域物流绿色化发展的先锋,早在20世纪80年代,欧洲就开始探索综合物流供应链管理(一种新的联盟型或合作式的物流新体系),以减少无序物流对环境的影响;最近又提出一项旨在避免或者减少海洋运输对环境污染的整体运输安全计划;欧洲也重视企业协会对绿色物流的引导和规划作用,比如欧洲货代组织(FFE)对绿色物流的推进。

(二)重视从法律层面促使区域生态文明型物流发展

美国、日本、欧洲主要国家都出台了一系列法律法规来规范或促进区域生态文明型物流的发展。首先是规范环保行为的法律。比如美国实施《资源保护回收法》《清洁空气法》《清洁水法》,议会引入了超过2 000个固体废品的处理法案来规范经济活动主体的行为,保证物流沿着绿色化方向发展;日本颁布《资源有效利用促进法》《建筑材料再生利用法》《食品再生利用法》《汽车再生利用法》《废弃物处理法》等系列法律促进逆向物流发展;欧盟颁布了包括WEEE指令和RoHS指令在内的400来个环保法规,欧盟范围内汽车都要安装一个三通调节催化器,以减少二氧化碳、碳氢化合物、一氧化碳对空气的污染;德国大约有8 000部联邦和各州的环境法律法规由政府部门约50万人管理,完善的环保法律使德国成为欧洲环保做得最好的国家,在逆向物流方面,德国立法也是走在世界前列的。其次是通过绿色消费的法律促进区域生态文明型物流发展。比如美国出台了《联邦政府采购法》,对政府生态文明型采购做了详细规定,并以联邦法令与总统行政命令作为推动政府生态文明型采购的法律基础,通过建立健全法律法规,保障和推动生态文明型消费;日本颁布实施了《绿色消费法》,制定了推动中央政府部门及独立行政法人采购商品的生态文明型消费基本方针,还配套出台了生态文明型消费基本计划,作为指导生态文明型消费的具体行动指南;据欧盟的一次调查显示,72%的受访欧洲消费者乐意付出溢价购买环保产品。

(三) 重视通过财政、税收等措施鼓励和支持区域生态文明型物流发展

美国、日本、欧洲主要国家都非常重视财政、税收等手段促进区域生态文明型物流发展。比如,美国对设置资源回收系统的企业从1978年就开始就根据不同情况提供费用为10%～90%的财政补贴;日本通过国家财政支出支持消费者购买环保家电的"环保积分制度",以制度的形式促使企业的可持续发展与市民的环保运动形成良性循环①;日本中央政府每年采购额达到14万亿日元,其中很大一部分用于促进绿色经济发展的政府采购;欧盟各国政府每年约1万亿欧元优先用于绿色采购;为改善环境,德国政府采取了多项补偿与资助措施,比如对企业建造节能设施所耗用的费用按其费用的25%给予补贴;西方主要工业化国家大多已开征了诸如二氧化硫税、二氧化碳税、污水税、固体废物税、噪声税等不同类型的生态税,比如德国以废水的"污染单位"为基准,在全国实行统一的税率;欧盟在2003年决定设立碳排放交易体系,2012年1月1日起正式生效;英国已开始向本国航空公司分配欧盟碳交易系统中的免费配额,英国政府将用环境税政策替换现有的企业降低能耗计划。

第二节 发达国家发展区域生态文明型物流的成效分析

一、美国发展区域生态文明型物流的成效

(一) 区域现代物流业得到健康快速发展

美国区域现代物流业得以健康快速发展,需要归结的因素很多。其中,人才的培养和使用发挥着重要作用。美国已建立了包括研究生、本科生和职业教育等多个层次的物流专业教育,而且根据物流发展需要及时调整教学内容。20世纪90年代初的物流教学课程还突出机械工程操作、仓储和运输等基本知识,但现在课程重点已转变为全程供应链管理。政府、物流企业和物流行业协会三者形成互动则直接促使美国区域物流沿着健康方向发展。美国从20世纪70年代不断出台并完善环保法案,提高诸如汽车尾气排放和工厂污染排放等的环境保护标准,禁止、至少是限制给其他人带来负外部性的行为,政府严格依法行事并制定相应的配套政策,物流行业协会则在物流标准化建设以及作为政企桥梁和纽带方面发挥重要作用,物流企业出于可持续发展的需要积极发挥物流资源有效整合的主体作用。政

---

① 平力群.日本政府刺激消费政策中的"绿色"概念[J].消费导刊,2009(9):9.

府、行业协会和物流企业的积极配合已经取得明显效果,如今美国的空气和水源与刚出台环保法案时相比干净了很多。美国区域物流发展也已经走过了与环境保护相背离的阶段。

(二)区域物流基础设施网络建设及其运行的成效明显

美国是当今世界综合国力最强、经济最为发达的国家,其各种物流基础设施网络的建设趋于完善[①]。

1. 公路网络建设与发展成效

美国从 1937 年开始修筑第一条高速公路,1956 年在美国总统艾森豪威尔的推动下美国州际公路网开始兴建,目标是把美国 5 万人以上的各主要城镇都用"超级公路"连接起来。从 20 世纪 50 年代开始,美国公路建设经历了明显的高速、持续发展阶段。1951~1979 年之间的 28 年,美国共新增公路里程 95.09 万千米,年均新增里程达到 3.4 万千米。到 1991 年,美国以建成"州际与国防公路系统"。美国公路产业已修建并维护着总里程达 640 万千米的庞大公路网,其中城市道路约 120 万千米,城市间及乡村公路约 500 万千米,道路密度为 0.67 km/km^2,8.4 万千米"州际公路"即高速公路仅占全国公路里程的 1.35%,却承担了公路交通总量的 23%,州际道路及其他干线辅助系统共约 130 万千米,承担着全国交通总量的 50%[②]。

美国高效的运输系统得益于几乎不收费而又能够四通八达的公路网。在全美 50 个州中,有 26 个州的部分高速公路设有收费站,这些州大都集中在美国东部,西部和南部一路上基本上都看不到收费站,即使是收费的公路收费金额也都不太多,一般从 2 美元到 20 美元不等(收费公路大致秉持着这样的原则,假使从 A 城到 B 城有 3 条长度不等的公路可以选择,那收费的一定是那条最近的公路,但其他不收费公路也仅仅是相比收费公路来得略远一些)。美国在大力兴建公路网主骨架时,政府就认为,对于公路的使用,征收燃油税是最有效、最公平的方法,谁开的里程多,使用道路多,谁交的税就多。如果采取收费的办法,在公路上设卡收费成本高,还会给行车者带来诸多不便。从 1956 年开始,美国征收的燃油税不再汇入联邦政府,而是专款专用于修建、管理和维护这些州际高速公路上。对是否新建公路或设立新的公路收费站都需要召开听证会,让当地市民辩论表决才能得到结论,这

---

① 孙强,王庆云.美国铁路发展对我国铁路基础设施发展的启示[J].综合运输,2009(7):25-27.
② 雍希安.美国公路产业述略[J].中外公路,1996(6):5-9.

种看似低效的做法,却因决策的透明和公开而避免浪费和后来的民怨载道。美国四通八达的公路网络,让运输所需的时间变得可靠了,出货与到货时间得到了保障,不仅便于物流的统筹安排,也能尽可能减少仓储成本,物流运输成本的下降也成为可能;物流成本的下降有利于降低物价,高质量的公路网又方便了货物到达更多更远的地方,拓宽商家市场的同时,也增加了消费者对商品的选择,激活了国内消费市场。

2. 铁路与铁路货运发展成效

美国铁路自19世纪30年代开始发展,经历了快速发展、市场衰退和逐渐复苏三个阶段①。1830~1916年,美国铁路发展为政府支持、市场垄断阶段。铁路公司数量于1910年达到1300个,铁路里程在1916年达到历史最高峰,为40多万千米,构成了美国特有的多线平行的路网结构,承担了约77%的客运周转量和98%的货运周转量。1917~1980年,美国铁路为严格管理、市场衰退阶段。这一阶段,上百家铁路公司分割铁路干线,导致绝大多数货物运输需要跨公司运作,导致运输协调成本大大增加,效率低下且服务质量不高,许多铁路公司濒临倒闭。1980年至今为美国放松对铁路的管制,铁路运输业逐渐复兴阶段。铁路货运公司按1991年价格指数调整后的年营业额分为三级:一级铁路(年营业收入2.5亿美元或以上)、二级铁路或称地区铁路(年营业收入在2000万~2.5亿美元)、三级铁路或称地方铁路、短线铁路(年营业收入2000万或低于2000万美元)。2007年,美国有7家一级铁路公司,556家二级和三级铁路公司,其中4家最大的一级铁路公司各自拥有完整的运营网络,自成体系,能独立完成覆盖区域的货运业务。二级铁路公司和三级铁路公司是对一级铁路的重要补充,其规模虽小,但经营灵活,依靠低廉的成本和高效的管理,适应市场需求,巩固了偏远地区的铁路市场。由于铁路运输重载、多式联运等技术的发展,大幅提高了线路运输能力,使得较少的营业里程能够完成更大的运输量。美国铁路每收入1美元就投资40美分到铁路网建设,超过他行业的两倍,为维持和改善轨道、桥梁、隧道、铁路机车、货车等基础设施和设备,自1980年以来已投资超过4800亿美元。美国铁路从东海岸到西海岸形成了网络,城际货运总量的43%由其承担,超过任何其他的运输方式,为使用更少的能源、减少污染、降低温室气体排放、减少公路交通堵塞、提供就业等方面做出了重要贡献。

---

① 马超,郭军利,张晓东,等.美国铁路发展历史及现状[J].铁路运输与经济,2011(9):58-61.

铁路货运对就业的影响可以从美国经济得到很好体现。每个铁路货运岗位支持着经济中其他地方的 4.5 个工作岗位。铁路货运的涟漪效应不仅触及了与之直接相关的工作和行业，如制造商和供应商提供超过 15 万个的就业岗位，也支持着与铁路货运间接联系的数以百万计的就业机会。铁路货运每年引起的经济活动近 2 650 亿美元，支持着 120 万个就业岗位。根据美国商务部的数据，每 1 美元的铁路基础设施投资产生另外 3 美元的经济活动；每 10 亿美元铁路基础设施投资所扩大的产能可以为全国创造约 20 000 个就业机会；2008 年，铁路货运的资本支出达 33 亿美元的总经济活动，这反过来又支持着另外 175 000 个职位。铁路货运意味着更多的工作机会和经济走强。除了其作为一个经济引擎的角色外，铁路还提供了大量的社会公共福利：① 提高燃油效率。铁路平均燃油效率是汽车的 4 倍以上，而且其效率不断提高（图 5-1）。2011 年，铁路每加仑燃料平均可以移动 1 t 的货物 469 英里（1 英里≈1.609 千米），1980 年只能移动 235 英里。② 减少温室气体排放和污染。温室气体排放与燃料消耗直接相关，通过铁路运输比汽车平均可以减少 75% 的温室气体排放，这意味着更少污染。③ 减少公路交通挤塞。

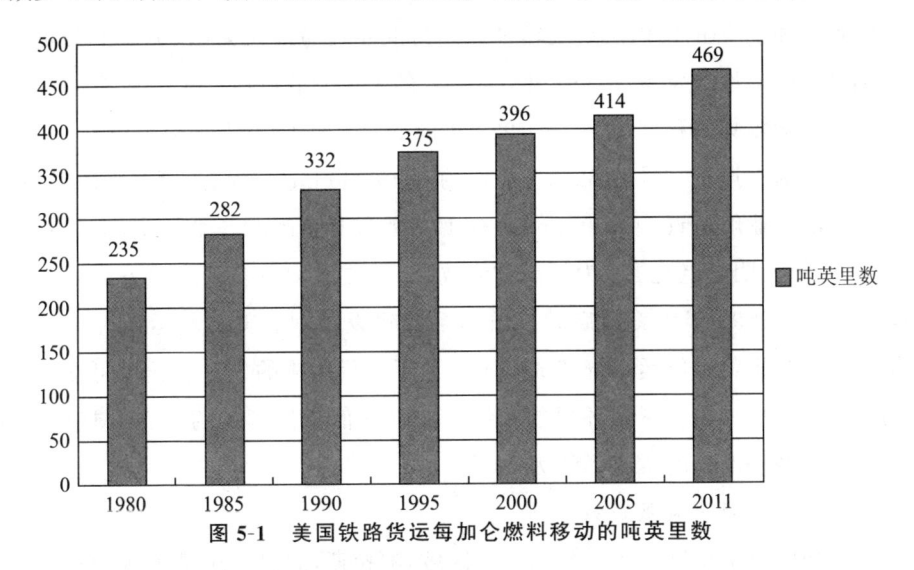

图 5-1 美国铁路货运每加仑燃料移动的吨英里数

资料来源：Association of American Railroads. The Economic Impact of America's Freight Railroads. Association of American Railroads，2012(6)：1-3.(http://www.aar.org/)

美国铁路货运的平均价格在世界上是最低的，低于俄罗斯和中国，是大多数欧洲主要国家的一半（图 5-2），这使得美国企业在全球市场上更具有竞争力，意味着美国有更多的就业机会和更强大的经济。

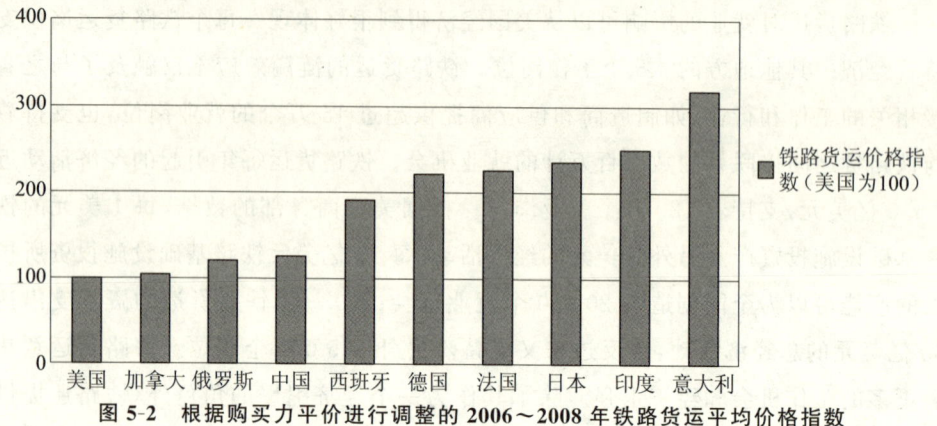

图 5-2　根据购买力平价进行调整的 2006～2008 年铁路货运平均价格指数

资料来源：Association of American Railroads.The Cost Effectiveness of America's Freight Railroads. Association of American Railroads,2012(6):1-3.(http://www.aar.org/)

3. 航运基础设施建设及其发展成效

美国航运系统每年运输 23 亿吨的国际国内货物，进口 33 亿桶原油，完成 95% 的国际贸易和 25% 的国内贸易运输量。作为世界贸易第一大国，美国十分重视航运基础设施的建设与发展。1997 年，全美共有 326 个港口、1 914 个码头、3 158 个泊位。港口运输集中程度很高，如 1997 年前 50 位港口（主要是沿海港口）装卸的货物量占全部水运货物量的 82%。美国约有 40 230 km 内河、海湾和沿海航道，其中最繁忙的商业航道近 19 300 km，共有 192 座商业船闸 238 个闸室，但从整体上看，船闸系统已明显老化[1]。为提高物流效率，方便货物在多种运输方式之间的联合运输，20 世纪 90 年代美国启动了航运系统建设计划。美国航运系统建设计划的最终目标是将美国航运系统建成一个服务于客货运输的先进、安全、可靠、高效、易用、具有竞争力、可扩展和环保的系统。如果其他条件满足的话，美国航运系统对美国国民经济增长的贡献率约为 6%[2]。

4. 航空设施及其发展成效

美国国内航空运输市场划分为 9 大区域：阿拉斯加地区、中部地区、东部地区、大湖区、新英格兰地区、西北山区、南部地区、西南地区、西部及太平洋地区。美国各州间的贫富差距并不悬殊，机场的地理分布也比较均匀。大城市的机场覆盖率

---

[1] 杨大鸣.美国航运观感[J].中国水运,2001(5):39-41.
[2] 李洪林,盖振华,孙亚娟.美国航运系统全景透视[J].中国船检,2006(11):72-74.

已经达到100%,人口在30万以上的城市大多拥有一个甚至几个枢纽机场,没有机场的城市距离有机场的城市也都不超过20英里。九大区域航空运输发展与经济发展呈正相关关系:区域旅客吞吐量与经济总量的相关系数为0.90,到港货物量与经济总量的相关系数为0.49[①]。

美国现有的航空管理设施布局开始形成于20世纪50年代,按现在的标准来看,以地面为中心的系统,性能不足,局限较大。为此,美国颁布了《世纪航空再授权法案》,着手对现有的航空运输系统进行总体改造和整合,以实现"新一代航空运输系统"高效、安全、灵活、便利、协调、环保等八项发展战略,推进全球航空运输业和谐发展[②]。

5. 物流信息基础设施建设及其发展成效

1993年,美国政府出台了投入4 000亿美元,耗时20年完成的《国家信息基础设施:行动计划》,正式开启应用现代通信、计算机和互联网技术从整体上整合信息基础设施的大规模建设。进入21世纪以来,美国开始建设信息基础设施的"超级高速公路",大力推进宽带网络建设及其应用的发展。2000年美国政府在信息安全方面投资了27亿美元,2001年,又投入40亿美元。新兴互联网的发展是由美国主导的,很明显的例证就是全球所有互联网业务流量中有90%在美国发起、终结或通过,互联网的全部网页中有81%是用英语的,而内容来自美国的占绝大多数。

大规模的物流信息基础设施网络为美国物流企业提高信息化水平创造了极其有利的条件。美国物流企业信息化的成功也极大地推进了美国的物流信息服务业,供应链软件的提供商、提供专门信息基础设施的信息中间商、网上市场不断涌现。信息技术成为美国物流业近年来发展最为活跃的领域。借助于信息化,美国物流企业的竞争实力大大增强,在全球物流市场中占据了绝对优势的份额[③],规模经济效益又增加了美国物流企业进一步发展的机会。

(三) 区域物流发展的效率与效益水平较高

1. 第三方物流市场总体不断扩大,复合年均增长率和第三方物流收入较高

第三方物流的发展程度反映和体现着一个国家物流业发展的整体水平[④]。西方国家的物流发展证明,独立的第三方物流要占整个社会物流的50%,物流产业

---

① 张静.美国航空运输市场区域发展现状[J].中国民用航空,2007(9):65-70.
② 谢玉兰.关于美国建设下一代航空运输系统的体会和感受[J].空中交通管理,2007(7):39-42.
③ 宋垒加.美国物流信息化概况(上)[J].射频世界,2010(3):58-60.
④ 焦文旗.美国物流业发展经验及对我国的启示[J].商业研究,2004(3):162-163.

才能形成。调查显示,美国的第三方物流业务增长很快,1997年美国主要市场第三方物流的利用率达到73%,还有16%的企业表示今后要利用第三方物流,两者之和达到89%;从对第三方物流的评价上看,有29%的货主认为是成功的,54%认为是大致成功的,成功比例达到83%。1996~2016年期间,除了2009年因为金融危机的影响比较特殊之外,其余各年美国第三方物流的营业额一直在增长,1996年美国第三方物流的营业额只有308亿美元,2016年美国第三方物流的营业额达1 668亿美元,21年平均增长了8.7%,2009年(不含)之前的增长速度更快,平均增速达到12.7%,之后的增长速度慢了下来,但平均增速也达6.7%(图5-3)。近些年美国第三方物流的增长率有所放缓,但平均还达到其国内生产总值增长率的2倍左右。预计美国2017年到2024年的第三方物流市场的复合年均增长率(CAGR)可达4.6%。

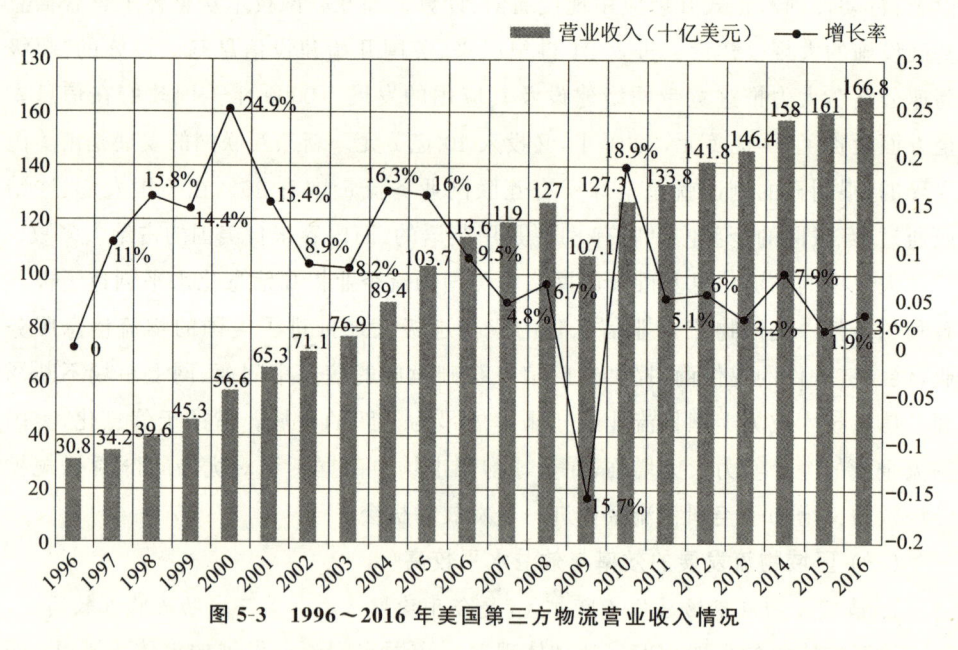

图5-3 1996~2016年美国第三方物流营业收入情况

资料来源:整理于http://www.3plogistics.com/3pl-market-info-resources/。

从国际比较来看,2010年美国物流成本占GDP的比重较低(为8.3%),低于发达国家的平均水平,第三方物流的收入比例较高(为10.5%),基本上超过其他发达国家,第三方物流的总收入1 273亿美元,是世界最多的(表5-1)。

表 5-1 全球的物流成本与第三方物流收入　　　　　　　　　单位:十亿美元

国家或地区		2010年GDP	物流/GDP/%	2010年物流成本	第三方物流收入比例/%	2010年第三方物流收入
北美	加拿大	1 574.0	9.9	155.8	8.4	13.1
	墨西哥	1 039.0	14.9	154.8	6.5	10.1
	美国	14 590.4	8.3	1 211.0	10.5	127.3
北美地区		17 203.4	8.8	1 521.6	9.9	150.5
欧洲	法国	2 583.0	9.2	237.6	10.1	24
	德国	3 316.0	8.3	275.2	10.1	27.8
	意大利	2 055.0	9.4	193.2	10.6	20.5
	荷兰	783.3	8.1	63.4	14.2	9.0
	西班牙	1 410.0	9.4	132.5	9.4	12.5
	英国	2 247.0	8.5	191	10.0	19.1
	其他	3 675.7	9.0	330.8	9	32.8
欧洲地区		16 070.0	8.9	1 423.7	10.2	145.7
亚太	澳大利亚	1 236.0	10.5	129.8	9.9	12.8
	中国	5 878.0	18.1	1 063.9	7.0	74.5
	中国香港	225.0	9.0	20.3	11.3	2.3
	印度	1 538.0	13.0	199.9	5.7	11.4
	日本	5 459.0	8.7	474.9	8.8	41.8
	新加坡	222.7	9.0	20.0	11.5	2.3
	韩国	1 007.0	9.0	90.6	11.0	10
	台湾地区	430.6	9.0	38.8	11.1	4.3
	其他	824.5	10.7	88.2	7.1	6.3
亚太地区		16 820.8	12.6	2 126.4	7.8	165.7
南美	阿根廷	370.3	12.6	46.7	6.0	2.8
	巴西	2 090.0	11.6	242.4	8.2	19.9
	委内瑞拉	290.7	11.9	34.6	5.8	2
	其他	784.6	14.2	111.4	7.7	8.6
南美地区		3 535.6	12.3	435.1	7.7	33.3
其他地区或国家		9 470.6	15.9	1 505.8	3.7	55.7
全球		63 100.4	11.1	7 012.6	7.9	550.9

美国中央情报局(CIA)官方汇率计算的国内生产总值

资料来源:http://www.3plogistics.com/3PLmarketGlobal.htm。

2. 区域物流运行效率较高，物流总成本占GDP的比重降低明显

国际上通常用物流总成本占GDP的比重来衡量和考察一个国家或地区物流产业发展的水平，比重越低说明某区域物流产业发展度越高，物流运行效率越高。努力降低物流成本是提高经济运行效率的有效途径。

1981～2011年，美国名义DGP已从30 573亿美元增加到149 810亿美元，增加了390%，而物流总成本仅增加152%，物流总成本在GDP中的比重由16.6%降到了8.5%，物流效率提高得比较明显（表5-2）。2017年发布的美国物流年度报告显示，2016年首次实施的数据编制方式对过去10年来的数据重新进行了计算，2016年，美国物流成本占国内生产总值的百分比实现了在相对和绝对意义上的下降，为7.5%，具有历史意义。在美国经济低速增长的情况下，物流成本对美国经济的负担要比以前想象的来得低。新的核算标准，美国物流成本在经济总量增长的情况下相对量和绝对量都有了降低（图5-4），说明美国物流运行效率之高有了质的飞跃。

表5-2　1981～2011年美国物流成本与当年GDP的关系　　　　单位：亿美元

年份	名义GDP	GDP的百分比（1981年为基数）	物流总成本（TLC）	TLC的百分比（1981年为基数）	TLC/GDP/%
1981	30 573	100	5 060	100	16.6
1982	32 114	105	4 740	94	14.8
1983	34 454	113	4 720	93	13.7
1984	38 537	126	5 280	104	13.7
1985	41 267	135	5 210	103	12.6
1986	43 408	142	5 180	102	11.9
1987	46 490	152	5 400	107	11.6
1988	50 530	165	5 870	116	11.6
1989	53 661	176	6 350	125	11.8
1990	56 517	185	6 590	130	11.7
1991	58 427	191	6 350	125	10.9
1992	61 676	202	6 360	126	10.3

续表 5-2

年份	名义 GDP	GDP 的百分比（1981 年为基数）	物流总成本（TLC）	TLC 的百分比（1981 年为基数）	TLC/GDP/%
1993	64 677	212	6 600	130	10.2
1994	69 128	226	7 120	141	10.3
1995	72 994	239	7 730	153	10.6
1996	77 500	253	8 010	158	10.3
1997	82 705	271	8 500	168	10.3
1998	87 270	285	8 840	175	10.1
1999	92 869	304	9 220	182	9.9
2000	98 842	323	10 180	201	10.3
2001	102 180	334	9 700	192	9.5
2002	105 724	346	9 300	184	8.8
2003	110 678	362	9 520	188	8.6
2004	117 744	385	10 360	205	8.8
2005	125 391	410	11 910	235	9.5
2006	132 892	435	13 020	257	9.8
2007	139 362	456	13 800	273	9.9
2008	141 931	464	13 200	261	9.3
2009	138 347	453	10 650	210	7.7
2010	144 166	472	11 970	237	8.3
2011	149 810	490	12 760	252	8.5

资料来源：根据美国经济分析局和美国物流年度报告的相关数据整理。

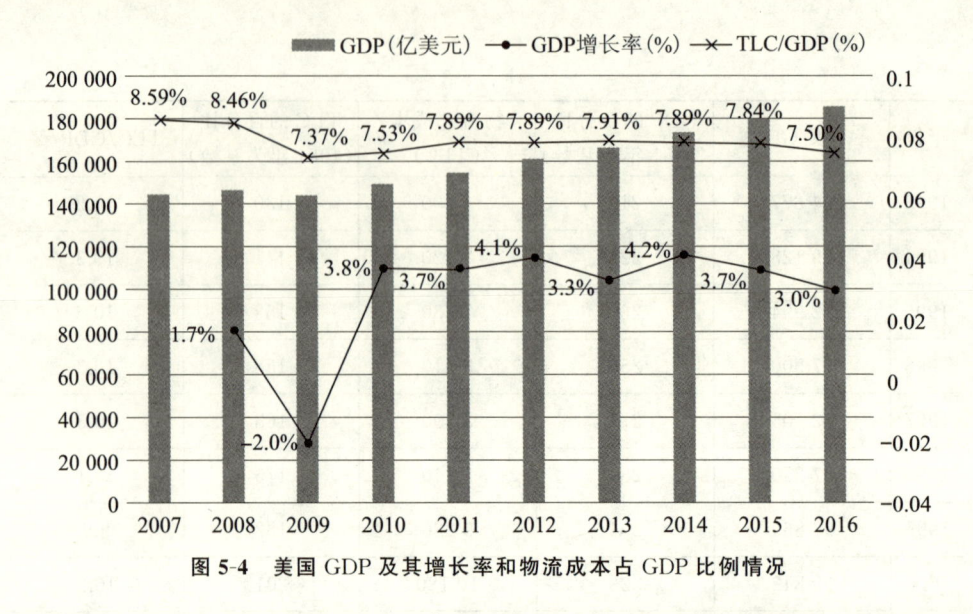

图 5-4 美国 GDP 及其增长率和物流成本占 GDP 比例情况

20世纪80年代是美国整合物流功能发展现代物流的重要阶段,以1985年美国国家配送管理协会正式更名为物流管理协会为标志,物流总成本在GDP中的比重从1981年的16.6%下降到12.6%,降低了4%,节约成本1 650亿美元;20世纪80年代中期至90年代中期为分销物流向后勤管理物流理论转化阶段,物流总成本在GDP中的比重从1985年的12.6%下降到10.6%,降低了2%,节约成本近1 500亿美元;20世纪90年代中期到2005年为供应链管理取代后勤管理成为物流理论主体的阶段,随着现代通信、计算机和互联网技术从整体上整合信息基础设施的大规模建设的进行,供应链管理更有信息技术保障,物流效率进一步提高,物流总成本在GDP中的比重从1995年的10.6%下降到9.5%,降低了1.1%,节约成本近1 400亿美元;2005年以来,美国进一步实践生态文明型物流,物流总成本在GDP中的比重从2005年的9.5%下降到8.5%,降低了1%,节约成本近1 500亿美元。从1981年以来的30来年,物流总成本在GDP中的比重除个别年份出现反弹外,总体上看物流成本下降是明显的。物流总成本呈现不断下降趋势说明美国各个行业的物流效率仍在不断提升,物流运行效率的提高所产生的效益特别是对经济发展的影响也是显著的。

3. 企业积极参与区域生态文明型物流实践

2008年诺贝尔经济学奖获得者,美国经济学家保罗·克鲁格曼指出:经济活动既要有效率又要保证公平与正义,既要依靠市场手段提高经济活力,但自由市场不可能产生公平与正义的结果,因此又要利用政策阻止负外部性的种种活动。物流活动存在负的外部性,政府需要采取措施在促进物流效率提高的同时也提高物流的综合效益。在贸易全球化过程中,如何避免全球物流活动中的逆向物流风险成为企业必须考虑的问题。诸如电子产品、食品等的高价值、易腐烂商品的托运人将以对其分销渠道返回过程的处理好坏作为评判物流商的标准。原因很简单,如今涉及产品召回等的逆向物流已引起广泛关注。在可视化的供应链管理过程中,一旦确定产品如何通过可持续的循环流动,情况对所有的参与方都变得透明,如果一个不好的产品得不到退还,一切供应活动就会立即停止。对于高端企业,逆向物流和售后服务被证明是有价值的,成为新的收入来源。在美国已有企业通过提高逆向物流水平,恢复本来可能失去的利润。

美国企业已日趋严肃地对待可持续的供应链运作问题。第三方物流企业认为可持续发展行动必将成为一个差异化因素。尽管全球经济出现波动,第三方物流企业继续扩大在环境可持续发展方面的行动计划。由第三方物流业可持续发展的承诺是真实的,特别是当它与运营效率相联系时。记者采访36位老总中的16位报告说,2010年他们公司推出了新的可持续发展计划,19位报告说他们扩大了现有的可持续发展项目;采访了解到大多数第三方物流企业有一个正式的可持续发展的声明,在企业的最高层大多有管理可持续发展的人员,即使在经济不景气的情况下也很少有缩减其对可持续发展的承诺,有一半的人表示他们推出或扩建可持续发展项目。有的企业研制了网络优化工具来开发最高效的供应链网络,有的通过大量的分析来衡量供应链的碳足迹,有的通过清洁柴油发动机和安装监控器限制他们车的最高速度来减少交通中的碳排放,还有的纷纷在他们的集散控制系统中推出节能减排措施,如节能照明或利用太阳能和风力发电的可再生能源。

二、日本发展区域生态文明型物流的成效

(一) 物流总成本得到有效控制

日本在物流成本控制上已经获得了良好的绩效,物流总成本占GDP的比重已控制在了较小的范围内,已从1991年的10.5%下降到2014年的9.0%,从1992开始就降到10%以下,且总体上呈下降趋势,24年来平均占比为9.0%(图5-5)。

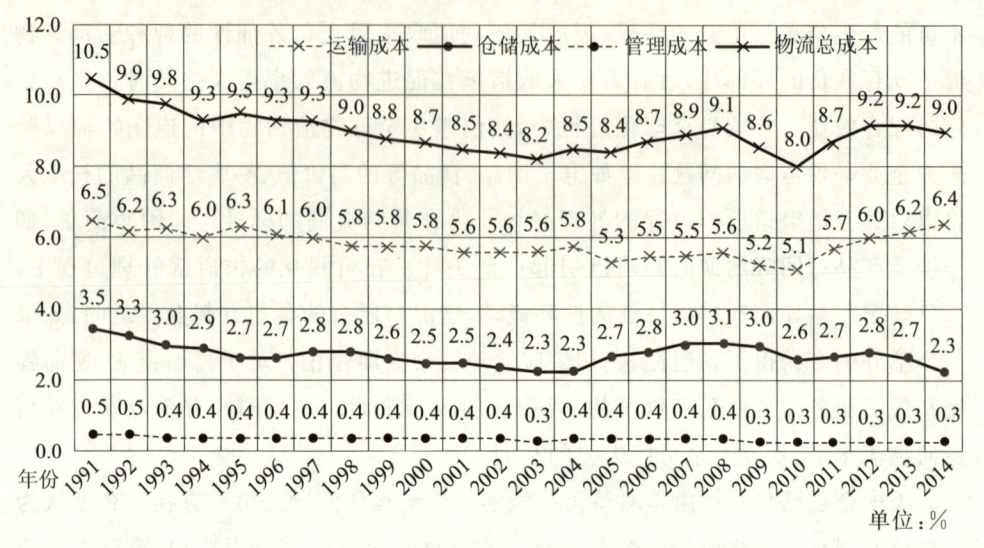

图 5-5 日本物流总成本占 GDP 的比例变化情况

资料来源:姜旭.日本物流[M].北京:中国财富出版社,2018:145.

可以说日本已经形成了全面的物流管理体系和运作流程,制度化地实施了物流成本监控和管理,在全球物流成本控制中处于最先进的行列。进入 21 世纪以来,日本管理成本占物流总成本的比例非常低,运输成本在 GDP 中的比例变化也不大,降低库存成本、加快周转速度成为日本现代物流良性发展的主要原因,也是提高物流效率和企业竞争力的重点。

(二) 全行业物流成本占销售额的比例下降较明显

日本的货主企业通过共同运输及对物流节点的集成等手段实现了物流的效率化,降低了物流的费用。20 多年来,全行业物流成本占全行业销售额的比例已从 1996 年最高 6.58% 降到最低 2015 年的 4.63%。其中仓储成本都较小,占 1% 左右;管理成总体较低又呈下降趋势,最高时只占 1.71%;运输成本占比较高,也有较明显的下降趋势,最高时占 3.81%。近十年来,日本全行业物流成本占销售额的比例维持在 5% 以下的低比例,凸显日本物流管理的高效率(图 5-6)。

(三) 物流专业化发展程度较高

日本物流运作效率较高的一个原因是物流发展的专业化分工明显,第三方物流的发展趋势良好,按支付形态划分的物流成本构成中,20 多年来第三方物流一直占绝对优势,2014 年的第三方物流达到 75%,加之子公司物流,日本物流专业化程度较高,近十多年来自营物流的比重都在 20% 以下(图 5-7)。

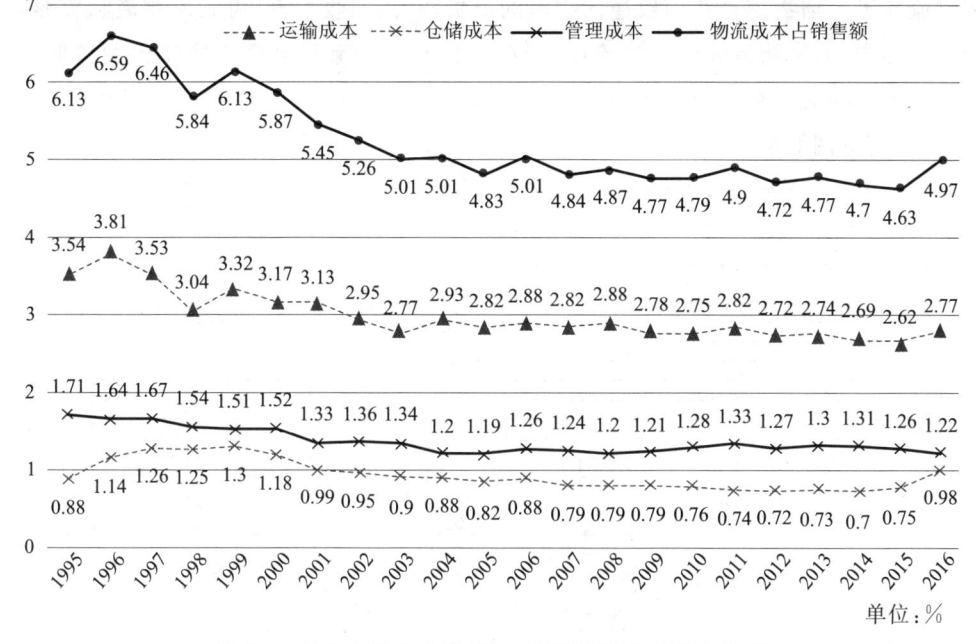

第五章　发达国家区域生态文明型物流发展经验借鉴 | 129

图 5-6　日本全行业物流成本占销售额的比例变化情况

资料来源:《中国物流统计年鉴》(2011年)上册;姜旭.日本物流[M].北京:中国财富出版社,2018:145.

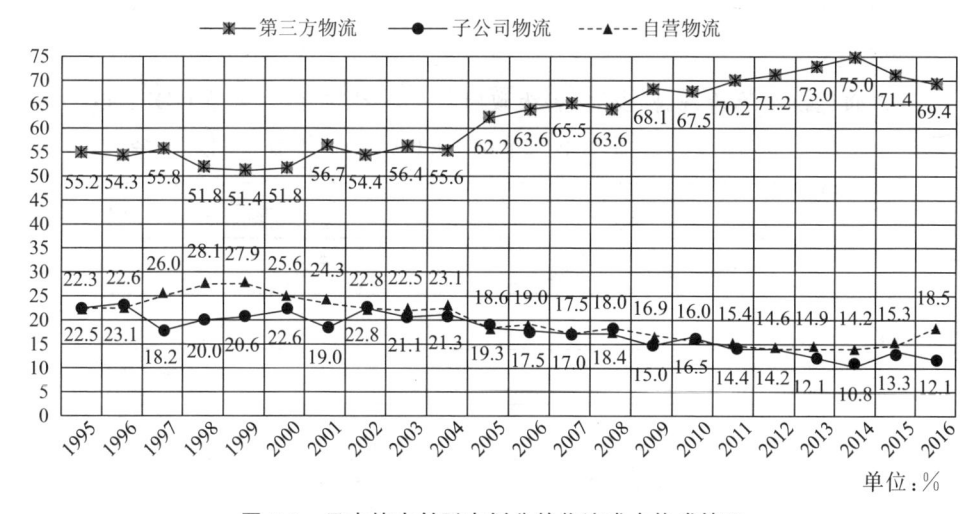

图 5-7　日本按支付形态划分的物流成本构成情况

资料来源:姜旭.日本物流[M].北京:中国财富出版社,2018:142.

(四)重视发展逆向物流,物流低碳化趋势较明显

为提高顾客满意度和可持续发展水平,日本很重视退货物流、回收物流、再利

用物流和废弃物物流。在构成逆向物流的退货物流、回收物流、再利用物流和废弃物物流当中,退货物流和回收物流比例较高,再利用物流和废弃物物流比例较低,总体上逆向物流占物流总成本的比例不高,最低时 2013 年占 2.67%,最高时 2011 年占 4.09%(图 5-8)。

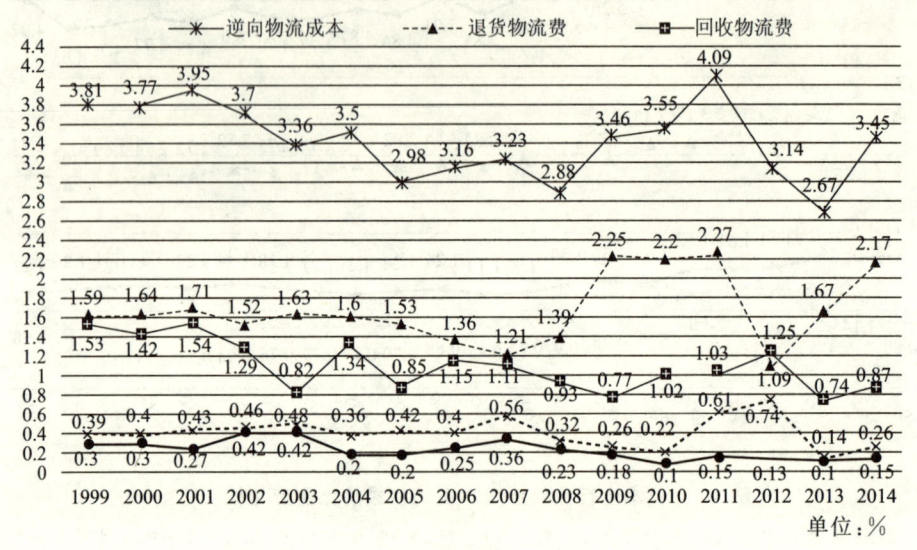

图 5-8 日本逆向物流占物流总成本的比例情况

资料来源:《中国物流统计年鉴》(2011 年上册);姜旭.日本物流[M].北京:中国财富出版社,2018:143.

日本通过技术革新、机构发展、各级政府与工业界的合作,单位 GDP 的 CO_2 排放量处于下降趋势(图 5-9)。日本不但单位 GDP 的 CO_2 排放量明显下降,2015 年

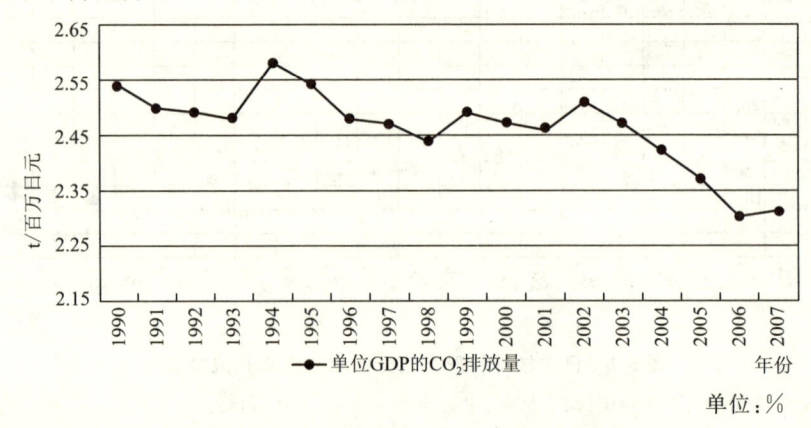

图 5-9 日本单位 GDP 的 CO_2 排放量情况

资料来源:《中国物流统计年鉴》(2009 年)。

单位 GDP 的 CO_2 排放量为 2.3 t/百万日元,比 1990 年减少了 14.2%,人均 CO_2 排放量也保持下降趋势[①]。

由于产业结构得到不断优化,三大产业中,2007 的第一、二、三产业分别占日本 GDP 的 1.6%、9.9%、68.6%,第二产业在经济总量中的比例降低而第三产业比例的提高,促进了经济可持续发展。在降低产业发展对物流的依赖度的同时,减少了 CO_2 及其他污染物的排放量,改善了环境质量。从 1990、2007 和 2015 年全日本各种运输工具及各部门 CO_2 排放比例的比较(表 5-3)可以发现,产业部门和工业流程的碳排放比例都呈下降趋势,而家庭用轿车和家庭用货车两者的碳排放比例占了 64%以上,说明高效使用能源的技术和方法应用于产业部门,在节能减排方面效果较好,而生活上的碳减排相对于物流产业的碳减排形势更严峻。

表 5-3 1990 年、2007 年和 2015 年全日本各种运输工具及各部门 CO_2 排放比例比较

单位:%

工具	1990 年	2007 年	2015 年	部门	1990 年	2007 年	2015 年
家庭用轿车	39.0	48.2	47	运输部门	19.0	19.1	17
家庭用货车	27.8	17.5	17	产业部门	42.2	36.1	28
营业用货车	15.7	18.0	19	能源转换部门	5.9	6.4	40
出租车	2.3	1.7	1	废弃物	2.0	2.4	2
公交车	2.2	1.8	2	工业流程	5.4	4.1	4
内海运输	6.3	5.0	5	民用部门	11.1	13.8	4
航空	3.3	4.4	5	其他部门	14.4	18.1	5
铁路	3.3	3.3	4				

资料来源:《中国物流统计年鉴》(2009 年);姜旭.日本物流[M].北京:中国财富出版社,2018:248-250.

在人均 CO_2 排放量降低方面,日本运输业做出了不少贡献。运输部门占全日本 CO_2 排放量的比例从 1990 年的 17.2%上升到 1998 年的 20.1%,之后呈较明显的下降趋势(图 5-10),最低时为 2013 和 2014 年,均占 16.4%。

---

① 姜旭.日本物流[M].北京:中国财富出版社,2018:246.

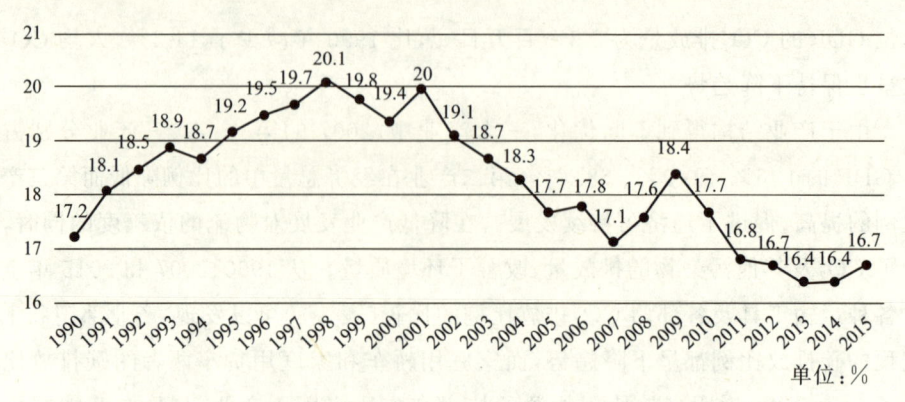

图 5-10　日本运输部门占全日本 CO_2 排放量的比例变化情况

资料来源：姜旭.日本物流[M].北京：中国财富出版社，2018：249.

三、欧洲主要发达国家发展区域生态文明型物流的成效

(一) 第三方物流发展迅速

第三方物流在欧洲的真正启动是在 20 世纪 80 年代末和 90 年代初，欧洲经济一体化之前。随着欧洲经济一体化和经济全球化的发展，跨国公司在欧洲迅速扩大市场，带来了物流的需求，刺激了物流服务市场的快速增长，同时，企业也通过第三方物流的服务获得"第三种利润"。企业对物流服务的需求和欧洲较高的物流管理水平与成本优势推动了欧洲第三方物流的迅速发展，在欧洲市场上，第三方物流收入占物流总收入的比重平均达到 24.42%[①]。法国的物流专业化程度较高，物流外包占全国物流营业额的 38%，在欧洲仅次于英国，居第二位。荷兰不仅物流的硬件建设得到加强，软环境也得到良好建立，物流服务已成为荷兰的主要生计来源。

(二) 绿色、低碳物流的发展环境不断改善

低碳经济首先在英国受到重视，欧盟组织所制定的可持续发展战略明确要求从 1990 年起到 2020 年底交通运输废气排放量必须减少 20%，物流企业也制定了有关降低二氧化碳等废气排放量的应对措施和保护生态平衡等解决方案。随着现代绿色、低碳物流技术的发展，欧洲绿色、低碳物流的发展环境不断改善。德国就是一个很好的例子：德国在发展物流过程中注重经济效应和生态效应相结合是有口皆碑的，不但重视正向物流各功能环节的绿色化，也重视废旧电器、饮料瓶、轮胎、汽车等方面的分类回收，发展逆向物流，还对物流园区进行严格规划，要求循环使用园区内的洗车水且不排入江河，规定园区不出现裸土，绿色面积不少于 20%。

---

① 牛鱼龙.欧洲物流经典案例[M].重庆：重庆大学出版社，2007：10.

法国政府制定相关政策要求在物流规划与决策时就要考虑从发生源、交通量、交通流等方面对物流系统的污染进行控制,同时支持建立生产与生活废料处理的物流系统。荷兰通过把握国际物流的未来发展趋势,把实用的物流知识与技能以形式多样的课程进行教学,其物流专业的毕业生一直受到广大跨国机构的青睐。

一个由欧洲货主协会(ESC)成立的工作组将对船公司的前景进行调查,从而使一家船公司的集装箱能够提供给其他船公司使用,建立一个共有的集装箱池,即"灰箱"概念,来减缓集装箱短缺的局面并提高集装箱的生产力。共有绿色集装箱池会成为船公司聚集和分享集装箱的绝佳场所,在节约大量的集装箱管理成本的同时,他们还可以一起降低二氧化碳碳排放,更好地承担起对环境的责任。

欧洲主要国家采取旨在保护环境和消费者的一系列措施已取得明显成效,绿色、低碳物流的发展环境不断改善,绿色消费已蔚然成风,欧洲委员会的调查显示,95%的受访欧洲消费者认为保护环境对他们来说十分重要,72%的受访者表示乐意付出溢价购买环保产品。

第三节　发达国家区域生态文明型物流发展经验对我国的启示

一、强化制度建设和政策引导

美、日、欧等发达国家物流业的发展起步较早,对环境问题的重视程度也较高,它们注重规划引导和法律法规建设,采取经济激励措施,提高绿色物流标准体系,区域生态文明型物流发展走在世界最前列。它们的主要做法有:第一,通过法律法规控制区域物流的污染问题;第二,通过有计划地提高标准削减物流运作过程中氮氧化物等的排放;第三,把经济激励政策作为法规等命令控制型政策的有益补充;第四是重视区域间的协作减少区域物流中的污染转移问题。关于发达国家发展区域生态文明型物流的主要经验已做了分析,这里不再详述。总之,发达国家在发展区域生态文明型物流时强化制度建设和政策引导的做法值得学习。

二、重视人才的培养与引进

在物流系统中,人力资源处于核心地位,它是物流系统要素的整合者,是系统功能的决定者,是系统优越性的创造者[①]。因此在促进区域生态文明型物流发展

---

① 张敏.现代物流与可持续发展[M].北京:中国物资出版社,2008:152.

过程中,必须加强对现代物流人才的培养和引进,突破我国现代物流人才的瓶颈。根据上海、武汉、深圳三地的调查表明,目前我国物流从业人员的学历偏低,60%以上的人员为技校、职高或中专学历,高职高专以上学历的只占21%左右,具有大学物流管理专业学历的人数很少,与之形成鲜明对比的是为数众多的农民工在从事仓储等物流业务,这跟美国奥尔良大学进行的全美物流业管理者教育程度的调查显示大约92%的被调查者有学士学位、41%的人有硕士学位、22%的人有正式的资格证书的差距很大。可见,发达国家生态文明型物流成效明显与它们的人才优势是分不开的。

三、提高区域物流设施的配套性

区域物流效率与效益的提高是一个系统演进的过程,需要大量的配套设施,包括物流基础设施、设备、政策、标准、科技等,物流要发展,配套设施要先行。

美国在进行区域物流交通基础设施建设时,十分重视生态、经济和社会效益的结合。对交通基础设施的建设与维护需要大量的金钱和时间,关乎供应链的运作也与消费者和公民密切相关,为避免交通拥堵造成的浪费也为提高就业率,对工程建设的可行性进行充分论证之后,就不再无休止地争论而重视行动和落实,提高工程建设的实效。在美国的很多情况下,运作缓慢的传统物流和供应链已让位给更精简、更流畅的物流运作,这种物流运作很大程度上依赖于全球全天候高效率运行的无线设备和应用程序。供应链和物流技术的飞速发展为实现实时完整的供应链管理和物流可视性提供技术保障。而在我国,一方面是物流基础设施存在着严重的重复建设和地方割据现象,设施设备及人员等物流资源利用极不充分;另一方面是设施不配套、信息化和标准化程度极低,企业反应迟缓,物流效率低下。货物进城最后 1 km 的费用比前面 1 000 km 的费用还要高出 150%,某家每年上缴税收1 000 余万元的正规运输企业还要开支 200 余万元在罚款上,这些不合理的现象充分说明了我国物流设施配套性的低下。九三学社中央委员会 2012 年提交的《关于畅通物流渠道 着力保障民生的提案》中指出:我国不少商品零售价过高的幕后推手就是物流渠道不畅通,天价路桥费、处处乱罚款、货物进城难无不增加商品的成本。十一届全国人民代表大会常务委员会第五次会议新闻中心举行的记者会上,商务部部长陈德铭指出如果我们实行信息化覆盖下的现代流通体系的话,在流通领域我们还有一半左右的费用可以降下来;我国流通成本高有当前直接的成本上涨推动的原因,有体制机制方面的原因,例如组织化程度低,结构性的税收等,还有对公益性的流通设施的投入不足等。美国物流管理专家指出:国计民生战略不可缺少的运输基础设施或者物流服务网络贵在产生全面的效益，因此必须全盘统筹规划采购、运输、仓储和货物交付等系列工程，紧密结合扩大经济社会效益和创新服务于物流需求；现在有不少中外资公司难以把货物或者产品及时运送到中国大中城市以外广袤地区的终端用户手中，特别是西部等中国内地地区和至今比较落后的偏僻农村，矛盾主要就集中在内地交通运输网络和物流服务基础设施的严重不足；尽管目前中国物流基础设施日新月异，不断地在改善，但全方位、无封式、一体化、技术先进的物流市场的形成还有很多艰辛的工作要做。基华物流中国区执行副总裁戴成安认为我国物流过程中存货较多的重要原因是区域阻碍因素较多，不同类型的交通运输工具之间连结不够紧密。因此，我国要在促进区域物流设施的配套性上下工夫，提高信息化、标准化水平，提高物流效率，并且在提高物流效率的同时也要出台措施提高物流的综合效益。

四、设置适当的区域生态文明型物流阶段性发展目标

为评价我国总体的物流管理水平，人们经常利用我国物流成本占 GDP 的比例跟美国的相比较，这其实是利用一种现实可行的比较管理方法——标杆管理法或基准管理法。标杆管理法由美国施乐公司于 1979 年首创，是现代西方发达国家企业管理活动中支持企业不断改进和获得竞争优势的最重要的管理方式之一，是麦肯锡等管理咨询公司最核心的"战略方法"。国外最早的标杆测定活动是在企业层次开展的，现在该方法已经广泛拓展到区域产业层次和政府宏观管理层次。标杆分析的具体做法有二：对比领先组织，检验本组织不足之处，作出仿效改善；针对本组织不足之处，列举其他组织的先进做法，进行仿效学习。标杆分析法既可以比较行业内的企业也可以比较行业外的企业，现代意义上的标杆测定，是在世界范围内寻求最佳实践、确认最佳做法，并为自己提出改进的策略的方法。通过比较找出他人的优势和自身的不足，不但能够评价和判断发展水平的高低，找出水平高低的来源，而且能够告诉我们，为了提高区域物流竞争力水平，应当如何去做。在物流发展方面，标杆法就是研究先进组织（企业、国家等）的物流发展战略战术，学习标杆组织的物流管理和发展模式，改进物流管理方法、物流流程及各种操作模式，提高物流运作效率和物流发展水平。美国是世界上颁布促进区域物流基础设施配套发展政策最多的国家，美国政府利用诸如财政、税收、价格等政策工具的娴熟程度也是其他国家难以匹敌的，诸多优势的发挥极大提高美国物流的运行效率，使得美国第三方物流市场总体不断扩大，复合年均增长率和第三方物流收入较高，物流总成本占 GDP 的比重降低明显。美国物流企业以其领先的研发实力和雄厚的资金占据着全球具有绝对优势的市场份额。由于物流发展历史最长,也最为成熟,不管是在规模总量、企业实力还是在先进技术应用上,美国的物流发展都代表了世界最高水平。因此,我国可以根据当前实际情况,以美国物流发展成效作为参照物,寻找差距并分析原因,设定阶段性发展目标,不断提高我国区域生态文明型物流的发展水平。

(一) 物流总成本占 GDP 比重的阶段性目标

我国物流成本高、效率低,社会物流总费用与 GDP 比率每降低 1 个百分点,就可以带来 4 000 多亿元的经济效益。中美物流成本占各自 GDP 的比例差别较大,从图 5-11 可以发现,我国物流成本占 GDP 的比例从 1992~2016 年下降的趋势明显,已从 23% 下降到 14.9%,但还是明显高于美国,美国物流成本占 GDP 的比例在 2000 前都在 10% 左右,2000 年之后都在 10% 以下。直观看来,我国物流成本占 GDP 的比例是美国相应年份的两倍左右。

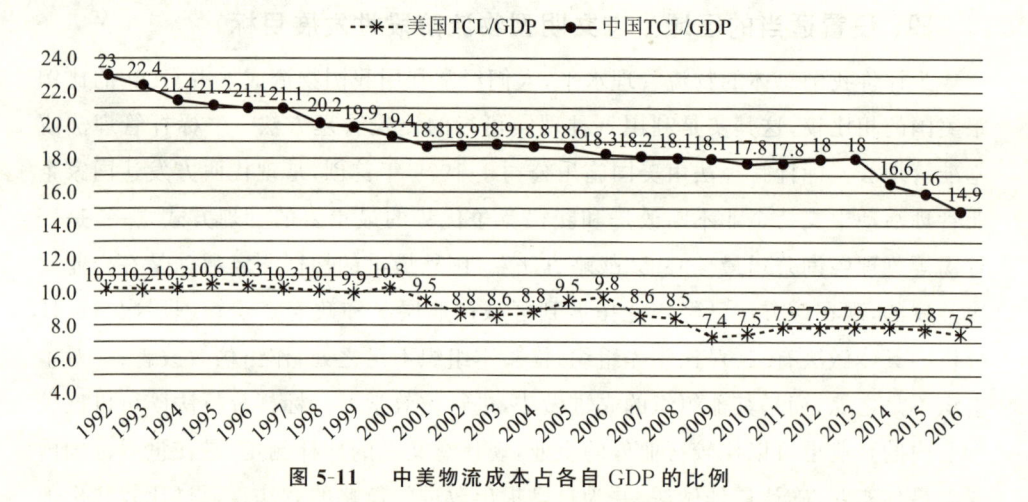

图 5-11　中美物流成本占各自 GDP 的比例

1. 中美物流成本构成情况分析

物流总成本一般由运输成本、存货持有成本和物流行政管理成本三部分组成。就物流行政管理成本而言,在美国是按存货持有成本和运输成本之和的 4% 计算,Delaney 先生自 1973 年开始撰写《美国物流年度报告》时起就是按照这两部分物流成本的 4% 来测算的。从表 5-4 可以看出,我国运输成本占 GDP 的比例最高为 12.7%,最低为 9.6%,基本上大于美国物流总成本占 GDP 的比例,而我国物流保管成本占 GDP 的比例最大为 7.4%,最小为 5.6%,大多超过美国运输成本占 GDP 的比例(最大 6.1%,最小 4.9%),我国物流行政管理成本占 DGP 的比例也明显较高。由此可见,我国物流总成本有待进一步降低,其中通过优化区域物流运输网络、降低运输成本方面的潜力巨大。

表 5-4　中美物流总费用占 GDP 比例的构成情况　　　　单位：%

年份	中国			美国		
	运输费用	保管费用	管理费用	运输费用	保管费用	管理费用
1992	12.7	7.2	3.1	6.1	3.8	0.4
1993	12.8	6.6	3.0	6.1	3.7	0.4
1994	11.6	6.8	3.1	6.1	3.8	0.4
1995	10.6	7.3	3.2	6.0	4.1	0.4
1996	10.7	7.2	3.2	6.0	3.9	0.4
1997	10.4	7.4	3.3	6.1	3.8	0.4
1998	10.3	6.7	3.2	6.1	3.7	0.4
1999	10.6	6.0	3.3	6.0	3.6	0.4
2000	10.1	6.0	3.2	6.1	3.8	0.4
2001	9.9	5.9	3.1	5.9	3.2	0.4
2002	10.0	6.1	2.9	5.5	2.9	0.3
2003	10.4	5.9	2.6	5.5	2.7	0.3
2004	10.6	5.6	2.6	5.5	2.8	0.4
2005	10.2	5.8	2.5	5.9	3.1	0.4
2006	10.0	5.9	2.4	6.0	3.4	0.4
2007	10.0	5.8	2.3	6.1	3.4	0.4
2008	10.0	5.9	2.1	6.1	2.9	0.4
2009	10.0	6.0	2.2	4.9	2.5	0.3
2010	9.6	6.0	2.2	5.4	2.6	0.3

资料来源：根据中国统计年鉴和全国物流运行情况通报、美国经济分析局和美国物流年度报告的相关数据整理。

2. 我国物流成本占 GDP 比例的适当目标

目标的设定要具有可行性，我国与美国的经济发展阶段不一样，因此以美国物流成本占目前 GDP 比重的标准作为我国的标杆是不适当的。美国已是后工业化国家,早在1963年,美国产业结构中第三产业的比重已经超过60%,分别为3.4%、34.6%和62.5%,2010年的三产结构比例为1.09%、18.85%和80.06%;我国还处于工业化深入发展过程中,2010年三产结构比例为10.1%、46.8%和43.1%。中美两国的产业结构差异是巨大的,中国处于工业化中后期,而美国是第三产业为主导的国家。从各产业对物流服务的需求来看,因为第二产业中的建筑业、采掘业、制造业等都与实物形态的产品有关,从原材料采购、生产加工到销售消费离不开运输和仓储的支持,所以第二产业对运输、仓储的需求就比较大,对物流服务的需求比例也比其他产业高,它的物流成本支出相对也就比较大。这从我国各产业产品物流总额占社会物流总额的比例可以得到体现(表5-5)。相反,第三产业以服务为主,其创造的产品主要是无形的服务,是非实物形态的,因此第三产业对物流的依赖程度少,与其产值相比,物流成本所占比例低得多。统计数据可以表明,生产实物形态的产业比生产非实物形态的产业对物流服务的消耗系数较大,消耗系数由大到小依次是第二产业、第一产业、第三产业,以物流消耗系数较大产业为主的国家,其物流成本就会更大。

要比较两个国家物流成本占GDP的比重,只有在产业结构相同的情况下才更为合理。美国一家全球领先的国际性金融服务公司摩根士丹利在估计中国物流成本水平时,采用了美国经验的方法来测算,它在《中国物流报告》中分析指出:2000年末,中国的名义GDP为89 400亿人民币(10 770亿美元),大致相当于1970年的美国经济规模;1970年,美国物流成本占名义GDP的14.7%;而中国各种运输方式严重分割,必然导致转运效率低下,造成运输成本高昂,落后的仓储设施使生产厂家库存量较高而必然导致库存费用的增加;因此,预计2000年末中国市场物流成本是2 150亿美元,占全国名义GDP的20%。这项估计得到各级政府统计部门和物流媒体的广泛支持,当年我国物流成本占GDP的比例为19.4%。以1970年美国物流成本占名义GDP为参照,两者相差4.7%;我国2016年名义GDP为109 430亿美元,大致相当于美国2002年的名义GDP(109 775亿美元),2016年我国物流成本占GDP的比例为14.9%,而美国2002年物流成本占GDP的比例为8.8%,两者相差6.1%;可以说我国与美国物流管理水平在宏观上的差距在4.7%~6.1%。

表 5-5　各产业产品物流总额占社会物流总额的比例　　　　　　　单位:%

	2008 年	2009 年	2010 年	2016 年
农产品物流总额	2.1	2.2	1.8	1.6
工业品物流总额	88.8	90.4	90.2	93.4
进口货物物流总额	8.7	7.1	7.5	3.3
再生资源物流总额	0.3	0.3	0.4	0.4
单位与居民物品物流总额	0.1	0.1	0.2	0.3

资料来源:全国物流运行情况通报。

如果把农产品物流总额、工业品物流总额分别当中第一、二产业对物流的需求,把进口货物物流总额、再生资源物流总额和单位与居民物品物流总额当中第三产业对物流的需求,根据各产业占物流总额的比重和各产业在产业结构中的比例求出各产业的物流需求系数,然后假设当年我国的产业结构比例跟美国的相同,以相同的物流系数可以计算在美国当年产业结构比例的情况下我国各产业占物流总额的比重,加总可以获得产业结构比例跟美国相同时我国物流成本占 GDP 的比重。按此思路,假设我国三次产业结构比例跟美国的一致,所计算的 2000 年、2010 年和 2016 年物流总成本占 GDP 的比例分别是 13.2%、9.2% 和 10.37%(表 5-6)。

表 5-6　假设中美三次产业结构比例相同时我国物流成本占 GDP 的比重

TLC/GDP (①)	产业物流额/物流总额 (②)	我国三产比例结构 (③)	物流需求系数(④)=②/③	美国三产比例结构 (⑤)	物流系数*美国三产比例(⑥)=④*⑤	产业物流额/物流总额 (⑦)=①*⑥	TLC/GDP (⑧=*+**+***)
21.20% (2000 年)	5.7%	15.1%	0.377	1%	0.38%	0.08%*	13.2%
	83.3%	45.9%	1.815	22%	39.93%	8.47%**	
	11.1%	39.0%	0.285	77%	21.95%	4.65%***	
17.8% (2010 年)	1.8%	10.1%	0.178	1%	0.18%	0.03%*	9.2%
	90.2%	46.8%	1.927	19%	36.61%	6.52%**	
	8.0%	43.1%	0.186	80%	14.88%	2.65%***	
14.9% (2016 年)	1.6%	8.6%	0.186	1%	0.19%	2.83%*	10.37%
	93.4%	39.8%	2.347	18.9%	44.36%	6.61%**	
	4%	51.6%	0.078	80.1%	6.25%	0.93%***	

2000年、2010年和2016年美国物流总成本占GDP的比例分别是10.3%、7.5%和7.5%(后两者都是2016年修订的数据),我国与之差距还分别是2.9%(13.2%－10.3%)、1.7%(9.2%－7.5%)和2.87%(10.37%－7.5%)。这说明如果我国三次产业结构比例跟美国一样,物流总成本占GDP的比例的差距就没有那么明显。

通过以上分析,要与美国这个物流业已基本达到完全竞争的市场对比得到适合我国物流成本占GDP比重的合适比例,本研究认为应该在我国物流成本占GDP的目前比重扣除4.5%(取上文提到的6.1%和2.87%的均值)左右,例如2010年我国物流成本占GDP比重17.8%如果能降为13.3%左右、2016年我国物流成本占GDP比重14.9%如果能降为10.4%才是比较接近美国物流发展水平的。因此,把我国的物流成本占GDP比例降低4.5%左右应是近期比较适当的目标,而要实现这一目标,除了提高物流管理水平之外,通过产业发展的高级化是一种有效途径。

(二)第三方物流市场规模及集中度的阶段性发展目标

1. 第三方物流市场规模的阶段性发展目标

第三方物流市场是物流市场的组成部分,其规模大小反映物流社会化程度的高低。在物流总成本中,有一部分是企业组织在市场上购买第三方物流服务的费用,所以,第三方物流的市场规模直接反映了由第三方物流公司管理的物流费用的大小。我国第三方物流起步较晚,第三方物流市场规模跟美国比也较小。为弄清中美第三方物流市场规模的差距,本文通过物流市场规模占物流总成本的比例来比较,根据相关数据分别计算的结果如表5-7所列。美国的部分根据第三方物流网站公布的美国第三方物流(3PL)市场信息和美国物流年度报告的相关数据计算。我国因为缺少对第三方物流市场规模的完整统计,根据相关研究成果估算。丁俊发在《中国物流学术前沿报告》中指出,我国2001、2002、2003年第三方物流市场规模占物流总成本分别为1.9%、2.2%和2.3%[①];中国对外贸易运输(集团)总公司副总裁董建军指出,2005年我国第三方物流市场规模已超过1 000亿元人民币,比2004年增长约30%;童庆平研究指出,我国第三方物流市场规模2006年比上年增长30%,达到1 300亿元[②];中国仓储协会第三次物流市场调查表明:预计到2010年,国内第三方物流将达到3 700亿元,年均增幅25%左右。因此,2001~2003年根据已知的第三方物流市场规模占物流总成本的比例计算第三方物流市

---

① 丁俊发.中国物流学术前沿报告[R].北京:中国物资出版社,2005:72-78.
② 童庆平.我国第三方物流业发展现状研究[J].物流科技,2007(9):9-12.

场规模,其余年份按年均增幅30%计算,结果跟已知数据吻合,2010年结果为3 710亿元,跟之前的预计也差不多,因此数据是可信的。从表5-7中可以明显看出,我国2008年第三方物流市场规模占物流总成本的比例跟美国1997年的一样,而2010年的比例还不到同年美国的一半,可见我国物流的社会化程度比美国低得多。我国第三方物流产业尚处于初级阶段,在整个物流市场所占的比重与发达国家/地区之间存在一定差距(发达地区占比一般在10.5%以上,我国在8.0%左右),增长空间较大。因此,为提高我国物流的社会化程度,近期目标应是把第三方物流市场规模占物流总成本的比例提高2.5%左右。

表5-7 中美第三方物流市场规模比较

年份	美国/十亿美元			中国/亿元		
	第三方物流市场规模	物流总成本	物流市场规模/总成本	第三方物流市场规模	物流总成本	物流市场规模/总成本
1996	30.8	801	3.8%			
1997	34.2	850	4.0%			
1998	39.6	884	4.5%			
1999	45.3	922	4.9%			
2000	56.6	1 018	5.6%			
2001	65.3	970	6.7%	400	20 619	1.9%
2002	71.1	930	7.6%	500	22 741	2.2%
2003	76.9	952	8.1%	590	25 695	2.3%
2004	89.4	1 036	8.6%	800	30 002	2.7%
2005	103.7	1 191	8.7%	1 000	33 860	3.0%
2006	113.6	1 302	8.7%	1 300	38 414	3.4%
2007	119	1 380	8.6%	1 690	45 406	3.7%
2008	127	1 320	9.6%	2 200	54 542	4.0%
2009	107.1	1 065	10.1%	2 860	60 826	4.7%
2010	127.3	1 197	10.6%	3 710	70 984	5.2%

2. 第三方物流市场集中度的阶段性目标

行业市场集中度通常是以在市场上名列前几位企业的资产、生产或销售额等占整个行业市场全部企业的资产、生产或销售额等的比例来表示,最常用的是前 4 家和前 8 家企业占整个市场的份额,分别记为 CR4 和 CR8。根据 2010 中国物流企业 50 强和美国前 50 强全球第三方物流供应商(3PL)跟当年物流总成本的比例计算第三方物流市场集中度,结果如表 5-8 所列。

表 5-8 跟物流总成本比较的中美第三方物流市场集中度

	CR1	CR4	CR8	CR10	CR20	CR40	CR50
中国	1.47%	3.50%	4.34%	4.61%	5.47%	6.15%	6.35%
美国	2.55%	7.30%	10.19%	11.30%	15.75%	19.78%	20.68%

可以看出,我国第三方物流市场集中度比美国低很多,CR1 只相当于美国的 57.9%,CR4 为美国的 47.9%,CR8 为 42.6%,CR10 为 40.8%,CR20 为 34.7%,CR40 为 31.1%,CR50 为 30.7%。而计算 50 强的集中度显示(表 5-9),我国 2010 年和 2016 年第三方物流市场的集中度又明显比美国的高,CR1 分别相当于美国的 189% 和 145%,CR4 为美国的 156% 和 142%,CR8 为 139% 和 128%,CR10 为 133% 和 123%,CR20 为 113% 和 113%,CR40 为 101% 和 103%,而且越是前几位的集中度越高。

表 5-9 根据物流企业 50 强计算的中美第三方物流市场集中度

年份	国家	CR1	CR4	CR8	CR10	CR20	CR40	CR50
2010	中国	23.2%	55.1%	68.4%	72.6%	86.1%	96.9%	100.0%
	美国	12.3%	35.3%	49.3%	54.6%	76.2%	95.6%	100.0%
2016	中国	17.0%	43.6%	60.6%	65.7%	81.0%	96.1%	100.0%
	美国	11.7%	30.8%	47.5%	53.3%	73.1%	93.7%	100.0%

以上分析说明我国整个物流市场结构较为分散和零乱,一方面缺少在资源整合能力上能够主导产业发展的龙头企业,另一方面排名靠前的企业又缺少竞争对手,这会导致市场绩效低下,不利于我国第三方物流市场的发展。据统计,从 1994 年宝供注册成立第一家以"物流业"划分的公司以来,我国已经注册成立的物流企业有 73 多万家,还有不少无证的物流公司,2010 年平均每家物流公司的营业额仅 50 万元左右。中国物流行业容纳这么多家企业,却在国际快递市场上只抢占了 20% 的份额,显示了我国物流企业在企业实力、资源整合与运营能力上都存在巨大

局限性。陈维亚等利用超越对数成本函数和 SUR 估计法对中国部分第三方物流业(1999～2007 年)的规模经济的考察结果显示,以 11 家第三方物流企业为样本的第三方物流从总体上存在轻微的规模不经济[①]。而在美国的第三方物流市场上,约有 100～150 家第三方物流企业在有效地竞争,同时有约 400～1 500 家企业在市场上提供某些方面的第三方物流服务。因此,为提高第三方物流的规模经济和市场绩效,我国要在规模企业内形成有效竞争的基础上提高第三方物流市场集中度,如 CR8 提高 5%、CR20 提高 10%、CR50 提高 15%左右。

(三) 人均物流产值的阶段性目标

为了解中美两国物流人均产值的情况,考虑可比较性时,在可信度有保证的基础上又要考虑数据的可获取性。因此,根据中国统计年鉴中运输业、仓储业和邮政业的产值和从业人员计算我国物流的人均产值,根据美国经济分析局统计数据中的运输与仓储业的产值和从业人员计算美国物流的人均产值,这主要是从传统物流的角度对两国人均物流产值进行比较。从表 5-10 可以发现,美国人均物流产值跟我国相比从 1999 年的 17.3 倍降到 2016 年的 3.3 倍,说明我国人均物流产值的增长比例较美国高,但这主要是从运输、仓储等传统物流的角度去考虑的,物流增值服务方面则没有考虑到,诸如订单处理和执行、物流服务采购、存货管理、分销控制、供应链管理、信息技术、IT 系统设计和物流方案设计等比较高端的业务则是回报更丰厚的领域,也是美国抢先占领的制高点。如果没有向高端业务进军,物流活动就会长期处于低水平、粗放的阶段,难以适应市场朝多品种、多批次、少批量的流通方式的变化。2010 年度全国先进物流企业分析报告中指出:2010 年度的先进企业中有 132 家先进企业可以经营运输业务,有 125 家企业可以提供仓储服务,有 54 家企业可以经营货代业务,有 43 家企业可以提供配送服务,有 24 家企业可以提供包装及流通加工等增值服务,还有 22 家企业可以从事销售业务,但是仅有 2 家先进企业在经营范围中明确指出可以提供供应链管理服务。因此,我国短期目标应考虑把运输仓储方面的人均产值至少提高两倍,达到不低于美国的水平,除了提高传统物流的效率外(这方面美国虽渐渐失去竞争力但效率还是比较高),也要考虑提高物流增值服务方面的比例。

---

① 陈维亚,陈治亚,周伟丽.第三方物流企业规模经济的实证研究[J].商业经济与管理,2008(12):17-22.

表 5-10　中美人均物流产值比较

年份	美国 物流产值/百万美元	美国 物流从业人数/千人	美国 人均物流产值/美元	中国 物流产值/亿元	中国 物流从业人数/万人	中国 人均物流产值/元	汇率 美元兑人民币	(美/中) 人均物流产值比例
1999	288 277	4 376	65 877	6 393	2 022	31 612	8.28	17.3
2001	307 765	4 425	69 551	8 430	2 037	41 376	8.28	13.9
2003	320 862	4 237	75 729	10 223	1 026	99 610	8.28	6.3
2004	351 124	4 312	81 429	12 081	1 084	111 452	8.28	6.0
2005	375 119	4 398	85 293	11 143	1 013	110 025	8.20	6.4
2006	407 597	4 495	90 678	13 090	1 035	126 533	7.97	5.7
2007	409 597	4 572	89 588	14 964	1 027	145 674	7.61	4.7
2008	422 352	4 535	93 132	17 157	1 079	159 069	6.95	4.1
2009	398 843	4 234	94 200	18 398	1 147	160 393	6.83	4.0
2010	425 131	4 178	101 755	21 494	1 119	192 127	6.77	3.6
2011	446 857	4 307	103 751	24 821	1 175	211 284	6.62	3.3
2012	467 407	4 419	105 772	27 555	1 505	183 069	6.30	3.6
2013	487 181	4 506	108 118	29 865	1 262	236 644	6.29	2.9
2014	514 043	4 675	109 956	31 583	1 491	211 883	6.14	3.2
2015	546 239	4 888	111 751	33 419	1 502	222 439	6.23	3.1
2016	562 528	5 020	112 057	35 150	1 553	226 321	6.64	3.3

资料来源:根据中国统计年鉴和美国经济分析局数据整理。

五、生态文明经济与区域生态文明型物流互促发展

发达国家从 20 世纪 60 年代就开始寻求经济发展与资源能源、生态环境和人类健康的协调,产生了生态经济、循环经济、绿色经济、创新经济、低碳经济、体验经济等各种生态文明经济发展形态并在区域层面进行实践,作为生态文明经济子系统的区域生态文明型物流也随之发展。在经济全球化过程中,发达国家利用先发优势,产业结构不断优化与高级化,产品不断绿色化与低碳化,物流也随着经济社会发展需要不断演化,生态文明经济与区域生态文明型物流互促发展的趋势变得明朗化。作为最大的发展中国家,我国应积极学习发达国家的先进经验,充分发挥后发优势,尽快实现生态文明经济与区域生态文明型物流的互促发展,这将在下一章详细阐述。

第六章

区域生态文明型物流的发展模式

第一节　区域生态文明型物流的基本发展模式

生态文明型物流表现形态在区域的实践就构成区域生态文明型物流的基本发展模式,主要包括物流减量化模式、物流循环化模式、物流绿色化模式和物流低碳化模式。

一、区域物流减量化模式

区域物流减量化包括物流实物量的减量化和物流价值量即物流成本的减量化,其实质是减少社会物流和经济物流对生态环境的损害,并实现单位物流量经济代价的最小化[①]。物流实物量的减量化有利于减少经济物流、社会物流对生态环境造成的负面影响,提高经济社会生态效益,物流价值量的减量化是企业的第三利润源泉,可以提高经济效益,企业可以从物流实物量的减量化入手,在节约成本获得经济效益的同时提高社会效益和生态效益。区域物流减量化包括微观和宏观两个层次,微观层次减量化的主体是厂商和家庭消费者,主要追求物流价值量的减量化,宏观层次减量化的主体是国家,主要追求国家财富增长的同时相对减少对物质的依赖。区域物流减量化的目标是实现物的流动总量的最小化和必要物流成本的最小化。生产方面提高资源转化率和降低生产需求总量,管理方面采取过程管理减少无效物流的发生,生活方面践行生态文明消费模式,避免浪费,是从源头上实现物流减量化的有效措施,具体可以从以下一些路径实现区域物流的减量化。

（一）以产业结构的优化与高级化促使物流的总实物量降低

区域第一、第二产业主要是以实物形态出现的,第一、第二产业的比重如果比较高,那么对物流需求的依赖性也会更大,而第三产业更多的是以非实物形式出现的服务产品,对物流需求量的贡献较小。区域产业结构的优化与高级化可以实现

---

① 张丕景.物流减量化问题研究[D].济南:山东农业大学,2007:34-38.

以更多的知识资源代替物质资源，有利于物流的减量化，发达国家已形成三、二、一的产业结构比重次序，较优化与高级的产业结构使之跟发展中国家比较物流成本占GDP的比重也较小。因此，通过科技创新、管理创新等手段，第一产业更多地发挥自然生产力的作用，第二产业更多地以知识资源代替物质资源，同时大力发展包括物流业在内的现代服务业，提高第三产业的比重，实现产业结构的优化和高级化是物流减量化的重要路径。

（二）通过供应链管理从产品的整个生命周期着手促使物流减量化

产品一般要经历研发设计、生产加工、流通、消费、废弃处理等一系列过程，涉及的环节多，在产品的整个生命周期有很多机会促使物流减量化。积极落实精益物流、敏捷物流，通过供应链管理，在研发时就要充分考虑产业的战略发展方向，设计时就重视产品的功能整合及其实用性与耐用性，考虑如何回收再利用或废弃处理，在生产前就通过需求预测以避免产品积压和呆滞料的产生，加工时利用先进的技术和现代的管理手段实现合理组织和流程优化，实施精益生产，流通时加强物流管理以避免不必要的损失。例如因为缺乏需求预测，我国大连华录集团在20世纪90年代中叶引进日本松下技术，试图在录放机产品获取绝对竞争优势，投资近30亿元人民币，生产当时世界上性能最好、功能最全的录放机及其配件，但没等新产品下线，音像产业相继研制推出两种对录放机具有很强替代的创新产品VCD和DVD，这使得华录集团投资严重受损，不得不改造生产线，产生大量无效的物流，又支付了大量置换成本。又如，由于供应链的资源缺乏整合，造成产品滞销，大量蔬菜烂在田间、满园水果无人采摘的现象常见诸报端，如果供应链上的供求信息能够得到更有效共享，损失就会大大减少。

（三）通过转变消费方式与观念、进行适度消费促进物流减量化

消费必然引起对社会物流的需求，不同的消费方式和观念会对物流量产生很大的影响。通过转变消费方式与观念，如以租代购，倡导"功能消费"，消费者以获得产品功能为直接目的取代对商品的占有，能够实现实物量的减量化，减少物流需求。炫耀消费、攀比消费往往会造成大量不必要的浪费，增加大量本可避免的物流需求。中央电视台曾以《奢侈的垃圾！》报道指出我国每年仅在餐饮业里倒掉的食物就能够让最少2亿人吃1年，可见粮食浪费是多么的触目惊心。践行生态文明消费模式，适度消费则有利于减少不必要的物流量。

二、区域物流循环化模式

区域物流循环化模式是生态文明经济的方法论在区域物流上的应用。生态文

明经济的方法论指出物的流动包括微观的企业、供应链及区域层面,宏观的社会以及自然—人—社会复合生态系统层面所进行的循环。

(一) 企业层面的循环物流

遵循生态文明经济方法论的"减量化""再利用""资源化"原则,要求企业实施精益物流,做到产品整个运行过程的"减量化",对副产品进行"再利用"和"资源化"。构建企业层面的由供应物流、生产物流、销售物流和回收物流组成的正向物流与逆向物流有机联系的物流系统,对企业所生产的副产品和物流过程中形成的衍生物实现企业层面的"小循环",实现企业废弃物排放量的最小化。

(二) 供应链及区域层面的循环物流

单就企业层面的"小循环"进行企业废弃物排放量的最小化大多存在规模不经济的问题。企业间或产业间必须在区域层面通过构建企业工业代谢和共生关系,建立工业生态园区,进行闭环供应链管理,实现区域层面的"中循环"。在具体物流运作环节中的有效做法主要是充分利用物流信息系统的功能,避免不必要的物流发生的同时进一步优化区域物流网络。

(三) 社会层面的循环物流

在社会层面实现循环物流是跟生产生活方式转型相结合的,通过构建社会废旧资源处置再生利用系统,利用社会上广义的第三方物流资源,形成正向物流和逆向物流有机联系的物流系统,实现生产与消费过程中和生产与消费之后的物质和能量的循环,促使跨区域、全国乃至国际层面的物流"大循环"。

(四) 宏观层面的循环物流

生产与生活的副产品在现有条件下无法再生利用的必须进行无害化处理后纳入复合生态系统的宏观循环。宏观层面的循环物流无法只在社会经济系统内循环,人类社会必须从自然界获取物质资源以满足生存和发展需要,自然界也需要人类社会的反哺才能实现生态平衡,只有自然生态系统和人类社会生态系统(包括经济系统)形成良性的物质循环运动,才能从宏观上保证经济社会生态的全面协调可持续发展。在自然—人—社会复合生态系统的大循环过程中,人通过自身能动性的发挥,一方面不断提高资源的质与量,增强生态环境的承载力,另一方面不断提高经济发展的知识含量,增加知识资源对物质资源的替代量,这就是循环经济的"增量化"原则。因此,区域物流循环化模式必须在自然物流、社会物流、经济物流构成的大物流中循环,形成自然生态系统和经济社会系统的"循环供需链",促进自然—人—社会复合生态系统的物质循环。例如,可以通过绿化物流通道净化物环境。物流车辆的运行必然产生尾气排放、扬尘、噪声等,除了提高物流车辆的技术标准之外,通过物流通道的绿化,发挥森林的固碳、吸尘与隔音功能,就是很好利用自然生态循环系统净化功能的例子。

三、区域物流绿色化模式

区域物流绿色化模式主要有宏观和微观两个层面,宏观上是指为促进自然—人—社会复合生态系统的全面协调可持续发展,实现人类健康和自然生态安全而进行的物流活动。微观上是指实现绿色商品、绿色服务在绿色供给和绿色需求主体有效连接,符合资源节约、环境友好、健康安全的物流模式。区域绿色物流化模式重视从物流对象质量的提高来保证健康与安全,通过避免不合格商品物流活动的发生而减少无效物流的产生。以"问题牛奶事件"为例,处理退市的牛奶不知产生多大的物流成本,更不用说之前正向物流因为无效而白白浪费。出口商品因为检验不合格而被销毁的报道也时有所闻,如 2005 年 10 月韩国在进口中国产的活鲈鱼中查出可致癌的"孔雀石绿",随即对该产品做出了销毁以及退货处理。伴随产品的销毁是该产品之前的物流运作环节产生的成本得不到补偿,社会物流成本增加。为提高物流的有效性,区域物流绿色化模式围绕物流对象品质的保证和物流环境的净化而对物流资源的最充分利用,主要从供应链管理和物流运作的绿色化两个层面进行。

(一) 供应链管理层面的绿色化

供应链管理绿色化包括对供应物流、生产物流、销售物流、逆向物流等的管理,使之绿色化。

(1)供应物流绿色化。重点在于原材料获取过程的绿色化,通过有效的采购管理保证原材料的质量。

(2)生产物流绿色化。一方面要对生产物流系统进行优化设计,实施精益物流、敏捷物流,提高生产物流活动的效率,另一方面要利用生态化技术,生产绿色产品。

(3)销售物流绿色化。首先要做到物流包装的简单化、标准化,包装材料的无害化并能重复使用;其次要对分销渠道的物流网络进行统筹规划,保证渠道畅通,预防"牛鞭效应",减少产品积压。

(4)逆向物流绿色化。第一要对逆向物流进行整体设计,构建与正向物流有机联系的逆向物流系统;第二要利用逆向物流信息系统,提高退货物流的透明度,避免所退货物或召回物的丢失或进一步损坏;第三要通过逆向物流管理创新和技术进步,增加废弃物的可回收量以减少废弃物无害化处理的数量。

（二）运作层面的物流功能环节绿色化

物流功能环节主要包括运输、仓储、包装、装卸搬运、流通加工、配送、物流信息处理，物流绿色化要求对这些功能环节进行绿色化运作。

(1)绿色运输。一方面要对运输对象进行管理，保证运输对象的品质在运输环节不出现问题；另一方面要合理选择运输方式，比如采取复合一贯制运输方式，提高运输效率。

(2)绿色仓储。首先要考虑仓储设施区位选择的合理性问题，合理的仓储布局有利于提高物流资源的利用率，节约成本；其次要考虑仓储库房的设计问题，合理的库房设计和储位安排能够提高仓储面积的利用率，减少仓储成本；最后要考虑仓储对库存对象及周围环境的影响，一方面要考虑库房的温湿度等条件对库存对象的影响，确保库存对象的品质，另一方面考虑仓储运营对环境的影响，比如有害物资的仓储应远离水源地，易燃、易爆物品应远离居民区等。

(3)绿色包装。指采用节约资源、保护环境的包装，包括包装材料和包装操作过程的绿色化，要求根据包装对象的特性选择包装材料及强度，并要求省料、废弃物少，包装材料本身环保、易于回收利用。

(4)绿色装卸搬运。一方面要求提高与其他物流环节的衔接性，防止无效装卸搬运；另一方面要选择合适的装卸搬运工具，提高装卸搬运效率的同时保证装卸搬运对象不受损。

(5)绿色流通加工。首先要合理布局流通加工中心；其次要采取专业化集中式加工，在满足顾客要求的基础上提高流通加工的资源利用效率；最后要对流通加工的废料进行综合处理。

(6)绿色配送。第一要合理配置配送中心；第二要对配送路径进行优化设计；第三要采取共同配送或第三方物流的形式提高配送资源的利用效率；第四是跟配送相关的装卸搬运、流通加工的绿色化。

(7)物流信息的绿色化。主要是物流信息化的推广，构建正向物流与逆向物流相互配套的信息系统，发挥物流信息系统对保证物流对象的品质、净化物流环境和提高物流资源利用率的积极作用。

四、区域物流低碳化模式

区域物流低碳化模式主要从能源"低碳化"方面去实现物流经济效益、社会效益和生态效益的相统一与最优化。可以采取以下路径实现区域物流低碳化发展。

（一）优化能源结构，从物流的动力源上实现低碳化

我国物流运作的动力源主要是油和电，天然气和可再生能源的比例很低，电的

来源主要是燃煤,因为我国能源生产比重中原煤从 1978 年的 70.3% 上升到 2011 年的 77.8%,2016 年还高达 69.6%,煤炭消费占能源的比重也超过七成,而煤的碳密集程度比其他的化石燃料高得多,单位能源燃煤释放的二氧化碳相对其他能源是最高的,如是天然气的近两倍[①]。燃油也会产生大量温室气体排放。总体上,我国物流运作的能源消费结构呈现多煤多油少气少可再生能源的状态,不合理的能源结构导致我国物流发展的高碳依赖。物流低碳化发展亟需研发可再生能源技术、能源增效技术和温室气体减排技术,提高清洁能源和可再生能源的比例,优化能源结构,逐步形成低碳的能源系统,从动力源上实现物流发展的低碳化。

(二)优化物流运作过程,减少能源利用量的同时提高能源效率

我国物流的社会化程度低,市场上以中小型物流企业为主,物流服务更多集中在运输、仓储、包装与装卸搬运环节,物流服务功能分散,做到供应链一体化服务的比例小。因此,通过优化物流运作环节既能够减少能源利用量还可以提高能源利用效率。例如,可以通过合理布局货运网点、配送中心,缩短运输路线和减少空载率,达到节能减排的目的;通过包装的大型化和集装化,开展共同配送,实现单位能耗产出的提高;通过建立智能运输系统加强车辆、道路和使用者之间的联系,提高道路网的通行能力与交通的安全水平,发挥交通基础设施的最大效能,提高运营效率,降低汽车运输对环境的影响;通过物流信息网络建设,提高供应链信息的有效共享,减少无效物流的发生,等等。

(三)采取补救措施,从末端处理上实现低碳化

对物流运作产生的碳排放采取补救措施,从末端处理上实现低碳化。主要做法是碳封存和增加碳汇。碳封存是把包括物流活动在内的生产生活的碳排放物捕获、收集,在生产中再利用或者压缩后存储到安全的碳库中。碳汇是生态系统对二氧化碳的吸收,是一种自然碳封存过程,载体主要有海洋和陆地。海洋碳汇主要通过海洋生物如浮游生物、细菌、海草、盐沼植物和红树林等捕获和固定二氧化碳。陆地碳汇主要通过森林、草原和农田等吸收和储存二氧化碳。增加森林碳汇的成本相对更低,而效果直接且明显。因此,对物流通道等物流环境进行绿化是从末端上实现低碳化的有效手段。

---

① 廖福霖.生态文明学[M].北京:中国林业出版社,2012:259-261.

第二节　区域生态文明型物流与生态文明经济
互促发展模式

区域生态文明型物流发展的各种基本模式既相互联系也有各自的侧重点，充分发挥它们的优势并与生产生活方式的绿色循环低碳转型相结合，形成区域生态文明型物流与生态文明经济互促发展的模式。

一、区域生态文明型物流与生态文明经济的联系

生态文明型物流是生态文明经济的一个重要子系统，生态文明型物流是生态文明经济的内在要求，生态文明型物流对生态文明经济具有反作用。

（一）区域生态文明型物流是生态文明经济的内在要求

经济发展必须有现实的空间，生态文明经济必然要在具体的区域进行落实，产生了对区域生态文明型物流的需求。

1. 生态文明经济的发展阶段决定区域生态文明型物流的发展阶段

在经济发展实践过程中，逐渐产生了生态文明经济思想，又由于生产力的持续进步、人的素质提高与需求的升级以及生态文明建设的持续推进，生态文明经济渐渐成为社会经济发展的潮流。生态文明经济作为观念，是人们对社会经济发展实践的反思、预见、理想，形成不同于传统经济的思想；作为实践方式，是社会经济发展实践从传统向现代的转变，核心是生产方式和生活方式的转变；作为战略，是人们根据具体历史情况制定的实现理想、推动社会经济发展的具体原则、策略，目标是以生态文明经济取代工业文明经济。在高度发达的生产力基础之上，生态文明经济已不单是经济思想观念，世界各地已进行或深或浅的实践，而且在生态文明建设实践中已上升为发展战略，随着需求升级与人的素质提高，对经济发展质量要求更高也更有能力促进经济发展升级，生态文明经济因此成为社会经济发展的必然趋势，而且生态文明经济的实践必定突破企业的局限，终将要求区域发展生态文明经济。

20世纪60年代后期美国经济学家肯尼斯·鲍尔丁第一次阐述生态经济学这一概念，说明经济发展必须遵循生态学的法则，为生态经济的研究奠定了理论框架。随着生态经济理论的发展，人们对生态经济的认识越来越深刻，实践中发现需要遵循"循环经济"的思想，资源利用应遵循减量化、再利用、资源化的原则，后来循环经济被当作经济发展的方法论。

自然界没有垃圾,在自然—人—社会复合生态系统中,垃圾是放错地方的资源,但放错地方的资源也往往会成为垃圾,循环经济把废弃物当再生资源时就需要考虑合理利用的问题,避免在循环利用中造成对人类健康不利的影响。例如,地沟油可以制造成生物柴油循环利用,但如果把它加工成食用油流向餐桌则对人体健康危害很大。因此在实践中,人们又产生了绿色经济的思想。"绿色经济"一词最早出现在经济学家皮尔斯于1989年出版的《绿色经济蓝皮书》,但其萌芽始于20世纪60年代的一场"绿色革命"。它是以合理利用资源、保护生存环境、有益于人体健康为基本特征的经济形态。2007年,联合国秘书长潘基文在《华盛顿邮报》发表文章,呼吁联合国气候变化大会为绿色经济时代打开大门,高瞻远瞩地指出绿色经济和绿色发展是全球未来的道路。

20世纪中期以来,西方发达国家经济发展过程中出现了"短缺经济"向"过剩经济"转化、"供给约束"向"需求约束"转化的局面,90年代以后,服务业比重上升到60%以上,物质文化生活都相当丰富,人们的消费需要变得高层次化、个性化和不稳定化。更高层次的需要只是潜在的,要把潜在的需要变成现实的需要或者需求,同时要适应个性化与不稳定的需求,这就需要依靠人的知识和智慧。人自身的创造性思维、灵感和新的创意成了最重要的资源,因此创新经济也应运而生。创新经济的基本特征是知识成为经济发展的主要资源,它是生态文明的核心经济形态。

经济发展是离不开能源的,但以石油和煤炭等为主的高碳能源的消耗不仅面临难以为继的危险还带来因全球气候异常而引起的生态环境危机和安全隐患,因此经济发展的低碳化成为绕不开的话题。在20世纪90年代末的文献里开始出现"低碳经济"一词,2003年英国政府提出要创建低碳经济。低碳经济实质是高能源利用效率和清洁能源结构和低碳或无碳能源开发,核心是通过低碳技术实现经济发展的"低碳"或"脱碳",目标是减少以二氧化碳为主的温室气体排放、力避气候变化对自然—人—社会复合生态系统造成的负面影响。

在生态文明经济实践中,逐步产生了生态文明经济的高级形态——体验经济,它把"体验"当作卖点,被认为是继农业经济、工业经济、服务经济之后的经济发展形态。当然,生态文明经济是对传统经济的扬弃,对传统经济的改造提升是目前最大量最繁重的任务,其中生态文明消费型经济也起拉动作用。

总之,生态文明经济的各种发展形态逐渐得到发展,但生态文明经济总体上还处于初步发展阶段。

生态文明经济的发展对传统物流的转型提出了要求,从实物形态确保整个国民经济的生产、流通和消费过程与生态文明经济发展相适应。物流作为经济的重要组成部分,在生态文明经济的发展过程中,物流逐渐向生态文明型物流转变。发达国家20世纪50年代中期至80年代中期,销售物流进一步得到重视并向其他国家扩散;20世纪80年代中期至90年代中期,从重视销售物流转变为重视企业内部物流一体化,物流合理化程度得到很大提高,现代物流得到进一步发展;20世纪90年代中期以来,现代物流从企业内部物流一体化向供应链管理演化,物流合理化程度进一步提高,期间出现了逆向物流、绿色物流、绿色供应链、低碳物流等概念,生态文明型物流开始得到实践。随着生态文明经济的不断发展,生态文明型物流的资源整合层次将不断深入,参与主体逐渐全面,活动空间范围不断扩大,在生态文明经济的范围内不断发展壮大。生态文明经济的发展阶段决定了区域生态文明型物流的发展阶段,区域生态文明型物流必须适应生态文明经济的发展。

2. 生态文明经济决定区域生态文明型物流的发展水平和规模

总体上说,生态文明经济发展水平越高也就对区域生态文明型物流发展水平提出更高的要求,生态文明经济发展规模越大也要有更大的区域生态文明型物流发展规模与之相适应。区域物流的发展状况与区域的经济基础发展水平密不可分。区域经济规模是决定一个区域物流规模大小的主要因素。一般而言,经济越发达、经济总量越大的区域,则其对区域物流发展的要求也就越高、物流需求量也越大,同时也越能够为区域物流的发展提供深厚的经济基础和物质技术条件。随着生态文明经济的不断发展,一方面是新经济形态的发展会改变区域产业结构,与之相适应的生态文明型物流得到发展,从而引起区域物流的活动形式与组成部分发生变化,对区域物流发展产生重要影响;另一方面是对传统产业的改造提升将对区域物流基础设施的配套性及区域物流服务水平的质量提出更高要求,将会释放出大量的生态文明型物流需求,从而对区域物流的规模与发展水平产生重要影响。在生态文明经济的发展过程中,区域生态文明型物流系统在功能层面上应保证区域生态文明经济发展所必需的物流作业能力,具备生态、经济、社会三大效益相统一的运输、仓储、包装、装卸搬运、流通加工、物流信息等的物流功能要素;在产业层面上,区域生态文明型物流的产业规模、服务的领域与水平等因素应保证满足生态文明经济对物流服务的需求;在消费层面上应保证区域生态文明型物流的供应与各类消费者对生态文明型物流的需求相适应;在资源层面上应保证区域内、区际间,为实现物资时空转移所直接或间接消耗的经济资源的高效利用性和整合性,为促进生态文明经济发展做贡献。

3. 在生态文明经济中发展区域生态文明型物流的必要性

区域生态文明型物流是生态文明经济体系的重要组成部分，生态文明经济的发展观、系统观和生态观都要求发展区域生态文明型物流，区域生态文明型物流的发展有利于生态文明经济的顺利实施与良性运行。

(1) 生态文明经济的发展观要求区域发展生态文明型物流。人们对经济发展的认识已经历了经济增长、经济发展、可持续发展和科学发展几个阶段。传统的发展观念往往把发展等同于经济增长，即整个社会物质财富的增长。传统的经济增长模式忽视了生态环境与资源能源对经济发展的限制，忽视了人口因素的制约，忽视了人的精神追求和精神生活，忽视了社会公平与全面进步，给人类带来了一系列难题。经济的增长不等于经济的发展，发展是一个多层面的过程，社会的发展决不应只局限于经济领域，包括经济在内的社会文化、公众健康、生态环境、技术等社会活动都具有紧密的联系。随着对发展反思的深入，人们注意到人口、资源、环境与经济之间必须相互协调，可持续发展开始受到重视。在可持续发展和可持续发展经济学研究的基础上，又提出科学发展，即自然—人—经济社会复合生态系统的全面、协调、可持续发展，以科学发展观为指导，以马克思主义经济学说为指导，以当今世界正在日益发展的新兴经济学为基础，生态文明经济开始出现。生态文明经济是新兴的经济系统，它是自然生态系统、人体生态系统和社会生态系统以经济为纽带，通过理念、机制、技术、管理和市场等的综合创新，自然、人、社会相互交融、相互协调、相互促进、不断演进的经济系统，是自然—人—社会复合生态系统有序演进的经济基础。它从生态文明各种经济形态的有机联系协同发展，旨在破除以牺牲生态环境来获取经济效益和以停止经济增长来保护生态环境的两个"二律背反"，实现生态、经济益、社会三大效益的全面兼顾。实践上，生态文明经济不但重视代内关系的协调，力促城乡间、区域间、国家间、行业间的互动和协调发展，同时也重视代际关系的处理，把国家富裕强大、生态环境良好、社会和谐进步留给后代，实现代内、代际发展上的包容与公平公正。可见，生态文明经济的发展观必然要求物流系统处理好物流活动与经济发展、生态环境保护、社会和谐的关系，这就要求物流管理突破企业的范围，物流主体全面参与，通过物流形态的多样性发展，实现经济、社会、生态各种效益相统一性的物流效应，这实质上就是要求发展区域生态文明型物流。

(2) 生态文明经济的系统观要求区域发展生态文明型物流。生态文明经济的系统观认为经济是在自然—人—社会复合生态系统中运行的。人类的经济活动源于自然生态系统，许多经济活动包括生产技术和生产知识等，都是人类向自然界学习的结晶。人类不但要从自然界中获取物质资料，而且要反哺自然界，使自然界也能健康持续发展。人类经济活动也是人类社会生态系统中的一个子系统，它也必须遵循人类社会发展的规律。人类经济活动又是和社会、人类、自然界的各种需要密切相关的，人类、人类社会和自然系统需要的变化是发展生态生产力及其生态文明经济的内在动力。如果经济活动能够主动去适应这种需要的变化，那么就会得到发展；相反，如果经济活动不能适应这种需要的变化，那么就会衰退，这是经济活动的一个重要法则。生态文明经济的系统观认为仅把经济系统作为自然系统的子系统是不够的，自然—人—社会（包括经济）是复杂的巨系统，它们之间的复杂联系和相辅相成不能只停留在自然与经济的关系上面，还要充分发挥人的主观能动性，还要考虑就业、贫困等社会问题。因此，生态文明经济要在科学发展观指导下实现经济发展方式的转变，实现数量与质量相统一，经济发展、生态环境保护、人类健康与社会发展相统一，即实现生态效应、经济效应与社会效应相统一。因此，要求发展物流时不能只注意经济物流而忽视社会物流和自然物流，必须把经济物流、社会物流、自然物流纳入统一的大物流系统，实现大物流系统运行的合理化，为发展生态文明经济服务。生态文明型物流是走向大物流的必经阶段，现阶段发展生态文明经济必然要求区域生态文明型物流的发展。

(3) 生态文明经济的生态观要求区域发展生态文明型物流。生态文明经济的生态观从生态整体主义出发指出由自然、人和社会组成的复合生态系统是一个有机联系的整体，其中自然生态系统是复合生态系统赖以生存和发展的基础，人类是推动复合生态系统发展和进步的主要力量，社会则保障这种力量得到持续运行。生态整体主义认为，人与自然这一对立统一的矛盾体中，既有斗争性（向自然索取），又有同一性（爱护自然、改善自然，使人与自然同步发展），并且以同一性占主导，它要求站在自然—人—社会复合体整体的立场上观察、分析、解决问题。这就是站在自然—人—社会全面繁荣的立场，而不只站在人类眼前利益的立场；站在人类持续发展的立场，而不只站在这一代人的立场；站在大多数人类的立场，而不只站在少数人的立场，并运用和谐、综合、协调、双向互补的方法，达到共生共荣的目的。生态整体主义既反对工业文明的人类中心主义，又反对倒退到原始文明和农业文明初期的自然中心主义。人类中心主义的结果是大肆破坏自然生态系统，大量浪费自然资源，大量污染自然环境，为了这一代人的发展而不顾下一代人的发展，更不顾自然的发展。自然中心主义是由于社会生产力低下，人的主观能动性也低下,只能依赖顺从自然界,是低层次的同一。生态整体主义认为复合生态系统是共生共荣、一损俱损的,人类对生态环境造成的破坏不只是影响自然的可持续发展,自然生态系统会通过食物链直接影响到人民的饮食安全,从而直接影响到人民的健康,影响人的可持续发展。从生态学的观点看,自然界的生物链(或生物网)中每一种群(包括每一个生物生命)对于其他生命,对于自然界都有其不可忽视的价值。在发展生态文明经济时,既要考虑满足人类生存与发展的需要,又要考虑满足其他生命体以及所有生命体赖以生存的生态环境的生存与发展的需要;既要充分发挥人类在促进复合体和谐协调,共生共荣,共同发展中的主观能动性,又要充分发挥包括其他生命体在内的自然生态系统的重要作用,要把两者的需要和两者的作用有机地统一到生态文明建设之中。发展生态文明经济只有将国家生态环境政策与经济政策统一起来,实现生态效应、经济效应与社会效应的相统一与最优化,才能有事实上的经济、社会、生态的可持续发展。这就要求物流发展在满足人的生活需要、社会的生产需要时不以牺牲生态环境为代价,而是通过公平合理的物流运作实现自然—人—社会复合生态系统物质变换的良性运行,体现区域生态文明型物流的核心功能。

(4)区域生态文明型物流保证生态文明经济的顺利实施与有效运行。区域生态文明型物流的基本功能是满足区域生产、生活对优质高效的物流需求,核心功能是资源节约、环境友好、保证安康、促进和谐,实现区域自然—人—社会复合生态系统物质变换的良性运行。发展区域生态文明型物流就是要改变先污染后治理的区域物流发展模式,通过减量化、循环化、绿色化、低碳化的物流运作确保整个物流活动过程的经济效应、社会效应和生态效应的相统一。区域生态文明型物流通过实物形态在自然—人—社会复合生态系统内实现物质的合理变换而有力保证区域生态文明经济的顺利实施与有效运行。

(二)区域生态文明型物流对生态文明经济具有反作用

区域生态文明型物流是生态文明经济的重要组成部分,也是推动生态文明经济发展的重要力量。如果区域生态文明型物流的发展状况与生态文明经济相适应,就能够对生态文明经济发展产生积极的推动作用,反之,就会对生态文明经济发展产生消极的作用。生态文明经济的发展离不开区域生态文明型物流的实施,区域生态文明型物流对生态文明经济发展的影响主要表现在以下几个方面。

1. 提高区域经济活动的效率水平和公平程度,促进生态文明经济发展

区域物流是经济分工的结果,在经济全球化发展过程中,分工要求越来越细

化,通过合理发展区域物流提高区域经济活动的效率水平和公平程度成为各地区努力的方向。生态文明型物流的发展有利于提高物流运作的专业化、产业化、现代化、生态化水平,可以为广大客户提供更加便利、更加高效、更加环保的物流服务,在降低供需双方交易费用、提高经济活动效率水平的同时,由于区域生态文明型物流兼具经济、生态、社会效益相统一的特点,使得区域经济活动的公平程度得到提高,因此,发展区域生态文明型物流有利于提高区域经济活动的效率水平和公平程度,有利于促进区域生态文明经济的发展。

2. 影响区域产业结构优化调整,进而影响生态文明经济的演进

区域物流的发展对区域经济发展既可能产生推动作用也可能产生制约作用,对区域经济的推动作用可分为直接推动作用和间接推动作用,对区域经济的制约作用可分为过分超前的挤出制约作用和滞后的瓶颈制约作用[①]。区域物流推动区域经济发展主要有两种途径,一方面是加大对区域物流基础设施网络的建设就会直接增加区域经济的总产出,另一方面是完善的区域物流基础设施网络会对区域工农业、商贸流通业等其他社会生产部门的成本产生影响,进而间接影响区域经济发展。区域物流滞后的瓶颈制约作用是指由于投入到区域物流基础设施建设的资金不足,导致区域物流供给能力无法满足区域经济发展的需求。区域物流过分超前的挤出制约作用具体包括两方面的内容:一方面是指区域物流投资过量,造成对区域其他产业部门资金投入的挤占,其他产业部门的发展动力不足,因此,区域物流业与区域其他产业在规模、结构与功能方面不协调,区域经济失衡,整体运行效率低下;另一方面是指由于投资方向的决策性失误等原因导致区域物流基础的建设水平远远超出区域经济与资源环境等条件所能承受的限度,给区域经济运行造成严重的负担,区域物流资源出现浪费的同时也使区域经济整体运行效益低下。区域生态文明型物流与生态文明经济的发展也存在类似的情况。区域生态文明型物流的发展会对区域生态文明经济产生前向关联效应、后向关联效应和旁侧关联效应。区域生态文明型物流产业的前向关联效应是指区域生态文明型物流为区域工农业和商贸服务业提供优质高效且绿色循环低碳环保的物流服务,推动区域工农业和商贸服务业走向绿色、循环、低碳的发展道路;区域生态文明型物流产业的后向关联效应是指区域生态文明型物流拉动物流基础设施的配套性建设,促进低碳环保的物流装备、物流新工艺和新技术的发展;区域生态文明型物流产业的旁侧

---

① 张中强.区域物流发展要素中的物流基础、经济基础协调发展研究[D].徐州:中国矿业大学,2008:36-39.

关联效应是指区域生态文明型物流对区域内涉及生产、生活的各种物流活动产生积极影响，提高经济效应、生态效应和社会效应的协调程度，促进区域生态文明经济的发展。从动态的角度看，由于区域生态文明型物流产业的关联效应大，因此区域生态文明型物流产业的发展越快，与其相关联的生态文明经济中的其他产业的发展也就越快，区域产业结构的优化调整速度也越快，区域产业结构将达到更高水平，产出效率更高。区域生态文明型物流广泛地渗透到区域第一产业和第二产业之中，当区域生态文明型物流产业与区域生态文明经济中的其他产业在规模、结构与功能等方面相互适应时，作为第三产业重要组成部分的区域生态文明型物流产业将以合理的运行方式促进区域其他产业的优化升级，影响区域生态文明经济的演进。

3. 有利于促进生态文明经济的集聚与扩散，壮大区域生态文明经济

区域物流需求影响区域物流发展，区域物流需求的规模制约区域物流的发展规模，而影响区域物流需求大小的因素是区域之间产品的替代性和互补性。区域之间产品的替代性越大则对区域物流的需求就越小，区域之间产品的互补性越大对区域物流的需求也越大。生态文明经济具有非均衡的发展规律，处于不同社会经济发展阶段的国家，生态文明经济存在发展程度的不同，即使在同一个国家内，特别是区域差异较大的国家，其内部也存在区域生态文明经济的发展差异。因此，生态文明经济在扩散之前有一个要素集中的过程，某个企业进而该企业所在的区域通过集中优势要素进行生态文明经济实践，获得成功后方可成为扩散源。无论是生态文明经济的集聚与扩散，都说明生态文明经济的先发区域与后发区域存在互补性，它们进行区域间的产品交换成为必然，实现交换的物理性运作就落在了区域生态文明型物流身上。通过区域生态文明型物流，一方面区域物流中心城市吸引了大量周边地区的劳动力、资金、原材料与初级产品等经济发展要素，获得各种聚集经济，同时也为周边地区提供了需求市场，另一方面为区域物流中心城市产成品的销售提供渠道，获得范围经济。随着区域经济要素交换规模的扩大，集聚与扩散效应越来越明显，生态文明经济也在集聚与扩散中不断发展壮大。

二、发展生态文明经济，带动区域生态文明型物流发展

区域生态文明经济发展实践中，对区域生态文明型物流的需求不断增加，传统物流运作模式必须改变，需求拉动生态文明型物流发展的态势渐趋明显。正如2009~2010年《中国物流发展报告》所指出的，由于经济发展环境及产业结构调整需要，物流专业化与精益化的发展空间将会更大，而传统粗放的物流模式将不断压

缩;为拯救地球家园,减缓全球气候变化造成的生态环境负面影响,低碳经济的发展壮大将对"绿色物流"形成某种倒逼机制,要求物流运作模式必须做出重大改变①。生态文明经济的发展从生产方式、生活方式和管理方式的改变促使粗放的物流模式向生态文明型物流发展。

(一) 生态文明的生产方式促使区域生态文明型物流发展

生态文明的生产方式不仅要考虑人及其社会的物质需要,还要考虑生态环境可持续发展的需要。它以生态资本的保值增值为前提,以资源节约、环境友好、生态和谐为基本特征,追求企业生产和产业发展的生态化、人的身心健康发展和生态环境建设的产业化,主要体现在区域生态农业、生态工业和生态服务业的发展上。

生态农业是运用生态系统中的生物共生和物质循环再生原理,采用系统工程方法,吸收现代科学成就,因地制宜,合理组织农、林、牧、副、渔生产,以实现生态效益、经济效益和社会效益协调发展的农业生产体系②。与农业生产大量消费不可再生能源、对环境污染带来严重影响、给人类健康带来严重危害、阻碍可持续发展战略顺利实施的石油农业(也称工业化农业)不同,生态农业重视整个国土资源的开发利用,重视农业全面发展,重视产量与质量,重视现代科学技术,力求投入低产出高,有利于农村剩余劳动力就业,生态农业农业布局、产业结构比较合理,农工商结合,产供销结合,属生态型集约经营方式,是开放式的大农业商品经济。生态农业生产生态食品(主要指无公害食品、绿色食品、有机食品),而要生产出优质安全的生态食品首要条件是要求具有良好的生态环境。良好生态环境的第一个来源是进行生态环境建设,通过植树、种草、养花等,不断提高森林、植被覆盖率,改善、优化、美化生态环境;第二个来源是对已经遭到破坏或受到污染的生态环境进行综合整治,恢复、重建良好的生态环境。比如大棚如果使用农药、化肥、农膜,就会"制造"出"有毒的"微环境,不但难以种出有机蔬菜,还会因为不合理使用化肥、农药导致大棚菜地的土壤盐渍化和土传病害加剧,之后又需要进一步加大化肥、农药的用量,在更大程度上造成污染,形成"鸦片式治疗"的恶性循环,而生物修复的效果则更好。为建设良好的生态环境,就应从高能耗、高排放、高污染的物流模式转变为环境友好型、资源节约型即生态文明型的物流模式,同时因为生态食品的生产,物流对象也随之改变为生态友好的。随着创建绿色食品原料生产标准化基地数量和面积的增多以及绿色食品产量的增加,对区域生态文明型物流的需求也随之增加,

---

① 中国物流与采购联合会.中国物流发展报告:2009-2010[R].北京:中国物资出版社,2010:6-9.
② 李军.科学术语"生态农业"的探讨[J].学习月刊,2011(8):14-15.

需求的不断扩大有力地拉动区域生态文明型物流的发展。2011年全国绿色食品发展概况显示,全国累计有效使用绿色食品标志的企业总数为6 622家,产品总数为16 825个,产品产量达7 291.92万t;绿色食品粮油、蔬菜、水果、茶叶、畜禽、水产等主要产品产量占全国同类产品总量的比重继续稳步提高;全国已有368个单位创建绿色食品原料生产标准化基地536个,总面积1.26亿亩;在国家级农业产业化龙头企业当中,30.2%已获得绿色食品认证,省级农业产业化龙头企业也占总数的13.1%;2011年,绿色食品产品国内年销售额达到3 134.5亿元,比2010年增长11%,出口额为23亿美元;绿色食品产地环境监测的农田、果园、茶园、草原、林地、水域面积达到2.4亿亩,其中,农作物种植业面积达到1.9亿亩。

  生态工业是仿照自然界生态过程物质循环方式来规划工业生产系统,以现代科学技术为依托,运用生态规律、经济规律和系统工程的方法经营和管理的一种综合工业发展模式,它通过两个或两个以上的生产体系或环节之间的系统耦合,使物质和能量多级利用、高效产出或持续利用。生态工业以废弃物或工业副产品作为潜在的原料在企业间相互利用,通过持续改进的措施使工业系统内各生产过程从原料、中间产物、产成品到废弃物的物质循环,将环境外部性内部化,从而实现工业发展与环境相容,做到经济效益、社会效益和生态效益的综合优化。因此,发展生态工业内在要求物流环节的绿色化、循环化、低碳化,生态文明型物流过程的优劣直接影响生态工业的有效运行,要推动区域生态工业发展就必须注重区域生态文明型物流的发展。进入21世纪以来,我国对生态工业的研究已逐渐从学术领域走向政策实践领域[1]。2001年我国开始批准建设国家生态工业示范园区,《关于发布国家生态工业示范园区名单的通知》(环科技〔2017〕16号)显示,批准为国家生态工业示范园区的有48个,批准开展国家生态工业示范园区建设的有45个。生态工业园是生态工业的主要实践模式,现代绿色物流的建设则是生态工业园建设的必要组成部分,随着生态工业园建设规模的扩大,对区域生态文明型物流的需求也在增加。在区域生态工业实践中,我国环境标志已形成了完整的标准、认证、审核、质量保证等体系,环境产品种类涉及汽车、建材、纺织品、电子产品、日化产品、家具、包装制品等行业,已有1 800多家企业生产的40 000多规格型号产品获得中国环境标志认证,形成了近2 000亿元年产值的环境标志产品群体,这也对区域生态文明型物流的发展产生积极影响。发展区域生态工业需要把握物流组织的发展变化趋势,通过物流组织的创新保证物流绩效的优化并促进物流运作的绿色循环低碳

---

[1] 郝文斌,冯丹娃.我国生态工业发展的理论基础与实践对策[J].北方论丛,2011(3):139-141.

化,从而保证区域生态工业发展实现经济效益、社会效益和生态效益的全面兼顾。

区域产业演进的规律是第三产业的比重不断提高,使产业结构比例大小由一、二、三的产业构成变为三、二、一的产业构成。区域生态农业、生态工业的发展产生对区域生态服务业需求的同时也为其进一步发展奠定了产业基础,从而对区域生态文明型物流产生重要影响。其中以区域生态旅游和体验经济的发展最为典型。传统观点认为旅游业是无污染的朝阳产业,但如果旅游开发建设不合理或管理不善将会造成旅游公害。随着人们对生态环境保护及健康意识的提高,区域生态旅游逐渐兴起。在以行和游为核心,外围由吃、住、购、娱组成支持要素而形成的区域旅游产业链中,为满足旅游消费者需求而产生了区域旅游物流需求。区域旅游物流虽然业务分散、批量小,但如果将旅游商品物流、旅客行李物流等综合起来考虑,总量是十分惊人的,旅游者和旅游厂商的市场需求足以支撑庞大的区域旅游物流产业,通过区域旅游物流的整合,提高旅游者满意度,能够形成挖掘第三利润源泉的区域旅游物流产业[1]。随着区域生态旅游的发展,作为实现旅游客流、旅游商流基础和桥梁的区域旅游物流也将朝生态化方向发展。体验经济是继农业经济、工业经济、服务经济之后的经济发展形态,是对生态服务业的进一步提升,也是生态文明经济的高级形态。体验经济对物流的需求量与其他经济形态相比来得少,但对物流活动的绿色、低碳、环保提出更高的要求,也就是说,发展体验经济更需要区域生态文明型物流的发展。

(二) 生态文明的生活方式促使区域生态文明型物流发展

生活方式是以一定的生产方式为基础,为一定的生态环境所制约,在一定的价值观、人生观指导下形成的人们为满足自身需要而进行的生活活动模式[2]。生态文明的生活方式是人与自然和谐、低碳环保、绿色健康的生活方式。它在具体落实到区域日常生活中时,就是践行生态文明消费观及其模式,包括全面发展、绿色循环低碳、公平等的消费模式。在全面发展的消费模式中,为提高人的身心健康、素养、能力,保健消费、精神消费、文化消费、教育消费等多样化、个性化、重视质量的消费行为盛行;在绿色循环低碳消费模式中,绿色产品、循环利用产品、低碳产品等资源节约型环境友好型产品受重视,为节约资源、促进生态环境安全,"废弃物"回收再利用的行为盛行;在公平消费模式中,城乡公平、区域公平、代内代际公平受到重视,体现人与自然和谐的行为盛行。可见,区域生态文明的生活方式的践行,将

---

[1] 赖斌,杨丽娟.旅游物流:从理论到实践的困惑与解析[J].广西社会科学,2006(3):62-64.
[2] 廖福霖,等.生态文明经济研究[M].北京:中国林业出版社,2010:37-43.

对区域绿色物流、低碳物流、循环物流等区域生态文明型物流发展起促进作用。发达国家区域生态文明型物流发展较快的一个很重要的原因就在于它们绿色循环低碳消费需求旺盛。有资料显示，84％的美国人愿意购买用有机农业方式生产的蔬菜和水果，66％的英国人在消费时愿意支付更高的价格来购买绿色产品，有82％的德国人和62％的荷兰人在超市购物时都会考虑环境污染问题。随着我国经济持续健康发展、居民收入不断提高、闲暇时间大大增加，人们将更加重视生活、生命质量以及自身的全面发展，绿色保健的生态产品、有机食品、生态旅游越来越受到重视，市场规模不断扩大，从而带动了区域生态文明型物流的发展。

(三) 生态文明的管理方式促使区域生态文明型物流发展

生态文明的管理方式是适应生态文明生产方式的产物，其实质是利用各种管理手段对经济社会生态系统运行进行全面的全过程调控，促进经济、社会与生态的有机统一和持续全面协调。政府主要负责宏观管理，完善社会保障和基本公共服务体系，强化对资源、环境、质量、安全等方面的社会性规制，保证让价格配置资源的基础性作用充分发挥，通过协调社会经济的多元利益关系，调动社会各方面的力量积极主动发展生态文明经济，实现经济效益、生态效益和社会效益的相统一与最优化。企业是微观经济活动的运作主体，其管理方式围绕生态文明经济系统的良性循环进行，从传统的线性管理、末端管理、行为管理到循环管理、过程管理、和谐管理的转变，协调好企业内部、企业与企业之间、企业与消费者之间、企业与社区之间、企业与政府之间、企业与社会之间、企业与生态环境之间的关系。政府方面的生态文明管理从宏观上要求并保证区域生态文明型物流的发展。企业的生态文明管理促进区域生态文明型物流的具体运作，企业要实现循环管理、过程管理、和谐管理，必然要求物流运作过程中协调好供需链各方的关系，实现物流各个环节的绿色化、循环化和低碳化，做到物流的敏捷化与精益化，同时要遵循减量化、再利用、再循环的原则，促进正向物流与逆向物流的有机整合，实行循环物流管理。

三、发展区域生态文明型物流，助推区域生态文明的产业优化升级

区域物流可以整合区域经济内部的各种资源，利用有效的渠道保护区域经济发展的基础和内容。区域物流的发展和经营依靠一定量的物流集聚与扩散，通过物流能力的转变，更好地为区域经济体及其周边地区的经济发展服务，促进区域经济发展。发展区域生态文明型物流有利于推动生态文明的产业优化升级，进而推动区域生态文明经济的发展。

(一) 发展区域生态文明型物流，助推区域农业现代化

区域农业现代化是实现区域农业的专业化、产业化和市场化，提高区域农业的经济、社会、生态效益,促进区域农业高效可持续发展的过程。2012年中央一号文件的主题是加快农业科技进步,努力增强农产品供给保障能力;2013年中央一号文件的主题是加快发展现代农业,进一步增强农村发展活力,指出要提高农产品的流通效率,成为连续第十年聚焦三农的一号文件。农业是国民经济的基础,我国又是一个农业大国,农业物流在提高国民生活水平、发展国民经济起着基础性作用。农产品物流涉及到整个国民经济运行效率与运行质量,涉及到农业的现代化和农民的根本利益。在绿色需求逐渐兴起的当今,发展农业及农产品物流,特别是发展区域生态文明型物流,助推区域农业现代化是迫切的现实要求。

1. 在农业中发展区域生态文明型物流有其必要性

(1)农业破坏区域生态环境的现象凸显。农业生产是通过加速和改良生物的生长发育过程,以取得社会所需的农产品。农产品是人类存在与发展的基础,农业是人类经济社会可持续发展的基础。但农业活动对生态环境造成破坏的现象在我国已开始凸显。有关调查表明,绝大多数农民重视的是农业生产的经济收益和眼前利益却很少考虑农业对生态环境的破坏、忽视农业污染问题,对实施生态农业很难接受[1]。在我国各地区农业生产中,农田化肥、农药施用偏多,剧毒、高残留农药的使用率依然很高。在我国使用的约250种农药中,高效低毒农药品种只占15%左右。农药的大量使用,不仅造成了严重的环境污染,也影响了农产品品质。当前我国农业活动已造成农业面源污染、高能耗高排放高污染等破坏生态环境的问题[2]。

(2)区域农业生产和农产品安全问题突出。在社会主义市场经济的发展过程中,区域农资与农产品市场不断放开,经营主体繁多,但渠道监管的力度却不够,市场秩序不规范,造成购销混乱。区域农业生产的环节多,农资供应链条长,农业生产分散且时间长,农产品销售网络范围广却不健全。因此,一方面是"假农药"、"假种子"等假冒伪劣产品坑农害农事件时有发生,农民的利益受到损害,另一方面是农产品成本居高不下且农产品的安全难以保证。全国三绿工程工作("提倡绿色消费、培育绿色市场、开辟绿色通道")办公室主任黄海曾在全国三绿工程新闻发布会上曾指出,我国仍有8%左右的食品卫生不合格,约为7%的蔬菜农药残留超标,食品安全形势严峻,消费者对任何一类食品安全性的信任度均低于50%。在水果蔬

---

① 邱高会.我国生态农业发展存在的主要问题与对策探析[J].现代农业,2006(5):95-96.
② 邓水兰,温诒忠.我国发展低碳农业存在的问题及对策[J].南昌大学学报(人文社会科学版),2011(5):88-92.

菜产品方面,主要存在外在形态、口感和农药残留方面的问题;在畜产品方面,主要存在疫病、饲养方式、屠宰设备、动物药物使用等卫生安全方面的问题[1]。

(3)农业绿色壁垒森严。制定本国标准甚至实施超出国际的标准以保护动植物的生命和健康是符合WTO规定的。因此,各国针对农业设置的技术标准和法规越来越多,农产品技术性壁垒特有的扩散效应也使绿色壁垒愈演愈烈。生态产品等绿色需求的增强是当今世界市场的明显特征之一。绿色需求的增加为绿色壁垒的形成提供了条件。绿色需求是和绿色壁垒相对应的,没有绿色需求也就无法形成绿色壁垒。绿色壁垒实质上是一种制度,用于规制人们在经济活动中选择有利于资源可持续利用与有效保护环境的行为,激励人们为在国际竞争中获得长期的利益而注重生态环境的保护。我国很多农产品出口加工企业,都是靠收购原料加工出口,质量控制都只能在"末端",不能从源头开始,无法实现ISO 14000体系要求的从田头到餐桌,种子、土壤、水源、肥料、农药都必须达标。因此,农药残留和药物残留成为制约农产品出口的两大因素。我国农产品出口面临的绿色壁垒森严。有资料表明,中国成为美国绿色贸易壁垒限制最多的国家。欧盟甚至全面禁止进口中国的动物源性食品和水海产品[2]。

(4)区域农业物流效率低下,农产品物流损失率高。我国平原少,区域差异大,农业生产普遍是分散种植经营,规模化程度低。农业物流市场管理现代化程度不高,物流产业化和专业化程度较低,结果是区域农业物流效率低下。我国农产品物流不畅,仍有60%～70%的农户自己处理农产品的运销问题,加之从农户到消费者的农产品物流链条涉及众多中间商,造成我国农产品生产之后的销售环节总体损失率高达20%～30%[3]。我国区域农产品的冷链物流还非常缺乏,能够进入冷链物流系统的农产品只有20%,因为腐烂变质等而增加农产品在途损耗的同时增加了大量无效的运输成本[4]。此外,不少地区还不同程度上存在着地方保护主义的现象,农副产品的跨地区外销障碍重重,无形间增加了流通成本,加大了大宗农产品物流经营风险,造成了大量积压和损失[5]。物流效率低下且损失率高,产生了一系列负面影响,比如奶制品、海鲜等一些容易腐烂变质的食品,70%的销售价格被用来补贴物流过程中的货损支出。超长的农产品物流链,造成生产者抱怨农产

---

[1] 邱嘉锋,李一娇.入世以来我国农业发展存在的问题及对策[J].经济纵横,2010(9):91-93.
[2] 刘好星.对策研究——农产品如何跨越绿色贸易壁垒[N].福建日报,2002-9-6(8).
[3] 徐婷.对我国农产品物流发展创新路径的深层思考[J].商业时代,2011(11):37-38.
[4] 廖明山,王江.绿色农产品供应链与物流问题研究[J].现代化农业,2012(3):49-51.
[5] 尹立新.低碳经济下的农产品物流模式探析[J].黑龙江对外经贸,2011(4):86-87.

品难卖且价格低而消费者因农产品价格过高而叫苦的现象,其中大部分利润都被中间商赚取①。这种"两头哭,中间笑"的农产品流通格局,打击了农民提供农产品的积极性也压制了消费者购买农产品的欲望,进而影响区域农业与农产品物流的可持续发展。

2. 发展区域生态文明型物流,助推区域农业现代化

区域现代农业涉及农业产前、产中、产后整个过程的科学管理,需要对区域农资供应、农资生产、农资销售及涉农废弃物进行处理,发展区域生态文明型物流有利于推动区域农业现代化。

(1)在区域农资供应环节实施生态文明型物流。农资即农业生产资料,区域农资供应保证以准确的数量,恰当的质量,在合适的时间,以适当的价格,送达适当的场所满足农资用户需求,是之后区域农业生产过程顺利进行的前提。因此,为促进区域农业现代化,在区域农资供应环节就得实施生态文明型物流,除了农资生产商、农资流通企业、零售商和农资用户结成相互协作的利益共同体外,政府、农业科技推广部门等涉农主体都要积极参与,积极组织货源,维护农资供应市场稳定,严把商品质量关,不生产、不销售假冒伪劣农资商品,从源头上杜绝假冒伪劣农资商品流入市场,让农民群众用上放心农资产品,同时积极为农民提供新品种信息和农业新技术,及时、高效地帮助农民解决生产难题,推广优质高效农资,努力优化品种结构,完善农资配套方案,探索综合服务模式,满足现代农业需要。发展农资供应物流,确保农资品质,推广优良品种,提供绿色循环低碳农机具及原料,为农业产业结构调整,高效农业的发展作准备,促使粮、畜、果、菜等相结合、一体化发展,走有机、生态、循环的现代农业之路,提升农业综合效益。

(2)在区域农业生产环节实施生态文明型物流。区域农业生产环节实施生态文明型物流主要是通过发展区域精准农业进行的。精准农业又称精细农业、精确农业、精准农作,是一种基于信息和知识管理的现代农业生产系统。它要求农业生产过程最大限度地优化水、肥、种子、农药等的量、质和时机,实现农业的可持续发展②。发展精准农业对物流信息系统和物流科技系统提出更高的要求,需求大力发展精益物流。精准农业要根据土壤实际肥力施用恰当种类的适量肥料,根据田地的湿度情况及时补充适量水分,根据病虫害的情况来调节农药喷洒量,体现了农

---

① 郭晓莉,宗颖生.低碳经济下我国农产品现代物流发展对策[J].中国流通经济,2012(6):41-44.

② 刘金铜,陈谋询,蔡虹,等.我国精准农业的概念、内涵及理论体系的初步构建[J].农业系统科学与综合研究,2001(3):180-182.

业生产中"需要什么就给什么、需要多少就给多少"的因地制宜、精细定位投入管理的技术思想。精准农业是合理利用资源、保障农业资源可持续利用的重要途径;精准农业能充分挖掘区域农业生产潜力,降低农业生产成本,保持和提高农业生产率;精准农业减少了农业化学物资对土壤、水体、农田周边环境以及农产品本身的污染和损害[①]。通过生态文明型物流,促进精准农业所追求的降耗减排增收价值目标的实现。在精准农业价值追求过程中,需要基本活动和辅助活动的相互结合。包括生产资料的购进,田间的种植管理,农产品的收获与销售以及农产品的后续加工等环节是精准农业的基本活动,它是直接的农业生产并创造价值的活动过程。农村金融市场发展,农业基础设施建设,农业法律、法规体系的建立,农业技术标准的制定,农业技术的研发与推广,农业人才的培养,各行业的协调管理等是精准农业的辅助活动,它是精准农业得以顺利实施的基础。此外,精准农业基本活动的起点环节包括精准育种,辅助活动还包括基于现代科学技术的农业地质调查。因此,基于生态文明型物流的精准农业价值链模型如图 6-1 所示。

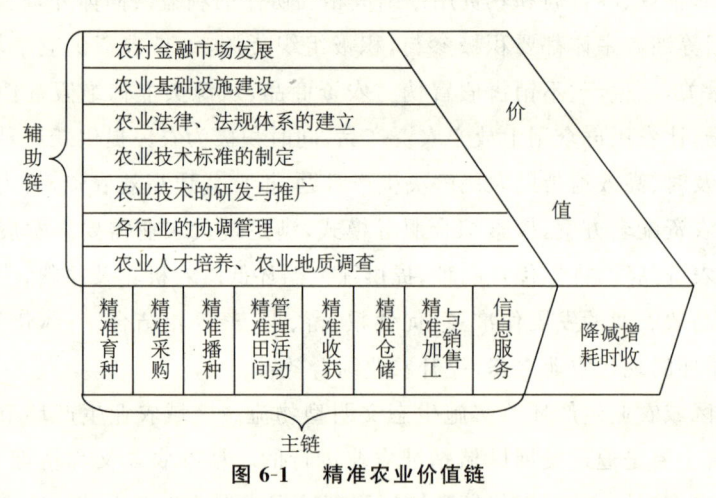

图 6-1 精准农业价值链

资料来源:赵国杰,等.社会化小农选择精准农业发展模式初探[J].中国农机化,2011(2):24-27.

(3)在区域农产品加工与销售环节实施生态文明型物流。在区域农产品加工环节实施生态文明型物流目的就是要保证农产品在加工环节的高质高效与安全。首先要确保加工原料的安全,这就要求区域农业生产环节采用无公害和绿色农药,保证农(兽)药以及其他添加剂残留在安全标准之内,无公害、绿色、有机农产品成

---

① 姚敏,赵燕霞,张柏.精准农业与区域农业可持续发展[J].农业环境与发展,2001(2):27-29.

为原料的首选;其次要确保加工辅料使用的安全,包括食品添加剂本身及其使用中的安全性、加工用水符合国家规定的城乡生活饮用水卫生标准、包装等其他辅料的安全;再次是确保加工环境卫生符合标准要求;最后是对加工技术安全的管理,找出关键控制点,排除农产品加工过程的安全隐患。在区域农产品销售环节实施生态文明型物流目的是减少农产品损失、保证品质,满足消费者对绿色农产品的需求。农产品是有生命的动物性与植物性产品,季节性生产全年消费、地域性生产全国消费产生的时空差异特点加大了农产品物流的难度。因此要在全国范围建设联结城乡的物流网络,提高农业物流技术与装备,根据各区域农产品的特点采取相应的物流措施,对物化性能不稳定、易腐易烂的生鲜农产品要采用冷链物流模式。

(4)通过实施生态文明型物流促进区域农产品封闭供应链的形成与优化运作。区域农产品封闭供应链是为了保证农产品在整个物流过程中的"绿色"特性而对农产品从生产、流通到消费的各个环节进行实时监管和有效控制[①]。它并不是供应链系统与外界隔离,而是为了能够实时监控和动态跟踪对农产品供应链的参与方实行严格的准入制度并严格管理,使之成为可追溯性的供应链系统[②]。实施生态文明型物流有利于区域绿色农产品封闭供应链的形成,促进以物流中心为核心企业的绿色农产品封闭供应链的优化运作。以物流的减量化、循环化、绿色化、低碳化为手段,将农资供应商、绿色农产品生产基地、加工中心、物流中心、销售商、消费者有机联系起来结合成绿色农产品封闭供应链。在封闭供应链优化运作过程中,以生态文明物流的标准并利用信息系统对供应链的各个环节进行实时跟踪、有效控制和全程管理。整个过程包括供应商认证体系,生产基地的产地认证、产地检测与精准生产体系,加工中心的危害分析与关键点控制体系,物流中心的信息服务体系、金融服务体系、科技服务体系,超市及批发市场的检测认证体系,消费者的权益保护体系以及废弃物的处理体系(图6-2)。以物流的减量化、循环化、绿色化、低碳化为手段,通过绿色农产品封闭供应链的优化运作,实现农业经济、社会、生态效益的相统一,促进区域整个农业系统的现代化。

---

① 邱忠权.绿色农产品封闭供应链物流网络优化研究[D].成都:西南交通大学,2010:33.
② 王多宏,李愈,赵红霞,等.基于物流中心的绿色农产品封闭供应链运作分析[J].安徽农业科学,2010,38(14):7587-7590.

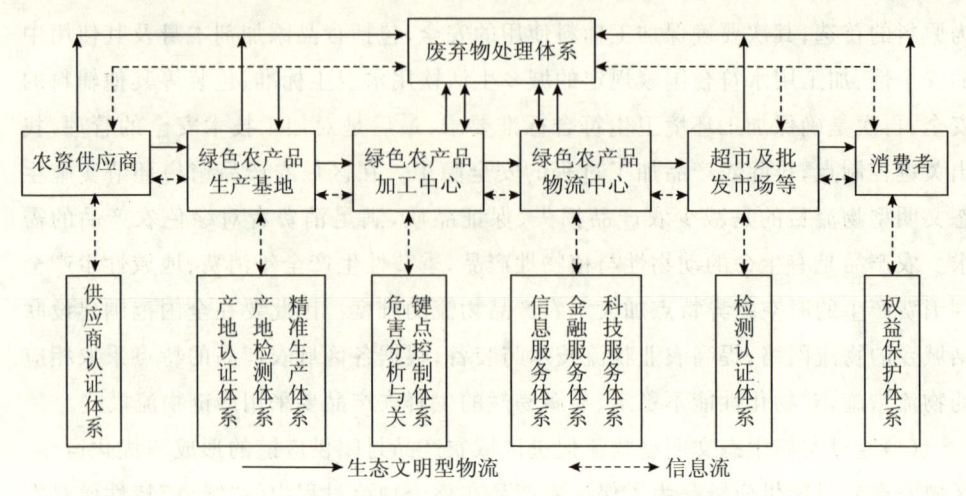

图 6-2 借助于生态文明型物流的绿色农产品封闭供应链

(二) 发展区域生态文明型物流,助推区域工业生态化

工业生态化概念的提出源于对资源环境保护和经济社会发展之间关系的重新定位和对传统不可持续发展的工业化模式的反思与变革,它随着工业化理论的成熟、人类认识能力的提高以及社会的现实需要的发展而产生和发展。自从 1991 年联合国工业发展组织提出"生态可持续性工业发展"概念以后,世界各地普遍开展了工业生态化的研究与实践活动。

传统工业的发展模式是不可持续的,工业发展必须走生态化之路。实际上,传统工业出现背离可持续发展目标的重要原因在于其物流模式的单向性,正向物流与逆向物流缺少有效整合。发展生态文明型物流有助于促进区域工业生态化。以生态文明型物流的视角探讨区域工业生态化的发展,要求企业个体实施绿色供应链管理,企业群体朝生态工业园演进,区域层面建设工业剩余物交换网络,社会层面要求推动循环物流的运转。这四个方面不应相互分离而应通过生态文明型物流有机融合,共同促进工业生态化。

1. 企业个体实施绿色供应链管理

绿色供应链管理以绿色制造理论和供应链管理技术为基础,涉及供应商、制造商、分销商、零售商、物流商等企业和最终用户,从原料获取、产品加工制造、包装、仓储、运输、配送、使用直至废弃处理的整个过程中综合考虑生态环境、经济社会影响和资源利用效率与能源的低碳,目的是使企业实现经济、社会和生态的整体效益最优化,是现代企业实现可持续发展的一种管理模式。

(1)企业绿色供应链管理的主要内容。企业绿色供应链通过管理层、控制层和作业层的有效沟通与配合,利用信息流(包括商流和资金流的有关信息)与物流的有机协调,实现企业绿色供应链管理的总体功能。绿色供应链管理要求企业通过获取绿色信息实现供应、生产、营销和回收等各个环节物流运作的绿色化、循环化和低碳化,包括对原料的选择、产品的设计、生产、销售以及废弃处理整个产品生命周期的有效组织、协调、控制与操作。

(2)绿色供应链各个环节的衔接手段:生态文明型物流。企业实施绿色供应链管理,从生态环境获得资源开始,经过原料选择、生产、销售、消费、回收和无害化处理各个环节,期间可能涉及很多不同的企业,但各环节间的衔接都需要以生态文明型物流为手段,通过生态文明型物流实现环节间的运转效率与效益。其运行示意如图6-3所示。

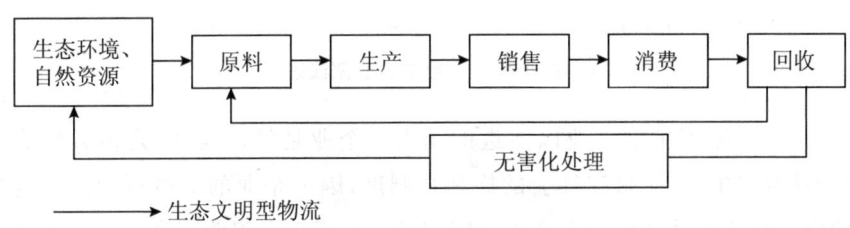

图6-3 绿色供应链各个环节衔接示意图

生态文明型物流是一种能够促进经济社会发展和生态环境优化的物流系统,是物流操作和管理全程的绿色化。生态文明型物流利用循环经济的理念使工业原料供应、工业设计与制造、工业品的销售与消费、工业剩余物的回收与再利用共同构成了一个绿色低碳的循环经济系统。所有的生产及工业运行都需要物质与能量流动,工业生态化追求物质和能量的高效利用以及物质的闭路循环,生态文明型物流的绿色、循环、低碳等基本模式成为工业生态化的基本纽带。因此,生态文明型物流可以说既是工业生态化的内在要求也是工业生态化发展的重要措施与手段。

2. 企业群体朝生态工业园演进

我国经济发展迅猛,大量工业园区如雨后春笋不断涌现,企业集群渐渐凸显,但随之而来的污水、废气、废渣等工业生产的副产品大量集中排放造成环境污染的事件不断出现。为实现工业园的可持续发展,借鉴发达国家的成功经验,探索符合中国实际的工业生态化发展之路是必然选择。其中生态工业园是工业生态化的主要实践形式。在生态工业园中,多种资源通过类似于自然生态系统食物营养联系的生态工艺关系相互依存、相互制约,形成"工业生态链"。它通过生态文明型物流使原料、能源、废物和各种环境要素之间形成闭环流动系统。生态链上的每个企业都可作为上游企业给下游企业提供"食物营养",能量和物质在运动变化中得到充分利用。通过生态文明型物流,园区内外的企业可以相互合作,建立生态链,进而可以把工业园区改造为生态工业园(图6-4)。

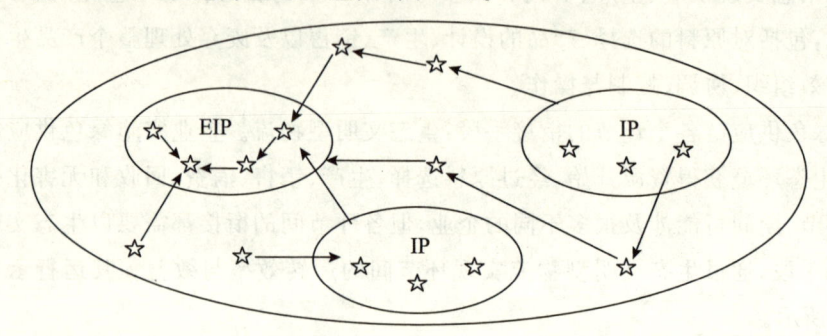

☆企业　　EIP:生态工业园　　IP:工业园　——→ 生态文明型物流

图6-4　企业群体朝生态工业园演进

(1)企业群体朝生态工业园演进的动力。企业是经济实体,是由人组成的组织,处于社会之中,必须遵守社会的规则与制度,因此企业的决策行为受到现实条件的约束。企业群体能够朝生态工业园演进是由于生态工业园合乎企业的基本性质的要求,能够使得企业实现经济价值的同时实现社会价值[①]。企业群体朝生态工业园演进的动力包括企业内部动力和外部压力,内部动力主要表现在降低工业剩余物的处理成本、降低原材料采购成本、通过改善与周边社区的关系提升企业形象与声誉以及分享合作产生的效益(如公用基础设施,采取共同配送等),外部压力主要表现为政府的环境规制、绿色壁垒、消费者的市场压力、社区群众环境意识的提高等。

(2)推动企业群体朝生态工业园演进的措施。首先是发挥政府在工业发展中内部化外部性的积极作用。一方面要建立对企业环境行为的约束机制,通过建立一套完备的法律法规体系及环境标准与评价体系,加强媒体及公众的监督作用,从各个方面和各个层次对污染的防治与资源的合理利用进行严格约束;另一方面要建立对企业环境行为的激励机制,通过提供优惠的信贷支持和税收政策及良好的基础设施等吸引企业群体向生态工业园演进。其次是建立高效的信息沟通平台,奠定企业朝生态工业园演进的基础。只有高效的信息沟通才能实现企业间生产信

---

① 王秀丽,李健.生态工业链构建中企业和政府间的动态博弈[J].统计与决策,2007(18):112-114.

息、技术和知识的有效共享,形成一种互动和学习效应,发现工业生态链接的可能性,进而促进企业不断进行技术创新,构筑"工业生态链",在此基础上,企业为寻求成本降低将朝生态工业园演进。最后是要以生态文明型物流为手段,克服工业生态链的刚性制约。生态工业园内部虽然可以降低剩余物的传输成本,实现物质和能量的最优利用,但由于其内部物质和能量交换通常通过特定的传输渠道进行,缺乏灵活性。一旦链条当中的某个环节出现问题,可能会造成整个产业链条的断裂,使生态工业园的稳定性受到破坏,甚至会影响到整个园区正常运行。生态文明型物流是工业生态化链接的有效手段和桥梁,实施生态文明型物流,扩大剩余物交换的对象与范围,克服工业生态链的刚性制约,从而可以保障生态工业园的正常运行与发展。

3. 区域工业剩余物交换网络建设

工业剩余物就是传统上被认为"毫无价值"的工业废弃物或副产品。工业剩余物交换是指企业间寻求利用彼此的副产品(如能源、水、原材料等),而不是将其作为废弃物处理掉。工业剩余物不是工业生产的目的,因此在工业生态化实践过程中,应对其进行再利用,使之资源化。

虽然生态工业园是工业生态化的主要实践形式,但我国在工业生态化发展过程中需要跨越的障碍还比较多,若以生态工业园作为现阶段工业生态化实践的唯一途径还是很难实现工业可持续发展的。这从 2001~2010 年规模以上工业企业(2001~2006 年为全部国有及年主营业务收入在 500 万元及以上非国有工业企业;2007~2010 年年主为营业务收入在 500 万元及以上的工业企业;2011 年以后年主为营业务收入在 2 000 万元及以上的工业企业)数量及批建的国家生态工业示范园区数量的巨大悬殊就可得到一定程度的反映(表 6-1)。

表 6-1 2001~2010 年及 2017 年规模以上工业企业数及批准建设的国家生态工业示范园区总数

年份	企业总个数	园区总个数
2001	171 256	2
2002	181 557	2
2003	196 222	5
2004	219 463	8

续表 6-1

年份	企业总个数	园区总个数
2005	271 835	10
2006	301 961	14
2007	336 768	15
2008	426 113	17
2009	434 364	18
2010	452 872	36
2017	378 599	48＋45＝93

说明:数据来源于 http://www.stats.gov.cn/tjsj/ndsj/(企业总个数);http://kjs.mep.gov.cn/stgysfyq/m/201206/t20120614_231626.htm,http://www.mee.gov.cn/gkml/hbb/bwj/201702/t20170206_395446.htm(园区总个数)。

可以说区域工业剩余物交换网络建设是现阶段工业生态化发展绕不开的话题。工业剩余物交换网络建设应从工业"食物链""食物网"的工业链接去着手,企业首先搜寻可以进行工业生态化链接的绿色信息,然后以生态文明型物流为手段建立剩余物交换网络并对其进行维护。

(1)搜寻工业生态化链接的绿色信息。工业生态化链接的绿色信息应朝工业"食物链""食物网"的组合关系去考虑。通常情况下,工业"食物链"是产品"食物链"、剩余物质链、能量"食物链"这三种食物链共同组合的形式出现的。产品"食物链"采用的是传统意义上的资源深加工的途径。剩余物质链包括固体、液体和气体三种形式的"食物链"。这三种形式的"食物链"按产业间的主被动关系也可以分为三种工业"食物链":一个主动产业和一个被动产业相对应的工业"食物链";一个主动产业和多个被动产业相互配合的工业"食物链";多个主动产业和一个被动产业相对应的工业"食物链"[①]。能量"食物链"主要作为一种辅助链的形式存在于整个工业"食物链"中。通过绿色信息搜寻,发现可以进行工业"食物链""食物网"建设的企业,协商建立合作伙伴,进而建立联盟,形成工业剩余物交换网络并通过生态文明型物流进行维护。

---

① 肖忠东,刘永清,孙林岩.工业产业共生体系中的"食物链"研究[J].科技进步与对策,2008(3):72-75.

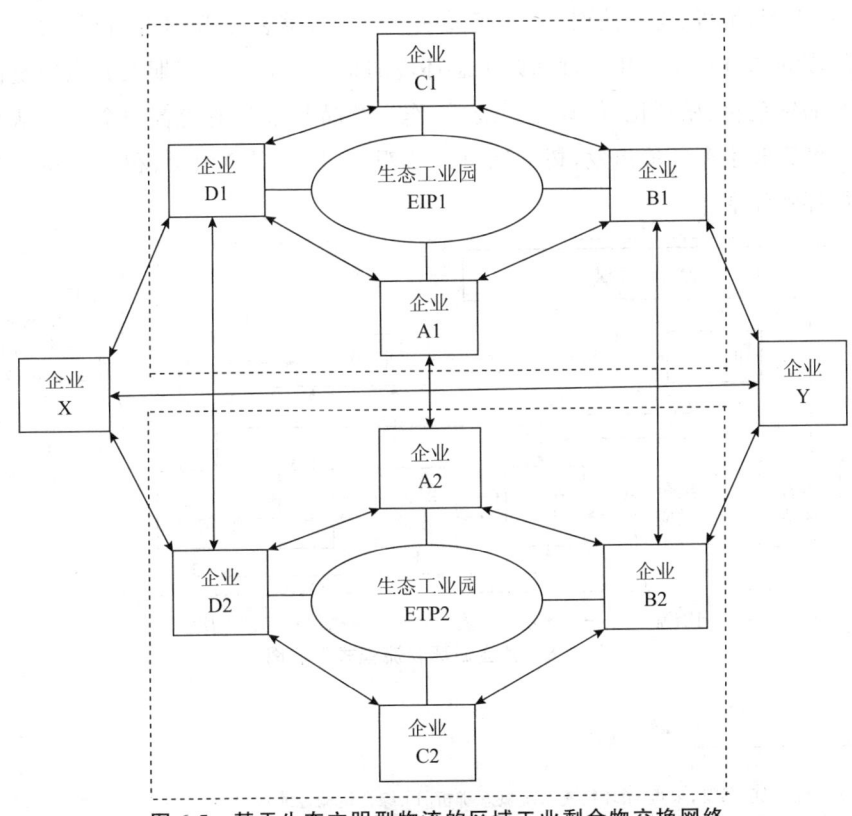

(2)维护基于生态文明型物流的区域工业剩余物交换网络。图6-5是区域工业剩余物交换网络的一个模型,标双箭号的表示基于生态文明型物流的剩余物交换。如图所示,EIP1和EIP2里面的企业进行剩余物互换,但为了克服生态工业园的刚性问题,EIP1可能通过企业A1、企业B1、企业D1分别与EIP2中的企业A2、企业B2、企业D2交换剩余物;EIP1和EIP2里面的企业都可能跟园区外的企业或通过园区外的企业互换剩余物,如企业D1、企业X、企业D2之间和企业B1、企业Y、企业B2之间互换剩余物,企业D1通过企业X与企业D2互换剩余物,企业B1通过企业Y与企业B2互换剩余物;园区外的企业(企业X和企业Y)也可能互换剩余物。当然,这只是一个模型,具体企业在剩余物交换时会复杂得多。基于生态文明型物流的区域工业剩余物交换网络建设不是一蹴而就的事,它需要经受市场考验,因此需要对其进行维护。随着企业的发展、技术的升级、竞争环境的变化,企业间原来建立的"食物链"可能面临断裂的危险,因此企业应积极搜寻绿色信息,促进更多的绿色供需链的建立,维护区域工业剩余物交换网络的动态稳定。

图6-5 基于生态文明型物流的区域工业剩余物交换网络

4. 社会层面推进循环物流运转

循环物流是连接社会再生产过程的物流系统的组成部分,其主要作用是支撑资源循环,促进循环型社会的实现和保障循环型社会的运行[①]。基于绿色物流的工业生态化发展是一个循序渐进的过程,宏观上需要一个循环物流的社会大环境,通过正、逆向物流以及召回、退货物流的有效整合推进社会循环物流的运转,其模式如图 6-6 所示。循环物流具有社会性、公共性,这决定了循环物流完全靠市场机制无法解决外部经济导致市场失灵的问题[②]。首先作为社会利益最高代言人的政府要把区域物流发展规划和科学管理结合起来,通过法律法规、规划建设、税费、政策等措施引导社会循环物流运转。其次作为生产者和利益既得者的企业应该具有长远的战略眼光和社会责任,选择绿色、循环、低碳的物流模式。企业在参与社会循环物流过程中,要使物流各个环节的工作有计划、协调地进行。现阶段,企业应更重视废弃物资源化这一薄弱环节上,采取适当的技术和方法及分工与合作的方式使循环物流能在企业这一层面真正得到落实。企业通过实施生态文明型物流,从供应、生产、销售、消费使用、退货或报废回收到经修复或改制再循环、无法回收利用的废弃物进行无害化处理回归生态环境的整个产品生命周期及其供应链的各个环节的绿色化、循环化、低碳化。最后,作为产品与服务消费者的个人要从自身的身心健康和生存环境出发,树立绿色消费观念,进行绿色消费,积极支持和参与社会循环物流活动。

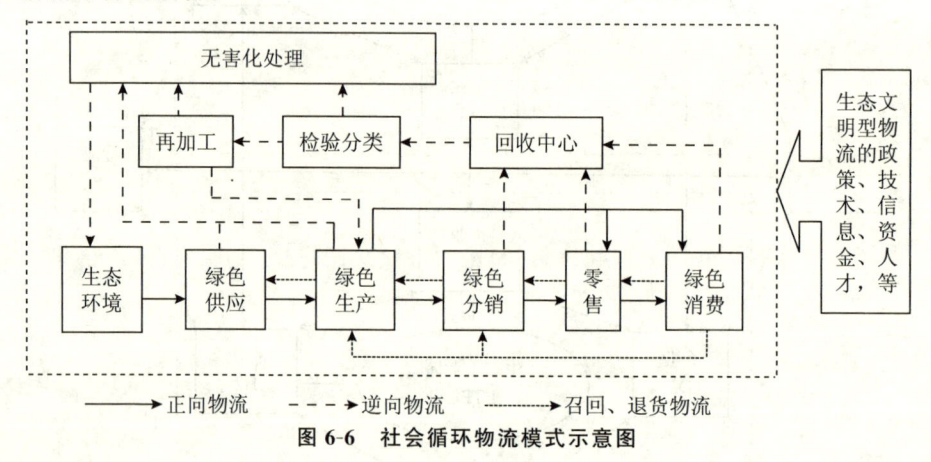

图 6-6 社会循环物流模式示意图

---

① 汝宜红,郑凯,朱煜.循环物流系统概念辨析[J].综合运输,2007(7):41-43.
② 何远成.节约型社会与循环物流[J].中国资源综合利用,2005(12):19-21.

(三) 发展生态文明型物流，助推区域产业结构高级化

产业结构高级化是指国民经济部门结构的重心随着经济发展顺次由第一产业向第二、三产业转移的过程[①]，它既是国民经济软化、轻化以及制造业服务化的过程，也是经济发展绿色化的过程。当各产业在国民生产总值所占比重大小为一、二、三的次序结构时，低附加值产品的物流需求在区域物流需求结构中占主导地位，物流需求实物量大但单位价值量小，物流活动以运输和仓储为主，对物流服务水平要求比较低；当各产业在国民生产总值所占比重大小为二、一、三的次序结构时，工业化生产的物流需求在实物量增加的同时单位价值量也提高，增加运输和仓储等的物流需求外，对诸如流通加工、配送等提供物流增值服务的需求增加，要求专业化物流市场不断发展；当各产业在国民生产总值所占比重大小为三、二、一的次序结构时，信息流对运输和库存的替代作用开始凸显，以知识、技术和系统集成为特征的高层次物流服务需求日益占据主导地位。这是产业结构变化对物流需求的影响，反过来，一旦形成较高级的物流服务能力，高水平的物流服务将以更高的效率推动产业高级化。生态文明型物流是适应产业发展高级化与绿色化的物流形态，其发展必将对产业结构的演变产生重要影响，主要表现为：

(1) 发展生态文明型物流有利于产业融合，形成结构合理的产业组织，增强组织运作效率。生态文明型物流特别重视物流参与主体的协同与区域关系的协调，为实现物流运作的精益性和敏捷性，必然要求打破物流资源分散的格局，按照绿色供应链理念和运作要求整合供应链的信息，对供应链的流程进行再造，促使产业融合，促进供应链的业务同步及组织协同，从而以新的更加合理的方式组织生产经营和物流运作。结构合理的产业组织必然增强组织运作效率，从而为区域产业结构高级化奠定组织基础和物流运作保证。

(2) 发展生态文明型物流有利于加强区域经济联系，促进区域经济的分工与合作，为产业结构合理化与高级化创造条件。信息化、网络化、集成化、绿色化和低碳化是生态文明型物流发展的本质内在要求，也因此要求物流运作要整合区内外的资源，进行跨区域经营。这就为区域产业专业化发展，实现区域产品交换提供了物流服务保障体系，从而为各个区域因地制宜、选择符合本区域资源禀赋条件和社会经济发展需要的产业体系创造了条件。同时，发达的生态文明型物流服务体系还有利于降低各区域之间相互交换的成本，从而加强区域间的经济联系，进一步带动

---

① 李江帆.产业结构高级化与第三产业现代化[J].中山大学学报(社会科学版)，2005，45(4)：124-130.

资金、劳动力等生产要素跨区域流动与优化配置，改善区域经济结构，形成各具特色的不同产业集群，促进区域经济分工与合作的合理化，这又能够为区域产业结构高级化创造条件。

（3）发展生态文明型物流有利于优化产业结构，促进产业结构升级。生态文明型物流是现代物流的发展趋向，是现代物流追求经济、社会、生态效益相统一的物流形态。生态文明型物流跟社会经济运行的方方面面密切相关，纵向上从物品的供应、生产、销售、消费到废弃处理的整个产品生命周期及其供应链的各个环节相关联，横向上具有跨行业、跨部门、跨地区的特点，几乎涉及国民经济的各个方面，同时因为生态文明型物流融合绿色高新技术和和谐管理理念于一体，不仅具备自我强化功能、而且具有强大的经济渗透能力和产业关联带动效应。因此，发展生态文明型物流必将带动其主体产业和其相关辅助产业的快速发展。物流产业作为第三产业的重要组成部分，其发展必然增加第三产业占国民经济的比重，优化三次产业间的比例结构。发展生态文明型物流可以通过物流系统规划和物流过程协调对交通运输业、物资仓储和流通加工业等现代物流业的核心组成部分进行整合提升，优化它们的运作环节，同时催生对咨询服务业、软件编程业、网络通讯业、物流金融保险业等相关辅助行业的需求，从而促进这些行业的快速发展，这样第三产业的结构将得到优化升级。结构优化的第三产业将带动第一、二产业中相关行业按照生态文明型物流的理念和组织运作的要求进行组织结构重组和业务流程再造，保证物流运作的合理、经济、高效，而良好的物流运作系统又作为产业结构演变的"润滑剂"，促进产业结构优化升级，为产业结构演变在有限的市场空间创造无限的发展空间[1]，为产业内部结构朝现代化和高级化方向发展创造良好的优化升级运行机制。

---

[1] 李金辉，白雪洁.现代物流：产业结构演变的"润滑剂"[J].改革与战略，2002(10)：3-5.

第七章

协调区域生态文明型物流相关主体的利益关系

区域物流减量化、循环化、绿色化与低碳化模式能否有序运行,区域生态文明型物流能否顺利推动区域农业现代化、工业生态化、产业结构高级化、与生态文明经济互促发展,很关键的一方面是区域生态文明型物流相关主体的利益关系协调。在区域物流向区域生态文明型物流的发展过程中,物流参与主体不断扩大,起先物流参与主体是物流服务的供应方与需求方,主要涉及企业与消费者,为了避免物流发展中的负外部性,政府必然成为参与主体,但政府跟市场一样也会失灵,需要公众、媒体、NGO 等作为物流的主体加入,多方参与,形成发展区域生态文明型物流的多方激励与监督机制,促使区域生态文明型物流在公平的环境中发展。随着区域物流参与主体的全面加入,区域生态文明型物流的价值创造和价值实现就跟各参与方更紧密地联系在一起,各方及其内部的利益是否协调将深刻影响区域生态文明型物流的可持续发展,利益协调得当必将促进区域生态文明型物流的发展,反之则会阻碍其发展。

第一节 区域生态文明型物流相关主体的利益关系分析

一、企业的利益关系分析

越来越多的企业加入到生态文明型物流实践行列以及物流管理与具体运作不断减量化、绿色化、循环化和低碳化是区域发展生态文明型物流所必须的两个密切相关的方面。前者属于生态文明型物流在数量方面的增长,需要越来越多的企业将高能耗、高排放、高污染的物流模式转变为生态文明型的物流模式;后者属于生态文明型物流在质量方面的提升,要求物流管理与具体运作不断克服负外部性,物流过程实现经济效益、社会效益和生态效益的相统一。在市场经济中,企业是参与市场竞争的主体,经济利益的实现是企业在市场竞争中立足的保证。在缺乏监督的情况下,企业往往会为了经济利益而牺牲社会与生态利益。据调查,59.4%的人同意或很同意生态环境对可持续发展很重要,但如果污染环境有利可图还是会不顾环保;59.9%的人同意或很同意企业保证生存在先,力求发展在后,在总体竞争力不高的情况下,保护生态环境方面的竞争力被放在次要位置。物流活动的外部性是显而易见的,并且很多是负外部性。企业发展生态文明型物流必须内部化物流运作过程中的负外部性。为此企业必须改造现有的物流工具,研发绿色低碳环保的物流技术,调整物流运作流程与经营模式,必须为内部化外部性不断投入额外资金,虽然这些投入长远上会有回报,但是在现有存在外部性的物流市场中,推行生态文明型物流的企业跟其他企业相比显然缺少价格优势。因此,在自由竞争的市场上,企业根本没有物流绿色化的经济动力[①]。

区域发展生态文明型物流需要整合区域的物流资源,需要企业的相互合作。但每个企业在发展过程中都是基于自身利益的考虑来寻求与其他企业合作的,它们之所以能够聚集在一起,是因为它们具有相互吸引对方的力量,能够在自己获利的同时,为对方创造价值[②]。企业是否主动参与生态文明型物流,取决于成本和效益的对比。65.6%的被调查者同意或很同意物流供应方首先考虑的是从物流服务中能够获利多少,而物流需求方则考虑与哪家物流商合作成本低,至于如何减少物流运作对环境的影响则无力顾及。如果发展生态文明型物流需要企业为此付出经济代价,在没有外力的情况下,企业是不会主动参与的;而迫于外力的参与是不会长久的。哪怕企业已经成为生态文明型物流网络的参与主体,如果在具体物流运作过程中发生意外,进一步合作已无法实现企业的预期利益,退出该物流网络将成为企业的理性选择。发展生态文明型物流需要进行绿色循环低碳管理与技术创新,64.4%的被调查对象同意或很同意进行绿色循环低碳物流创新的前提是可以获得不低于传统物流运作的利润,在政府监管不力、消费者环保意识不强的情况下,物流运作循环化、绿色化、低碳化的产品和服务难以获得市场认可。66.3%的被调查对象同意或很同意因为缺乏诚信市场,绿色循环低碳产品由于缺乏成本优势在竞争时处于不利地位。尽管企业实施生态文明型物流可以带来社会效益、生

[①] 周启蕾,胡伟,黄亚军.绿色物流的外部性及其主体间的博弈分析[J].深圳大学学报(人文社会科学版),2007(2):49-53.

[②] 夏锦文.生态工业园的绿色物流运行机制[J].中国流通经济,2012(7):42-46.

态效益和企业的长远经济效益,但从短期来看,企业需要大量的前期投入,成本高,企业与企业之间博弈的结果是使绿色循环低碳物流的发展陷入囚徒困境,造成绿色、循环、低碳物流在市场上供应不足。物流的可持续发展及其绿色循环低碳的发展趋势跟现实大量物流运作的粗放"非绿色化"之间存在着矛盾,物流的绿色化、循环化、低碳化需要政府监督作为外部因素进行刺激[1]。在发展区域生态文明型物流过程中,必须发挥政府的积极作用,促进企业深入合作,摆脱囚徒困境,获取合作产生的"1+1>2"的系统效应。

二、政府与企业的利益关系分析

作为市场经济运作主体的企业,其自身利益与社会公共利益并非始终保持一致,也就是说,促进经济社会可持续发展的物流绿色化、循环化、低碳化难以成为企业的自觉行为,发展生态文明型物流不能完全靠市场机制来调节,还需要依靠政府的政策制度干预。政府的参与是生态文明建设中"市场失灵"与政府具有的公权代表性特征决定的[2]。从社会层面上讲,政府作为代表公共利益的组织,有责任、有义务,也有动力和权利去推动物流活动与生态环境相容,促进经济、社会、生态效益相统一。政府通过制度安排,一方面激励物流经营主体的绿色、循环、低碳行为,另一方面约束企业物流经营主体的粗放行为,引导和规范物流主体的市场行为,内部化外部性,从而营造公平的市场环境,促使物流朝绿色、循环、低碳的方向有序发展,推进生态文明型物流全面发展。制度安排不仅要解决物流发展的负外部性问题,同样需要解决由于具备正外部性的绿色、循环、低碳物流活动由于激励不足而导致供给有限的问题[3]。企业在决策时,一方面受自身利益的驱动,另一方面也受法制监管。为了自身利益的最大化,在物流运作过程中,企业在负外部性内部化时与政府展开了博弈。为逃避监管,有些企业甚至跨省转移污染,2018年8月22日媒体以"福建查获一起特大跨省污染环境案,查获有毒物质4 820吨"为题报道,浙江晋巨化工有限公司硫酸厂生产过程中产生的酸泥与电子石渣的混合物转移到福建浦城的工业固体废物倾倒点,其中131.76吨为具有毒性的危险废物、4 667.6吨为含重金属污染物。因为机会主义行为而获得的额外收益越大,企业选择自律的

---

[1] 杨浩雄,黎毅.基于博弈论的企业实施绿色物流的动因研究[J].物流技术,2009(6):25-27.
[2] 詹玉华.生态文明建设中的政府责任研究[J].科学社会主义,2012(2):70-73.
[3] 李爱彬,周敏,卞丽丽.企业实施绿色物流的政府激励与监督机制设计[J].生态经济,2009(3):99-102.

动机越小,自律水平越差;政府对企业机会主义行为的监督概率越大,不自律被发现的概率越大,企业自律水平将会提高;政府对自律企业的补贴程度越高,同时对机会主义企业的惩罚力度越大,机会主义企业受打击的力度越大,企业越有动力选择严格自律,自律水平越好;企业越重视长久利益并因为严格自律而获得的声誉效益越大,越有严格自律的动机,自律动力加强,能够形成良好的头羊效应,带动整个行业严格自律,从而提高整个市场的自律水平①。在企业与政府的实际博弈行为过程中,企业会利用中央政府与地方政府或下级政府利益的差异作出有利于自身的行动安排。53.0%被调查对象同意或很同意如果寻求政府庇护有利于开拓市场、增加收益,就会尽力去做。62.2%被调查对象同意或很同意中央政府与地方政府存在利益冲突,地方总是以对己有利的方式在落实政策时变通执行中央的各项决策。中央政府从整体利益与长远利益出发,制定一系列政策措施并希望在执行过程中能够协调区域利益关系,发展生态文明型物流,进行资源节约型、环境友好型和公众健康型的"三型社会"建设,而各级地方政府由于区域、部门以及政绩导向限制,倾向于"搭便车",执行能够突出"政绩"的政策。七大水系的国控省界断面监测的水质总体比国控网七大水系地表水断面监测的水质来得差就是区域转移污染,享受其他区域污染治理所带来的外部经济效益的例证(2005 年,七大水系的 411 个地表水监测断面中,Ⅳ~Ⅴ类和劣Ⅴ类水质的断面比例分别为 32%和 27%,而 100 个国控省界断面中,Ⅳ~Ⅴ类和劣Ⅴ类水质的断面比例分别为 40%和 24%;2006 年国控网七大水系的 197 条河流 408 个监测断面中,Ⅳ~Ⅴ类和劣Ⅴ类水质的断面比例分别为 28%和 26%,而 98 个国控省界断面中,Ⅳ~Ⅴ类和劣Ⅴ类水质的断面比例分别为 31%和 26%;其他年份也有类似的情况)。2018 年 6 月 27 日,媒体曝光万吨废物非法倾倒长江流域背后的一系列跨省非法转移危险废物和固体废物的"黑色产业链",指出一些企业日均非法排污十吨,非法排放的污染物超标成百上千倍。GDP 增长率作为政绩考核主要标准的情况下,地方官员都处于一种政治晋升博弈或者政治锦标赛中②。因为存在区域竞争(70.8%被调查对象同意或很同意地方政府间存在利益冲突,它们一方面争项目和政策倾斜,另一方面进行地域发展的自我保护),不同地区的地方政府都想方设法出台优惠政策吸引企业投

---

① 王海燕.我国逆向物流发展研究[D].武汉:武汉理工大学,2007:97-99.
② 舒洪冰.地方政府的投资扩张:基于地方官员政绩考核的视角[J].中共长春市委党校学报,2006(6):26-28.

资,行政性分权和财政包干制度更强化了地方政府的这一动机,由于担心资本转移其他区域,地方政府往往很难真正有效地对企业牺牲生态环境与社会利益的行为进行监管。企业则抓住地方政府的这一弱点,通过与政策制定者及政策执行者建立所谓的"礼尚往来"关系使之放松监管,使之该管的没有管或者没管好,不该管的却管而且多管,从而把物流运作及经济活动的负外部性留给社会。产生"企业三不怕"(不怕环保部门监察、不怕行政处罚、不怕损害公众利益)和"政府三不查"(老百姓不去堵马路不去堵政府的门不去查、党中央国务院领导不批示不去查、媒体不揭露不去查)的怪现象[①],使政府对企业的监管形同虚设。

三、企业与消费者的利益关系分析

在市场经济中,企业与消费者的利益并不一致,首先是二者追求的目标不同,企业追求的目标是价值及其实现,消费者追求的目标是使用价值,而不在意企业投入多大的价值;其次是为实现目标,二者使用的手段不同,企业主要通过广告和各种促销活动最大限度地吸引消费者以实现其价值,消费者则通过"货比三家",尽可能买到货真价实的商品;最后是二者考虑的问题不同,企业在生产和销售的商品数量一定时,考虑的是如何减少成本以获得更多利润,消费者在获得同样使用价值的商品时,考虑的是如何减少支出。价值必须反映社会需要和劳动耗费,如果生产的产品不符合社会需要,即使已经耗费了劳动,它仍然没有价值的[②]。现实中有相当多的企业只想牟利,罔顾社会和群众利益,不少企业为了赚取暴利,掠夺性使用自然资源,狂挖乱采,不仅造成巨大浪费,而且严重破坏生态环境[③]。

在市场经济中,消费者的需求将通过市场拉动企业的供给,以满足消费者的相应需求。企业发展生态文明型物流的目的在于通过提升企业形象赢得消费者的信赖和支持,促进企业可持续发展,保证企业长远利益的实现。消费者是否参与生态文明型物流活动则主要由两个方面的因素决定:一是实施生态文明型物流的产品价格是否超出消费者的承受能力,二是消费者的社会责任感与生态文明意识是否强烈。"选择绿色物流方式如果会增加开支会力不从心,结果往往放弃"的问卷结果显示,59.86%表示同意或很同意;"公众绿色消费意识强,绿色消费市场旺盛,都能够以实际行动参与物流绿色化"的问卷结果显示,33.26%表示不同意或很不同

---

① 任春晓.生态文明建设的矛盾动力论[J].浙江社会科学,2012(1):110-117.
② 陈俊明.科学发展观的具体化与经济行为[J].经济师,2005(11):37-38.
③ 吴宣恭.根据所有制实际重新分析当前阶段的社会主要矛盾[J].政治经济学评论,2012(1):80-92.

意,而表示同意或很同意的才 28.50%;"明知是假冒名牌或产品质量不高,但因为收入有限还是选择便宜货"的问卷结果显示,49.88%表示同意或很同意,表示不同意或很不同意才 14.73%。可见,消费者对实施生态文明型物流的产品价格的承受能力总体上比较低,生态文明消费意识还比较淡薄。影响消费者选择物流服务的主要因素是价格和服务质量,生态文明型物流兼具经济社会生态效益,单从实现时间效用和空间效用去考察物流服务的质量,其优势跟不考虑外部性的物流服务是体现不出来的。而物流的绿色化、循环化、低碳化在现实条件下往往需要额外的成本,在缺乏有效激励机制的情况下,"理性"的企业和消费者不会自愿承担这样的成本,"高尚"的企业和消费者短期内可能会接受外部性内部化而产生的成本,但也会因为"搭便车"现象的大量存在而最终放弃"高尚的行为",物流资源无法通过自由市场机制充分实现有效配置。

四、消费者与政府的利益关系分析

消费者与政府的利益既有一致的一面,也存在不一致的地方。消费者从自身利益出发,重视商品的质量与安全,重视生态环境的改善。但因为市场的不完全性往往会使不好的副产品生产过度,而有利的副产品生产不足,从而造成社会福利的损失[①]。在我国市场化进程中,企业破坏生态环境、忽视消费者健康与安全的案例不在少数,严重损害了消费者利益。政府从全局出发,通过运用法律制度来禁止或限制特定产品的生产与销售、制定各种质量标准、实施许可证制度、强制信息披露并对误导性信息进行监控与制止等手段净化市场环境,促使企业提高产品质量并净化物流环境,保障消费者的权益。从这方面看,消费者与政府的利益具有一致性。但是,消费者重视的往往是具体的、局部的利益,政府更重视总体的、全局的利益。消费者追求绿色消费,重视产品内在的绿色品质,重视产品对健康与安全的影响,而对产品的物流环节是否绿色、低碳、环保则不会给予充分的重视和关注。政府作为社会公共利益的代表,既要重视产品对健康与安全的影响,也要重视物流活动对生态环境的扰动。这是二者不一样的地方。此外,如果政府被一些利益集团"俘获",有意识地为企业制定有利于其获得各种利润的政策法规,成为所谓的"被俘获的政府",出现企业侵害消费者权益或社会利益而政府却未能制止并对消费者进行有效补偿时,消费者与政府的利益也就存在矛盾了。

---

① 樊慧玲.政府消费者保护规制的方式、成效与趋势分析[J].山东工商学院学报,2010(5):92-95.

五、其他参与主体的利益关系分析

以上分析可以发现,企业、政府、消费者的利益相互联系,既有共同的一面,又有矛盾或不一致的地方,仅进行两两博弈是无法实现最优结果的,也难以协调各自的利益。其实政府、企业、消费者之间的关系就是政府与市场的关系,市场会失灵,政府也会失灵,因此需要引入更多的参与主体,比如媒体、高等院校与科研机构、非政府组织等(可以说它们都是第三部门的组成部分),建立保障措施,通过各主体间的相互激励与监督机制,实现彼此利益的协调,从而促进生态文明型物流的发展。

传媒是生态文明的参与者和传播者,良好的舆论监督已经成为采取有力措施推动生态文明建设的一把利器[1]。在生态文明建设过程中,以媒体的"行动自觉"带动受众的"行动自觉"既是媒体的责任所在,也是媒体发展的希望所在[2]。随着互联网、手机等新媒体的兴起,媒体环境也在发生着变革。新媒体的力量直接促成了民意的合力和舆论的形成,有利于公众所关注的问题的解决。但在市场经济条件下,媒体也具有经营性质,往往面临社会责任和经济效益难以兼顾的窘况。例如在电子商务中,卖家可能雇人删"差评"也可能雇人写其他卖家的"差评",当然也出现了"差评师"这种"行当";不良网站骗广告点击率奇招百出,通过雇人提高点击率,赚广告费过日子。即使是像百度这样的知名搜索引擎,里面也植入不少虚假广告。因此,除了传统媒体与新媒体合作之外,只有加强政府监管,才能形成优势,打造生态文明的强势传播效果,普遍提高公众的生态文明意识,为生态文明型物流发展提供良好的舆论环境。

非政府组织(NGO)是指不以营利为主要目的、开展公益性或互助性活动、独立于党政体系之外,从事社会公益事业,提供公共物品的正式社会组织,其角色处于政府与私营企业之间[3]。非政府组织是公共服务组织,它为分散的相关利益方、社会上的弱势群体以及自然界中除人类以外的其他组成部分提供一种声音。但我国非政府组织也因为对社会了解不够、自身经费不足、参政渠道不畅、专业水平不强、公众参与不足、国际交流尚待加强等方面问题,制约了其健康和谐有序发展[4]。问卷中 64.19% 的被调查对象同意或很同意非政府组织更容易被企业收买、也易受

---

[1] 廖嘉兴.生态文明建设下传媒的社会责任[J].中国记者,2010(9):7-8.
[2] 徐静.媒体在环保传播中的行动自觉[J].新闻窗,2008(3):122-123.
[3] 唐美丽,成丰绛.非政府组织在应对气候变化中的作用研究[J].理论界,2012(1):167-169.
[4] 郭炯,赵宁.关于我国环境非政府组织发展的探讨[J].中国市场,2012(27):138-140.

制于政府权威,而民众对其影响有限。因此非政府组织还需要与其他利益主体相协调才能在发展生态文明型物流中发挥更重要的作用。生态文明型物流的其他参与者也并非就很自觉地为推动生态文明型物流发展效力,比如63.5%的受调查者同意或很同意科研院所服务企业和社会的积极性不高,科研人员更关心自己的荣誉和利益,却忽视把绿色科技转化为现实生产力。

第二节 区域生态文明型物流相关主体的利益关系协调

关于区域生态文明型物流发展的问卷调查中,76.25%被调查对象同意或很同意企业绿色物流管理对保护生态环境至关重要;81.23%同意或很同意政策的支持、环保法律体系的完善是发展区域绿色物流的关键;81.24%同意或很同意公众绿色消费意识的提高有利于区域绿色物流的发展;75.78%同意或很同意媒体的客观公正报道、对污染环境等不良行为的曝光,有助于净化发展区域绿色物流的社会环境;76.01%同意或很同意科研机构的绿色技术创新及其现实应用在区域绿色物流发展过程中具有重要作用;73.40%同意或很同意诸如环保组织、行业协会等的非政府组织的积极参与,对促进区域绿色物流发展很有帮助。在市场经济运行过程中,市场和政府都会失灵,其他经济活动主体也有自利的一面,在内部化外部性以促进生态文明型物流发展时,关键在于不同层级的政府(部门)之间、同级政府(部门)之间、不同利益主体之间能够形成充分合作及有效协调的机制,确保不同政策工具的合理组合与高效落实,合作与协调的成果能够得到公平合理共享,实现政府及其各部门、不同利益主体的共赢局面[①]。区域生态文明型物流相关主体的利益关系协调可以分为微观和宏观两个层面,微观指参与主体内部之间,宏观指参与主体相互之间。

一、微观层面的利益关系协调

区域生态文明型物流参与主体微观层面的利益关系协调主要是分别对政府组织、企业组织、非政府组织(第三部门)等的利益关系进行协调。

(一)政府组织的利益关系协调

区域物流发展涉及中央政府和地方政府及其相关部门,与工商、税务、财政、经

---

① 曹东,赵学涛,杨威杉.中国绿色经济发展和机制政策创新研究[J].中国人口·资源与环境,2012(5):48-54.

贸、城建、城管、交通、铁道、航空、海关、公安和环保等十几个部门密切相关,只有协调好政府组织内部的关系才有利于发挥政府在促进区域生态文明型物流发展的积极作用。现实的政府主要由中央政府、地方政府和各级政府职能部门组成。纵向要协调中央政府与地方政府、中央政府职能部门与地方政府职能部门之间的关系,横向要协调中央政府各职能部门、地方政府与地方政府、同级地方政府各职能部门之间的关系。

中央政府与地方政府的关系是基于利益关系之上的权力分配关系,在计划经济体制下,中央政府对经济社会发展计划作出统一部署,地方政府负责具体落实,地方受制于中央,地方利益诉求难以体现。20世纪80年代初,政府间以财政体制为突破口进行分权改革,通过"放权让利"的改革,地方政府有了更多的经济自主权,90年代实行分税制并随着市场经济的发展,地方经济权力不断扩大,利益也在不断独立化,结果产生地方保护主义、人为割裂市场、区域间交易费用高昂、污染严重等不利经济社会生态可持续发展的现象,形成了"中央政府承担最终风险责任条件下的地方政府公司化恶性竞争的经济体制"(三农专家温铁军语)。当前要协调中央与地方的利益关系,不但需要顶层设计还需要顶层推动。中央必须根据我国具体国情,结合国际惯例按照市场经济的一般要求依法规范中央和地方的职能和权限,将中央和地方的关系法制化、制度化,从权力的科学配置和有效制衡上整合和创新权力结构体系,构建纵横交错的权力制衡网络。在法制化与制度化安排的过程中,首先必须树立中央的权威,确保中央政府宏观调控的中心地位,其次要通过合法程序理顺双方的财权和事权的关系,变中央对地方的直接行政干预为间接的法律监督、财政监督、司法监督和行政监督等,改事前行政审批为主为事后合法性及效率监督为主,推动地方政府在法律授权的范围内自由行使权力并自觉接受监督。在完善政府间纵向权力监督保障体系的同时要完善民主监督机制,建立有限政府和服务型政府,改变地方政府仍然是投资主体的现状。在发挥政府职能的同时,必须调动市场的积极性,充分发挥市场机制的作用。要从净收益的角度考虑是加强政府干预还是进一步引入和发挥市场机制作用,是弱化政府干预还是减少市场机制的作用[1]。判断中央与地方的利益关系是否协调,除了看法律法规、中央出台的各种规章制度是否完善之外,更主要的是看这些法律法规、规章制度能否结合当地实际高效的贯彻落实,是否有利于区域生态文明型物流的发展。

---

[1] 杜人淮.论政府与市场关系及其作用的边界[J].现代经济探讨.2006(4):67-70.

地方政府之间的利益协调也应纳入法制化轨道。为促进区域协调发展,我国建立了各种区域协调组织,已经历了起步、全面发展、衰落与复兴阶段,区域协调组织都因为缺乏法律基础、利益协调机制不完善、政府权力没有受到有效约束等原因而难于发挥真正的作用,而无法约束政府权力成为区域合作组织失败的关键所在。任何以政府为主体的区域协调组织的构建,都必须首先解决地方政府权力的约束问题①。我国区域经济发展宏观调控的主体是各级政府部门,地方利益的局部性与生态文明型物流发展要求区域协调存在矛盾。因此,要在国家基本法律中涉及区域发展的内容,针对区域协调发展而制订的法律、法规以及区域发展规划的基础上出台地方政府合作关系法,规范横向政府关系从而约束政府权力,依法让市场在促进区域协调发展中发挥更重要的作用,为区域生态文明型物流发展创造良好的发展环境。

在区域物流发展过程中,由于从中央政府到地方政府均呈现物流相关职能管理的条块分割,区域间又存在行政管理的条块分割,加之区域政府间缺乏合作,区域物流资源缺乏整合,区域生态文明型物流发展存在障碍。因此,在促进区域生态文明型物流发展的过程中,中央政府在制定政策法规来阻止企业将环境污染造成的损失转嫁给他人或社会的行为的同时,必须考虑到地方政府的利益诉求,充分认识到地方政府及其职能部门在整合区域内外物流资源、实现区域物流的经济社会生态效益相统一的重要作用,通过合理调整中央与地方双方间的利益、健全责任追究制度以改变博弈参数,从而走出政策执行困境②。如果没有处理好中央政府与地方政府以及地方政府之间的利益关系,必然引起"政府失灵",企业的机会主义也将盛行。用"失灵的政府"去干预"失灵的市场"必然是使失灵的市场进一步失衡,区域生态文明型物流的发展也将陷入困境。

(二) 企业组织的利益关系协调

企业组织的利益关系协调是通过市场机制实现的,区域工农业生产企业、商贸流通企业、物流服务企业等能够借助于市场机制来协调彼此之间的利益关系。但存在外部性的情况下,单靠市场调节无法实现资源的最优配置,最适意社会的供需数量无法获得。生态文明型物流存在正外部性,对正外部性的供给与需求进行分析(图7-1),可以发现市场均衡量都小于社会的最适量。图7-1(a)从供给角度说明

---

① 周叶中,张彪.促进我国区域协调组织健康发展的法律保障机制研究[J].学习与实践.2012(4):39-46.

② 高红贵.中国绿色经济发展中的诸方博弈研究[J].中国人口•资源与环境,2012(4):13-18.

正外部性,私人边际成本线(MC)与供给线(D)的交点表示以价格 P_2 的供给达成的市场均衡量为 Q_2,社会边际成本线(SMC)与供给线(D)的交点表示社会希望以价格 P_1 提供给市场的最适量为 Q_1,由此可见,存在正外部性的情况下,因为成本价格较高($P_2 > P_1$),提供给市场的数量少于社会所期望的最适量($Q_2 < Q_1$),产生供给不足的问题,说明生态文明型物流存在市场供给不足的问题。图 7-1(b)从需求角度说明正外部性,边际成本线(MC)与私人边际收益线(MR)的交点表示以价格 P_1 达成需求的市场均衡量为 Q_1,与社会边际收益线(SMR)的交点表示社会希望以价格 P_2 的需求最适量为 Q_2,由此可见,存在正外部性的情况下,社会希望消费者以较高的价格($P_2 > P_1$)消费更多数量的正外部性产品($Q_2 > Q_1$),而市场均衡的结果是 Q_1,有效需求不足,说明生态文明型物流存在市场的有效需求不足的问题。

由此可见,区域发展生态文明型物流不仅仅是物流企业的事情,它涉及众多相关产业(还涉及生产企业、商贸企业等)和社会大众,更离不开政府强有力的政策支持,需要从供给和需求两个方面进行利益协调。政府可以从规制和激励两种手段规范企业的市场供给行为,营造公平的市场环境,从而推动区域生态文明型物流的有序发展,其中激励措施主要包括税收优惠、财政补贴、政府采购、明确产权、产业引导政策、绿色物流基金等,规制措施主要包括排污最大限额与收费制度、许可证制度、环境立法、绿色物流运行及其评价标准等;还需要从宣传教育、道德约束以及消费者的押金返还制度等措施提高市场需求来拉动区域生态文明型物流的发展。在完善相关政策及其落实措施的同时,要提高政府部门的监管效率,同时进一步发挥环境巡视及生态环境保护专项巡察的作用,加大对失范行为的惩罚力度,杜绝上一节所述的"企业三不怕"和"政府三不查"等不良现象的发生。

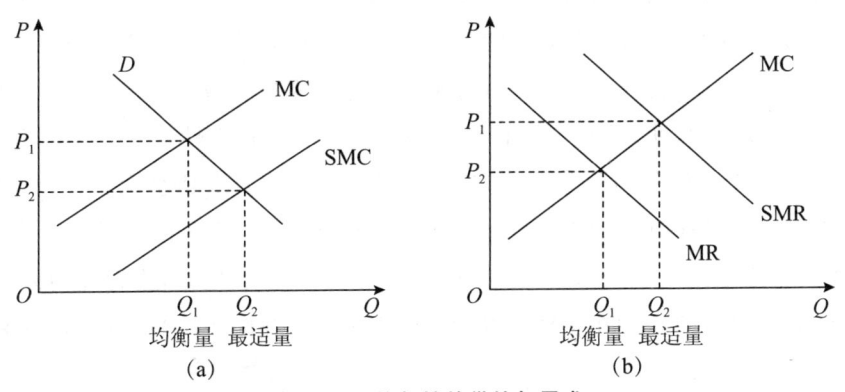

图 7-1 正外部性的供给与需求

(a)正外部性的供给;(b)正外部性的需求

（三）非政府组织的利益关系协调

区域发展生态文明型物流会产生正外部性，而政府与市场在处理外部性问题时会出现失灵，这为非政府组织的产生创造了必要条件。如果把政府当作第一部门，企业当作第二部门，那么非政府组织（NGO）就属于第三部门。政府部门是以强制提供公益的组织；市场（企业）部门是以志愿提供私益的组织；第三部门是"以志愿求公益"的组织，这种组织的经营、运作目的不是获取利润；传统专制时代以强制提供私益的组织是现代社会所要消除的部门。非政府组织（第三部门）目前在我国主要由事业单位、民办非企业单位、社会团体构成。全国事业单位总数约 130 万家，截至 2011 年底，全国共有社会组织 46.2 万个，其中社会团体 25.5 万个，民办非企业单位 20.4 万个，基金会 2 614 个。《2016 年社会服务发展统计公报》显示，截至 2016 年底，全国共有社会组织 70.2 万个，其中社会团体 33.6 万个（生态环境类 6 000 个），民办非企业单位 36.1 万个，各类基金会 5 559 个。

我国第三部门发展水平低，还远远不能满足社会发展的需要和社会公众的需求。首先是非政府组织数量严重不足，公民缺乏足够的参与平台。2011 年底，我国乡级行政区划单位 40 466 个，基层群众自治组织共计 67.9 万个（其中村委会 59.0 万个，村民小组 476.4 万个；居委会 89 480 个，居民小组 134.0 万个），每个乡级行政区平均社会组织差不多 11 个，而每个行政村或居委会平均连 1 个社会组织也达不到，说明很多地方连参加非政府组织的机会都没有。这跟发达国家差距很大，比如美国，1997 年有 160 万个非政府组织，70% 的人至少属于其中之一的成员，2008 年非政府组织已有 179 万个。特别是在农村，从人口数量及其占全国人口比例来看，农村第三部门无论是数量还是种类都有待进一步丰富和发展[①]。其次是非政府组织的独立性不高，为公众服务的能力不强。我国非政府组织受地方民政部门与业务主管部门双重管理，工作人员有不少来自政府机构或事业单位，有些兼职，有些还有行政级别，使之处于"半官半民"的尴尬地位，独立性缺乏。2013 年 3 月 14 日《国务院机构改革和职能转变方案》明确逐步推进行业协会商会与行政机关脱钩，但在转型过程中，不少行业协会还是很难摆脱对政府的依赖。此外，很多非政府组织资金来源不足，活动经费对政府财政拨款的依赖度高，生存能力差，比如环保非政府组织，2006 年中华环保联合会指出逾 7 成环保 NGO 无固定经费来源，

---

① 解永照，刘晓然.我国农村第三部门发展与社会治理研究[J].山东警察学院学报，2018（3）：124-132.

6成无专用办公室,4成多的全职人员不领薪酬,超过一半的全职人员没有任何福利保障。半官半民的身份易于"向官"而"背民",加之生存能力等问题,非政府组织因此服务公众的能力很难增强。结果造成如清华大学秦晖教授指出的:在现阶段改革过程中,无权势者的利益很大程度上没有得到应有的保障。因此,要提高生态文明型物流参与主体中弱势主体的地位。

为提高非政府组织服务区域生态文明型物流发展的能力,在目前强政府的情况下,关键是政府采取有效的制度安排,建立政府、市场与第三部门良性互动的局面。首先要健全第三部门的准入制度,降低准入门槛。取消第三部门必须挂靠在政府的特殊规定,简化第三部门设立程序;为提高非政府组织的活力,必须取消在同一行政区域内不予批准筹备已有业务范围相同或者相似的第三部门组织,以及非政府部门不得越界和进行区域扩张的规定。其次要创设良好环境,促进非政府组织发展,从而推进社会、政府、市场三个部门力量的均衡。第一要建立资助型税收制度,转变非政府组织的"行政化"运作方式,突出其服务社会的"为民"身份。第二要强化监督与自律规范,提高非政府组织服务公众的能力。一方面是利用政府的监督部门和其他非政府组织督促第三部门信息的公开和透明,确实保证第三部门的非营利性;另一方面要利用第三部门的组织力量制约政府的权力和监督市场的运行,缓解转轨时期社会不公正的压力。如果没有通过社会领域的深刻变革壮大第三部门的力量,经济领域的市场秩序和政治领域的民主建设都难于完善。通过非政府组织的发展,实现政府、市场和社会关系的平衡,促进区域生态文明型物流发展。

二、宏观层面的利益关系协调

政府维护公共利益,但也不能天真地认为政府行为必然代表公众利益;市场竞争能够提高效率,但往往存在外部性问题;非政府组织为公众争取应有的利益搭建了平台,但还很不完善。政府部门会产生政府失灵,私营部门会产生市场失灵,第三部门(非政府组织)也会偏离志愿性公益机制而失灵[1]。因此,为促进区域生态文明型物流发展,宏观层面需要综合政府、市场和第三部门的力量共同协调利益关系,形成相互激励与监督约束的机制。区域生态文明型物流参与主体宏观层面的利益关系协调主要就是建立区域生态文明型物流参与主体相互激励与监督约束的机制,发挥区域政府、企业、媒体、消费者、院校与科研机构、非政府组织等各利益相

---

[1] 潘左华.第三部门失灵及其矫治[J].云南行政学院学报,2005(4):53-55.

关主体相互影响,相互制约,形成促进区域生态文明型物流发展的利益协调机制,其模型如图7-2所示。

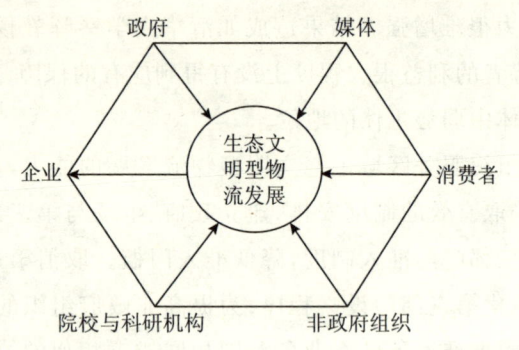

图 7-2　促进区域生态文明型物流发展的利益协调模型

(一) 政府的作用

区域生态文明型物流发展必须通过持续改进的措施将资源环境外部性内部化,实现区域物流发展与资源环境相容。这需要政府的积极有效作为。外部性的存在决定了政府激励与监督在区域生态文明型物流发展中有着不可替代的作用,又因为信息不对称,外部性的内部化主要应依赖当地政府去督促企业落实。为实现激励与监督的有效性,首先需要处理好中央政府与地方政府的利益关系,进而明确政府的职能分工,形成权利能够得到有效约束的诚信自律政府,然后制订并落实有关制度与措施来促进区域生态文明型物流发展。政府的激励机制目的在于吸引市场行为主体加入到区域生态文明型物流的发展行列,政府的监督机制目的在于内化外部性。因此政府必须根据预期边际收益理论科学地设置激励机制还要建立对市场主体行为形成强有力的约束监督机制。在区域生态文明型物流发展过程中,政府主要作为总体规划者、基础设施投资者、市场培育者、目标引导者、标准制定者、利益协调者起作用,但政府作用的积极发挥还需要其他参与主体的密切配合。

(二) 媒体的作用

区域生态文明型物流发展尽力内部化环境成本,但企业具有自利倾向,加上当前我国的法律法规还不很完善,政府也有失灵的时候,所以,利用媒体加大舆论监督对企业及政府在内部化外部性方面的影响力度就显得十分必要。媒体在促进企业生态文明型物流发展过程中是通过舆论监督起作用的。现实操作中大众传媒通常被视为舆论监督的主体。媒体因为自身拥有的受众平台和信息优势,在内部化外部性方面有其独特之处。媒体可以促成社会共识,激发公众参与外部性的内部化；发现揭露问题，引导舆论监督促成问题及时有效地解决。媒体还可以通过对企业的环境行为进行如实报道，为政策制定者提供客观的决策参考信息，同时对政府有关部门的行政不作为进行披露，以此借助舆论监督的力量推动政府积极行政、企业自律，促进区域生态文明型物流发展。

(三) 企业的作用

为分析方便，可以把企业分为传统型企业和生态型企业。根据迈克尔·波特分析企业所在行业竞争态势所提出的五方力量模型，传统型企业作为潜在的进入者、行业竞争者及替代品的提供者跟生态型企业产生竞争。在企业的竞争对手采用先进的高效率的循环经济技术的同时，会迫使企业采取追踪战术，也采用先进的高效率的循环经济技术，并转变行为方式，以适应竞争带来的压力[1]。反过来，企业的追踪战术又会给生态型企业带来压力，促使生态型企业继续进行创新，以保持竞争优势。作为竞争对手，传统型企业更加关注生态型企业的一举一动，对生态型企业可能出现的败德行为更加了解，发挥其监督作用有助于避免生态型企业的败德行为。因此，传统型企业作为潜在的进入者、行业竞争者及替代品的提供者跟生态型企业产生竞争，形成竞争机制给生态型企业造成压力，同时监督生态型企业的败德行为，从而为发展区域生态文明型物流创造良好环境。生态型企业把生态环境保护的观念纳入现代企业的经营管理之中，追求经济效益、社会效益、生态效益三者有机结合。生态型企业通过发挥优势，积极进行生态化技术创新，开拓生态消费市场，发展生态文明型物流，在提高生态效益的同时让企业的经济效益也得到极大的提升，进而随着生态消费市场的扩大，需求将引导企业的生产经营观念发生巨大的变化，更多的企业将向生态型企业努力。在这个过程中，传统型企业受到经济利益的驱动，难免出现假冒生态产品扰乱生态消费市场的现象，发挥生态型企业的监督作用有利于净化生态消费市场环境，通过市场的拉动推进区域生态文明型物流的良性发展。企业在市场机制和其他参与主体的激励与监督下将主动加入绿色供应链当中并寻求物流网络资源的合理高效利用，提高区域生态文明型物流的发展水平。

(四) 消费者的作用

我国经济已经进入市场经济运作模式，市场成为调节经济的主导力量。市场经济能够让消费者的自主权、决策权和选择权得到充分的体现。消费创造出新的

---

[1] 赵峰.基于循环经济的企业行为转变的动力学研究[J].贵州社会科学,2007(8):102-105.

市场,消费者有需要,就会有市场[①]。随着中国消费者生活水平的不断提高,绿色产品市场将越来越广阔。在国外,社会公众对健康安全以及环境保护意识的增强,使那些造成环境污染的企业逐渐失去生存空间,其产品将无人问津,企业自身也因资源和环境的约束而无法发展[②]。随着民主意识和法制观念的增强,消费者开始知道通过各种方式保护自己的权益,处理好与消费者的关系是企业能否顺利生产经营、物流能否持续运行的重要保障,也是树立良好社会形象的重要环节。消费创造出新的市场,企业为了自身长远发展和利益,不能不通过生态文明型物流主动进入绿色产品市场以获得先期利益。企业的积极实践为发展区域生态文明型物流注入了生机。

(五) 院校与科研机构的作用

院校和科研机构在区域生态文明型物流的知识与观念传播、人才培养、绿色循环低碳物流科技成果转化方面具有优势。生态文明型物流观念主要是通过生态文化的不断扩散而逐渐形成与优化的,院校和科研机构的研究揭示人类文明的发展规律,说明工业文明不可持续的原因,同时能够产生绿色循环低碳科技成果,形成知识并通过教育传播生态文化,为提高公众生态文明型物流意识作贡献。发展区域生态文明型物流需要大量高级管理人才和专业人才,科研院所和高校可以发挥人才资源优势,培养具有现代物流意识并懂经营管理的人才,同时还可以对在职的物流从业人员进行培训,促进区域从事物流业的人员整体素质不断提升,从而为发展区域生态文明型物流提供人才保障。

(六) 非政府组织的作用

催生我国非政府组织的最主要的原因是市场失灵与政府失灵,区域物流服务提供者与需求者之间因信息不对称而发生市场失灵以及市场在提供公共物品方面的局限性都导致了对非政府组织功能的需求[③]。非政府组织因为直接联系公众而更清楚社会的现实需求,又因为以组织的形式跟政府联系而显得更有力量,一方面汇集公众分散的意见,为个体提供利益诉求的平台,解决个体无法解决的问题,另一方面通过这一平台与政府沟通,政府能够高效地了解公众需求并获得决策参考意见,提高公共政策的针对性和有效性。作为物流行业的非政府组织——物流行

---

① 冯强.消费主导型经济的特征及其理论意义[J].珠江经济,2006(6):8-13.
② 李静江.企业绿色经营[M].北京:清华大学出版社,2006:96-103.
③ 刘文勇.中国非政府组织兴起与发展原因研究综述[J].理论界,2012(7):14-16.

业协会,能够为广大物流企业搭建参政议政的平台,成为企业加强与各级政府联系、沟通的桥梁和纽带;借助于物流行业协会搭建的平台,通过行业协会联合推动、政府部门的重视支持、专家学者理论研究、新闻媒体扩大宣传、物流企业实践探索,能够形成现代物流业发展的良好局面;同时通过制定物流行业规范和物流行业标准等方式,指导和规范物流行业内各个物流企业的竞争行为,促进行业内企业之间信任及合作关系的建立,促进行业向健康有序的方向发展,从而为区域生态文明型物流的发展打下坚实的基础。

第八章

我国发展区域生态文明型物流的保障措施

区域生态文明型物流发展除了需要构建激励与监督机制,协调相关参与主体的利益关系之外,还需要采取其他一系列措施以保障其顺利运行。本章主要结合问卷调查获取的信息探讨我国发展区域生态文明型物流的保障措施。在区域生态文明型物流发展最大障碍的问卷单选题中,比例按高到低的顺序如表 8-1 所列。

表 8-1 区域生态文明型物流发展最大障碍的问卷情况

1	法制不健全,支持政策少,绿色市场混乱,污染环境的行为得不到有效惩处	29.07%
2	绿色科技的发展水平不高,难以支撑企业绿色物流发展对技术的需求	16.98%
3	地方政府行动上不重视区域合作,企业难以实现跨区物流的合理化与绿色化	15.58%
4	区域物流参与主体的利益难以协调,没有形成促进区域物流发展的机制	12.33%
5	还处于工业化深入发展阶段,传统经济比重大,绿色、低碳经济比重小	11.86%
6	企业和消费者的绿色物流观念不强,绿色物流的供需都不足	7.21%
7	物流人才缺乏,物流业也难以吸引并留住高端人才	6.98%

在促进区域生态文明型物流发展措施的问卷多选题中,比例按高到低的顺序如下(图 8-1):① 健全包括环境保护等的法律体系,扫除违法成本低、守法成本高的不合理现象。② 加大绿色科技创新投入并把绿色科技及时应用于物流实践。③ 进行绿色教育,提高公众绿色消费与维权意识,形成物流绿色发展的人文环境。④ 提高人民对政府的有效监督,避免政府的不作为或乱作为。⑤ 提高物流设施、设备的配套性及物流资源的整合程度。⑥ 探讨企业、政府、消费者、媒体、非政府组织、科研机构等主体共同关注并促进区域物流发展的机制。⑦ 提高媒体引导舆论监督的有效性,杜绝企业对生态环境不负责任的行为。⑧ 通过税收、信贷等优惠政策激励企业发展绿色物流。⑨ 积极借鉴发达国家物流发展的经验并参与国

际物流的竞争与合作。⑩ 其他。

从区域生态文明型物流发展最大障碍和促进区域生态文明型物流发展措施的问卷调查结果来看,排除区域生态文明型物流发展障碍以促进其发展的主要措施在于政策法律制度的完善、绿色科技创新、人才供给、物流设施的配套性等,结合前文对区域生态文明型物流相关主体的利益关系的分析以及影响区域生态文明型物流发展的因素,笔者认为我国主要应采取以下措施,以保障区域生态文明型物流发展。

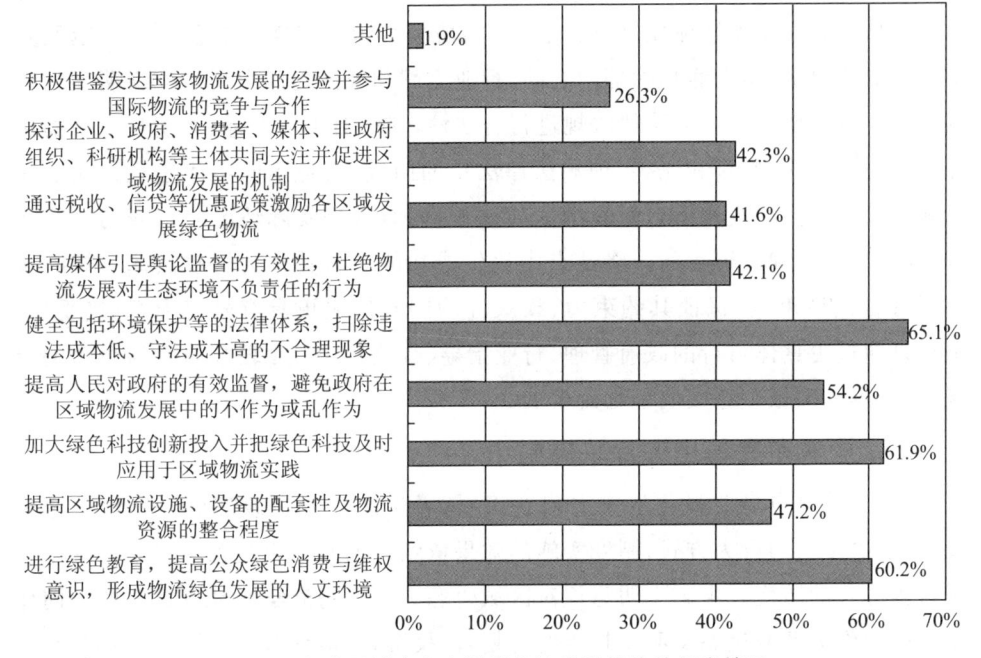

措施	比例
其他	1.9%
积极借鉴发达国家物流发展的经验并参与国际物流的竞争与合作	26.3%
探讨企业、政府、消费者、媒体、非政府组织、科研机构等主体共同关注并促进区域物流发展的机制	42.3%
通过税收、信贷等优惠政策激励各区域发展绿色物流	41.6%
提高媒体引导舆论监督的有效性,杜绝物流发展对生态环境不负责任的行为	42.1%
健全包括环境保护等的法律体系,扫除违法成本低、守法成本高的不合理现象	65.1%
提高人民对政府的有效监督,避免政府在区域物流发展中的不作为或乱作为	54.2%
加大绿色科技创新投入并把绿色科技及时应用于区域物流实践	61.9%
提高区域物流设施、设备的配套性及物流资源的整合程度	47.2%
进行绿色教育,提高公众绿色消费与维权意识,形成物流绿色发展的人文环境	60.2%

图 8-1　促进区域生态文明型物流发展措施的问卷情况

第一节　构建生态文明制度体系

"好的制度使坏人变成好人,坏的制度使好人变成坏人。"这句话虽然不一定适用于任何情况,但它却表明了制度建设在人类社会活动中的重要性。区域生态文明型物流具有跨区域、跨行业、涉及利益主体面广量多的特点,只有通过生态文明制度体系建设,从根源上排除违法成本低而守法成本高、积极内部化外部性者收益少而破坏生态环境牺牲社会利益者收益多的不合理现象,才能驶向良性发展的轨道。

一、强化促进区域生态文明型物流发展的生态法制建设

我国虽然有多部涉及保护生态环境、促进资源循环利用等方面的法律法规,但提倡性规定多,约束性规定少;原则性要求多,可操作性规定少;行政命令控制性规定多,经济激励性规定少;对政府部门设定权力多,制约性规定少。导致法律本身在实践中缺乏可操作性,具体涉及物流可持续性发展的法律法规更少。

政府必须从建设生态文明的高度出发,对现有的物流管理体制进行改革,按照大流通、减量化、绿色化、循环化、低碳化的思路进行全国物流发展整体规划,制定符合区域生态文明型物流发展规律、符合国情又与国际接轨的绿色产业政策及其相配套的法律法规,彻底扫除部门之间、行业之间和地区之间发展生态文明型物流的障碍。首先要对已有的法律法规进行合法性审查,对不够严谨、有明显缺陷的法律法规进行补充、修订和完善,理顺法律法规的内容,避免不同法律法规条文的相抵触。其次要及时废止不合时宜的法律法规,同时根据实际情况制定新的法律法规,提高法律法规的覆盖面。将试点中比较成功的做法转化为行政法律法规时要重视其合法性审查,保证其约束力、权威性的同时使之更具有号召力、可接受性。最后是通过更具体可行的政府管理、行业指导、行政立法等手段规范物流供需的市场行为,推动区域生态文明型物流发展。

二、构建和完善生态行政机制

首先,政府自身要强化生态文明意识,树立生态文明执政理念。思想决定态度,态度决定人的行为方式,制度实施的效果依赖于人们思想观念更新带来的态度和行为方式的转变。生态文明意识对区域生态文明型物流实践具有重要的导向作用。政府作为区域生态文明型物流的规划者、投资者、培育者、引导者与协调者,本身具有强烈的生态文明意识才能在区域生态文明型物流实践中进行科学、合理决策,完善区域生态文明型物流发展的有关制度,履行政府在区域生态文明型物流发展中的公共服务职能。

其次,健全依法行政的长效机制。一方面要优化依法决策与落实机制。2011年中央电视台聚焦中国物流顽症,对我国物流乱象及物流成本高昂、效率低下的原因进行了探讨。诸如"物流堵在最后一公里""十七年难治公路乱罚款""路桥收费暴利""进城难""进场费""重复征税"等现象,一个重要的原因就是政府不是作为制度供给者和监督者的角色,而是扮演了直接参与者和操作者的角色[①]。例如曾有

---

① 黄茂兴.冲突与和谐:经济人与政府人[J].福建师范大学学报(哲学社会科学版),2007(4):16-21.

报道指出"无良企业高压泵地下排污,监管部门沉默"。监测数据显示,我国约有64%城市地下水严重污染,基本清洁的仅3%。因此,一方面,要在依法决策的同时建立相应的决策责任追究制度,使决策者权利与责任相统一,对重大决策失误要坚决追究;明确政府各部门的职能,提高媒体、企业、公众、非政府组织等监督作用,实现对相关决策落实情况监督的日常化与透明化,加强行政问责的实施力度,有效制止行政不作为现象。另一方面,要创新领导干部绩效考评的运作机制及相关配套制度。制定科学的政绩考核评估机制及相关配套制度,贯彻生态文明的政绩观,拓宽官员民主晋升的渠道,这不仅是生态行政制度创新的一条重要途径,也是区域生态文明型物流能够得到有效发展的重要保证。

三、构建和完善生态治理的社会机制

发展区域生态文明物流涉及广、意义重大,在市场调节和政府干预都存在不足的现实情况下,社会大众必须成为参与主体,因此要构建并完善推进区域生态文明型物流发展的宣传、教育以及公众参与等的生态治理社会机制体系。

首先,建立与完善生态教育与宣传机制,提高全民发展生态文明型物流的意识。一方面要充分发挥传统媒体和新兴传播媒介的作用,加大发展区域生态文明型物流的宣传力度,扩大其影响面;另一方面要重视学校教育,让区域生态文明型物流发展教育走入正规的学生课堂。生态文明经济刚刚起步,因此特别需要提高大学生的生态文明素质,培育他们的生态文明意识和进行生态文明经济建设的能力,使之成为促进生态文明型物流发展的重要力量。

其次,建立和健全公众参与生态治理的制度,发挥公众参与区域生态文明型物流发展的积极作用。传统经济的发展模式与物流运作模式对生态环境造成大量负面影响,通过建立健全公众参与生态治理的制度,引导公众积极参与生态文明经济发展实践,从而带动区域生态文明型物流发展。对于建立健全公共参与生态治理的制度,可以考虑从生态环境信息公开制度、生态环境决策参与机制以及生态环境诉讼机制等三方面入手。第一,完善生态环境信息公开制度,实现生态环境信息的公开、透明。对生态环境信息公开要有制度上的安排,并完善生态环境信息公开的内容和公布的方式,做到生态环境信息公布的及时、全面、可信。第二,完善公众参与生态治理的决策制度,实现生态治理决策的民主化、科学化。政府部门需积极引导与鼓励公众参与生态环境决策,提高公众参与的积极性与主动性,使公众参与生态环境决策的途径具体化、多样化,从而促进生态治理决策的民主化、科学化。第三,建立和健全生态环境公益诉讼制度,保障公众的正当生态环境权益。一方面要

扩大公益诉讼权的主体范围。另一方面要建立健全与公益诉讼相关的经济激励与约束机制。

最后,扶持并壮大非政府组织,拓宽公众生态参与渠道,为公众参与发展区域生态文明型物流提供组织保证。个人的力量是渺小的,参与区域生态文明型物流发展的贡献也很难体现,通过加入非政府组织并以组织的力量积极推进区域生态文明型物流发展的意义就不同凡响。为扶持并壮大非政府组织,从外部因素来说,加强对非政府组织的正确引导、监督与管理的同时要取消各种对非政府组织的不合理限制,提高公众参与非政府组织的机会。从内部因素来说,非政府组织一方面要加强自身建设,提高服务公众的能力;另一方面要加大宣传力度并扩大公众与非政府组织之间的互动机会,提高非政府组织对公众的吸引力以及社会影响力。

四、完善资源有偿使用制度

在社会经济实践中,自然、生态资源越来越多地进入经济系统,成为经济发展不可或缺的因素。为保持资源良好的服务功能,需要投入大量一般人类劳动,有时退化的功能甚至是不可弥补的。以土地、土壤为例,在过去的1 000年里,大约20亿公顷的富饶农业用地变成了垃圾场,比现今耕种的土地还要多。约有1亿公顷的灌溉土地因为盐碱化已经流失,另外1.1亿正经历着生产力的退化。腐殖质损失率正在加速,从工业化革命之前的每年2 500万吨到过去几个世纪的每年3亿吨,再到过去50年的每年7.6 t。腐殖质的丧失不仅侵蚀土壤肥力还增加大气中二氧化碳的累积量。我国长期以来因采用资源掠夺式的耕作模式,导致耕地土壤用养失衡、土壤肥力下降,土壤有机质平均含量还不到发达国家的1/3;1/6的耕地遭受到不同程度的污染。可见,自然、生态资源资源是有价的,应有偿使用。生态资源的低价或无偿使用是造成物流粗放发展的重要原因。"自然资源无价或低价"的现象导致资源浪费严重,综合利用效率低下。

为促进物流运作的减量化、绿色化、循环化、低碳化,应明确自然资源与生态环境的产权关系,形成一个比较完善的自然资源与生态环境的价格体系,促使经济行为主体自觉把自然资源和生态环境的成本纳入自身经济活动的成本,以价格机制推动自然资源的高效利用,从而降低物流运作各个环节对生态环境造成的负面影响。

五、建立并落实区域生态文明型物流发展的促进政策

第一,实施绿色税收政策。根据发达国家的经验,绿色税收政策的合理应用是促进区域生态文明型物流发展的重要手段。很多发达国家对企业排放污染物、高

耗能高耗材行为、城市环境和居住环境造成污染的行为进行征税,而对改善环境的行为实施税收优惠政策,通过征税或税收优惠等手段,发达国家的生态环境质量已明显提高,物流发展环境也得到显著改善。发达国家还根据经济社会发展状况不断推出新的税收优惠政策,如美国结合低碳经济发展需要,2010年推出覆盖全国范围183个项目总额达23亿美元的绿色能源税收优惠计划。我国也有绿色税收政策,比如2008年1月1日开始施行的《环境保护、节能节水项目企业所得税优惠目录(试行)》,但我国税收优惠形式单一,各税种未能形成相互补充的有机整体,绿色税收制度不够规范。为促进区域生态文明型物流发展,我国必须完善绿色税收体系,把所有不可再生资源及部分急需保护的可再生资源纳入征收范围,对不同性质的资源实行不同的计税方法,资源税要体现由于资源开采产生的外部性成本并使资源税能够体现可持续的利用价值。本着经济、社会与生态可持续发展的原则,开征废气税、水污染税、固体或液体废物税、噪声税等也应进一步探讨。

第二,实施绿色财政政策。绿色财政政策是把保护环境的相关财政工具,与促进经济社会发展、改善民生的各项财政政策有机结合,通过区域协调发展、可持续发展的财政政策以及与国土面积相关的财政政策的绿色化,来综合解决生态环境问题,主要包括如下三个层面:在政府与市场关系层面,形成以强化社会环境责任为主体的绿色财政政策体系。在政府间关系层面,形成以强化政府环境责任为主体的绿色财政政策体系。在区域协调发展层面,形成建立在主体功能区基础上的绿色财政政策[1]。绿色财政政策中很重要的一方面就是实施促进生态文明经济发展的政府绿色采购制度。我国可以充分发挥政府采购规模巨大的优势引导经济发展方向,促进物流的减量化、循环化、绿色化和低碳化。我国政府采购规模已由2005年的2928亿元增加到2011年突破1万亿元,公共采购规模已占全国财政支出的10%,平均每天已超过27亿元人民币。2016年全国政府采购规模达到31089.9亿元,占全国财政支出和GDP的比重分别为11%和3.5%。这样一个由公共部门采购所形成的巨大市场,对于任何被采购商品或产业的发展推动力都是非常大的。建立促进生态文明经济发展的政府绿色采购制度,意味着存在一个稳定可靠的需求市场,生态文明经济在市场方面的不确定性就会大幅度降低,成为带动生态文明型物流发展的重要力量。

第三,建立健全绿色信贷制度。绿色信贷也称为可持续融资,是环保总局、人

---

[1] 孔志峰.关于绿色财政政策的若干思考[J].行政事业资产与财务.2009(4):12-17.

民银行、银监会这三个部门为促进节能减排、发展生态产业、新兴环保产业,遏制高能耗高污染产业的盲目扩张而采取的融资政策。应进一步健全这一制度,结合绿色价格机制与生态产业政策促进生态文明经济发展,进而为区域生态文明型物流发展提供筹集资金的支持。

第四、建立促进生态文明消费的制度。比如对一些可回收的产品采取消费者押金返还的制度并把生产企业的责任延伸到产品的废弃处理阶段,这样有利于培养生态文明消费行为进而影响区域生态文明型物流的发展。公众的生态文明消费行为一方面可以从源头减少浪费、减少不必要的物流发生,另一方面有利于促进逆向物流的发展,减少资源的浪费和生态环境破坏。仅以废塑料和废电池为例,由于公众缺乏生态文明消费意识,没有形成废物分类回收的习惯,就造成了大量浪费还破坏环境。我国废塑料的回收率不到3%,许多废塑料可以还原成为再生塑料,循环再生的次数可达10次,比如20个废餐盒就可以制造出一个漂亮的文具笔筒;利用将废塑料还原成汽油、柴油的技术都可以回炼为燃油,从1 t废塑料中能生产出700~750 L无铅汽油或柴油。据测算一节纽扣电池能污染60万升水,一节1号电池烂在地里,能使1 m²的土地失去利用价值。而从电池中可提取稀有金属锌、铜和二氧化锰,我国每年仍掉的60亿只废干电池就含7万多吨锌、10万吨二氧化锰、1 200万吨铜[①]。此外,我国有大量的废旧家电需要处理,如果回收处理得当这些废旧家电就会成为"城市矿山",否则对生态环境破坏很大。

第二节 完善规划建设及其执行体系

一、物流基础设施网络规划建设及其落实

发展区域生态文明型物流需要完善的物流基础设施网络。物流基础设施网络是由物流节点(物流园区、物流中心、配送中心、公共信息平台、车站、空港、码头、各类企业的仓库与货场等)和物流线路(公路、铁路、航线、管道、信息和通信线路等)有机配置而成的能够提供物流服务功能的场所或设施的实体网络。根据行政区划、经济地理条件等的差异,物流基础设施网络的规划建设主要分为国际型、区域型和城市型的物流基础设施网络三个层次。物流基础设施网络的规划及其落实主体主要包括各级政府与各类企业。

---

① 龚英,靳俊喜.循环经济下的回收物流[M].北京:中国物资出版社,2007:319.

我国物流基础设施网络建设存在的主要问题是物流节点和物流线路规划建设不协调、配套性差，各种运输方式衔接不畅、没有形成综合运输体系，物流资源区域布局不够合理、与经济社会发展不相适应，农村物流网络与城市配送网络对接困难，物流最后"一公里"存在瓶颈。正如2009年国务院物流业调整和振兴规划中指出的：我国物流基础设施能力不足，尚未建立布局合理、衔接顺畅、能力充分、高效便捷的综合交通运输体系，物流园区、物流技术装备等能力有待加强；地方封锁和行业垄断对资源整合和一体化运作形成障碍。因此，中央政府首先要做好全局性的物流基础设施网络的规划，保证其整体空间布局合理，功能与区域经济发展相配套。各级地方政府应在遵循中央规划的基础上根据地方经济社会发展状况进一步细化物流基础设施网络建设，一方面要提高现有物流资源的整合和设施的综合利用率，另一方面要强化规划新建设施的宏观协调和功能整合，提高物流基础设施的信息化水平与支撑各种物流服务方式的作用，提高物流基础设施的经营与网络化服务能力。政府按物流基础设施网络规划建设时要尽量按市场经济规律配置，避免因好大喜功造成资源浪费。企业在物流基础设施网络规划时主要体现在为充分利用现有资源而做适当的补充建设，关键是与其他物流组织配合，发挥市场机制的作用，通过对物流基础设施资源进行网络化重组、整合和优化使用，提高物流资源的配置效率，而不一定是通过自己建立物流基础设施网络来实现物流运作水平的目的。

此外，在物流基础设施网络规划建设时，根据发达国家的经验，必须充分发挥诸如物流行业协会的作用，因为物流行业协会不仅与各级政府联系密切也与物流企业交往频繁，更了解物流发展对基础设施的真实需求，发挥其政策咨询与解释功能更有助于物流基础设施网络规划建设与经济社会发展需求相协调。

二、物流信息网络规划建设

信息化水平的提高是发展现代物流的基础也为现代物流进一步发展提供了必要条件，是区域生态文明型物流发展的重要基础。伴随信息技术发展而产生的电子商务的发展对物流服务的敏捷性要求越来越高，物流对信息网络的依赖程度也不断提高。随着科技进步，以云计算和物联网为代表的新一轮信息技术变革正在兴起，重点领域酝酿着新的突破。因此，加快建设适应电子商务发展需要的社会化物流体系，优化物流公共配送中心、中转分拨场站、社区集散网点等物流设施的规划布局，积极探索区域性、行业性物流信息平台的发展模式显得十分紧迫；也亟需制定适合国情的下一代互联网技术路线和发展计划，加快培育产业链，实现互联网跨越式发展。推进企业物流管理信息化,促进信息技术的广泛应用的规划措施还需要加强。借鉴发达国家经验,我国亟需研发基于物联网的废物收运系统监测技术和传感识别装备,推动区域性废物交换平台的建设。如何通过信息技术网络平台提高区域生态文明型物流发展水平应适时纳入规划建设议程。

三、三部门互动平台规划建设

区域生态文明型物流发展需要政府、市场以及社会三个部门的互动。当前我国的实际情况是第一部门政府的力量强大、第二部门市场还不完善、第三部门社会力量薄弱,政府、市场和社会三个部门还没形成相互制衡的机制。政府职能转变不到位,职能交叉、权责脱节的问题没有根本解决,监督制约行政权力的机制还不完善,政府的社会管理能力比较薄弱,本该由政府提供的公共产品和服务不足,一些该管的事情却没管好,一些不该管的事情却干涉过度。针对政府的依法行政、管理方式创新、行政效能、行政成本控制、政风建设等问题必须引起高度重视和认真对待并及时做好政府职能转变的规划建设。针对市场竞争环境不公平,秩序混乱,不惜牺牲生态环境和消费者利益的情况,必须尽快探明原因,出台有效激励与监督市场的机制。按照发达国家的发展经验,那些政府部门和私营部门"干不好、干不了或者不该干"的事情应交给第三部门去完成。第三部门不仅可以有效补充市场机制和政府机制的内在缺陷,具有许多独特的社会作用与政治作用,而且在我国社会转型时期担负着一些特殊的职能[①]。但是我国第三部门在发展过程中面临独立性缺乏、因资源匮乏、能力有限等原因造成自主性差、以及法律制度不健全等困境。针对我国第三部门发展不足、不能满足社会发展的需要和社会公众的需求的情况,除了第三部门本身应加强自律、完善自身,增强自我发展能力外,政府应做好统筹安排,制定和完善相互配套、不同层次的第三部门的法律、法规和规章制度,营造适合第三部门发展的外部环境。通过第三部门力量的加强,协调政府、市场、社会三方面的关系,为发展区域生态文明型物流创造良好条件。

四、区域生态文明型物流与生态文明经济互促发展规划

通过区域工业生态化、农业现代化和产业高级化实现生态文明经济与区域生态文明型物流互促发展还比较容易引起大家的注意,前文已阐述过,但通过城镇化与人口优化调控、区域利益协调促进区域生态文明型物流与生态文明经济发展容

---

① 吴湘玲.公共管理的重要主体:迅猛崛起的第三部门[J].武汉大学学报(人文科学版),2004(5):613-617.

易被忽视。我国正处于城镇化加速发展时期,通过城镇化与人口优化调控是实现区域生态文明型物流与生态文明经济互促的重要手段之一。区域物流是为区域经济发展、满足人的生产生活需要服务的,合理的人口分布与人口结构以及基本均衡的人口规模有利于区域物流发展的合理化。因此完善国家人口发展规划和城镇体系规划,发挥人口优化调控政策的积极作用,控制人口数量,优化人口结构(包括性别、年龄、分布、知识等结构),提高人口素质,促使人口长期均衡发展便成为区域生态文明型物流合理发展的重要影响因素,促进区域生态文明型物流发展需要这方面的制度创新。

通过协调区域利益也是实现区域生态文明型物流与生态文明经济互促的重要手段之一。我国既有不同级别的行政区也有不同大小的经济区,且长期存在区域利益不够协调的现象。行政区划是历史沿革和追求政治管理便利的结果,稳定性较强;经济区是以中心城市为核心,城市与周边地区的相互作用使其影响不断跨越行政区界限的结果,具有延展性。具有较强稳定性的行政区和具有延展性的经济区在功能方面具有差异且存在一定的矛盾。区域生态文明型物流的合理化主要应在经济区中得到落实,而地方政府调控主要是针对行政进行的,行政区与经济区的非重叠性会产生利益矛盾,单凭地方政府的各自努力是无法实现区域物流资源最优利用的,需要采取措施来协调行政区与经济区不一致的利益关系。首先必须建立跨区域利益协调机构并建立行之有效的协作制度,让市场发挥更重要的作用。其次必须遵循利益分享原则,通过分工合作、利益补偿等方式实现区域间的互利多赢与利益共享和责任分担。最后要采取多元治理。除了发挥政府在推动区域合作与协调的作用之外,非政府组织的加入将有利于降低区域合作与协调的成本[1]。

因此,要重视通过区域工业生态化、农业现代化和产业高级化实现生态文明经济与区域生态文明型物流互促发展的同时,也应重视通过城镇化与人口优化调控、区域利益协调来促进区域生态文明型物流与生态文明经济互促发展。

第三节 构筑科技支撑体系

科学技术日益渗透于经济发展和社会生活各个领域,成为推动现代生产力发展的最活跃的因素,并且归根到底是现代社会进步的决定性力量[2]。当今时代,谁

---

[1] 王志锋.区域经济一体化中的治理机制创新[J].天津社会科学,2006(3):67-70.
[2] 江泽民.论科学技术[M].北京:中央文献出版社,2001:101.

在知识和科技创新方面占据优势,谁就能够在发展上掌握主动①。习近平总书记指出代表当今科技和产业变革方向的绿色发展是最有前途的发展领域②,提出实施创新驱动发展战略,就是要发挥科技创新在全面创新中的引领作用,推动以科技创新为核心的全面创新。发展区域生态文明型物流需要突破技术壁垒,生态化技术体系是其重要支撑,它具有合理的技术结构、有效的技术平台,可以从内生力量促进人与自然、人与人、人与社会的和谐协调,共生共荣,共同发展③。

一、生态化基础技术体系研发

生态化基础技术属于基础科学研究的范畴,是区域生态文明型物流发展的技术基础。它主要包括清洁生产技术、低碳技术、资源循环利用技术、废弃物无害化处理技术等。这些技术涉及面广,对知识的综合性要求高,需要多学科基础理论的源头创新推动多行业的技术集成创新,其研发并在企业、行业、区域的应用是一个系统过程,单凭企业或研发机构是不足以承担这一重任的,而且因为生态化基础技术体系具有公共产品属性,企业也缺乏动力进行研发,这就要求国家从整体长远利益出发将其作为重点战略做出全面部署。

二、生态化物流技术体系构建

区域生态文明型物流发展需要凭借强大的生态化物流技术系统。生态化物流技术涉及物流设施、设备、工具及物流经营管理等领域,包括运输、储存、包装、装卸搬运、配送、流通加工、物流信息、供应链等技术的生态化。

首先要加大物流基础设施建设并提高物流基础设施的配套性。我国现有的物流基础设施还比较落后,按国土面积计算的运输网络密度甚至比印度等一些发展中国家还小。仓储设施建设也比较滞后,有调查显示我国东部一些发达城市(北京、天津、广州、深圳等)高等级库房的建筑面积占当地仓储供给总面积的比例仅达10%~20%,其他城市或地区就更不用说了。因此,需要从整体战略的高度协调物流相关规划,扩大投融资渠道,加大公路、铁路、水运、航空和管道等设施的建设力度,完善综合交通运输网络,增加现代仓储设施比例,改变物流技术装备水平低、物流基础设施兼容性差的状态,通过物流设施设备配套性的提高促进物流运作效率

---

① 胡锦涛.坚持走中国特色自主创新道路为建设创新型国家而努力奋斗[M].北京:人民出版社,2006:3.
② 习近平.习近平谈治国理政:第二卷[M].北京:外文出版社,2017:267.
③ 廖福霖,祁新华,罗栋燊,等.生态生产力导论[M].北京:中国林业出版社,2007:72-74.

的提高。

其次要进行物流标准化体系建设。物流的各种相关技术标准的协调一致并与国际标准接轨是提高物流效率、降低物流对环境负面影响的重要一环，也是发展区域生态文明型物流所必须的。物流标准化是指以物流为一个大系统，以系统为出发点，研究各分系统与分领域中技术标准与工作标准的配合性，按相应的配合性要求，统一整个物流系统的标准。它包括物流术语、技术标准、计量标准、数据传输标准和管理标准等方面内容。

第三是物流技术与信息技术的有机融合，构筑物流信息网络系统。完善的物流信息网络系统有助于提高物流运作的预见性和协同性，助推物流智慧化升级，是发展区域生态文明型物流的重要基础，也是提高区域生态文明型物流效益的重要保证。要通过广泛采用全球定位系统、地理信息系统、条形码技术、无线射频识别技术、电子数据交换等，发展物联网，使物流与信息流实现在线或离线的高度集成，使物流装备与信息技术紧密结合，实现物流运作的高度自动化与透明化。大公报曾报道指出由于现代物流信息不对称、社会物品流通环节众多，导致我国物流业出现货物周转与倒运次数多、无效的物流作业多等问题，从而造成社会物流总额的增速远高于 GDP 的增速的奇怪现象。因此，应进一步发挥物流信息网络系统的积极功能，促进生态文明型物流发展。

最后是把生态化技术应用于区域物流管理实践。区域生态文明型物流需要把生态化技术应用于物流管理实践，这不仅要求物流管理人员精通物流管理技术，掌握供应链管理运作的综合知识，还应熟悉生态化技术的发展情况并能够借鉴绿色、循环、低碳物流管理的先进经验，提高生态化技术在区域物流管理的应用水平。

第四节　构造宣传教育与人才培养体系

一、加大生态文明型物流观念的宣传教育力度

生态文明型物流是现代物流发展新阶段的重要形态，其本身又有多种表现形态，不少人对其认识不清，观念模糊。不少地方政府虽然认识到生态环境的重要性，但对绿色物流、低碳物流、循环物流等生态文明型物流表现形态认识不到位，有的认为那只是概念炒作，根本谈不上采取适当措施促进其发展，也有的把它与现代物流割裂开来，认为首先要加快现代物流发展速度，待现代物流发展到一定水平之后再发展生态文明型物流才具有可行性。企业的生态文明型物流观念大多非常缺

乏,认为推行生态文明型物流只会提高企业经营成本而已,是吃力不讨好的事情,根本没有意识到物流活动造成的负外部性所产生的社会成本是企业本该承担的,有的甚至认为企业为了增加经济收益而牺牲生态效益和社会效益是理所当然的。对消费者而言,不少人认为生态文明型物流跟自己的关系不大,他们一方面希望消费健康安全的商品和优美的生态环境,另一方面却没有或不知道为发展生态文明型物流做些力所能及的事。以上种种表现很大一部分原因是对生态文明型物流宣传教育力度不够,人们对其缺少认识造成的。政府部门首先应该认识到问题的严重性,确实转变发展观念,树立生态文明型物流观念并采取各种措施进行宣传教育,普及生态文明型物流知识,让企业清楚承担负外部性的成本是应尽的义务及其行为预期,让消费者明白离开生态文明型物流就无法保证绿色健康消费品的获得;其次要加大政府为促进生态文明型物流发展所采取政策的宣传力度,特别是那些激励性政策要让企业、公众知晓,以防一些很好的政策没有落实到位,确实发挥政策应有的功效。例如,2013年3月引起社会广泛关注的"黄浦江死猪事件",由于主要来自浙江省嘉兴地区的养殖户随意把死猪丢弃河里,短短一段时间就在黄浦江打捞出超过万头的死猪,按照农业部2011年的规定,生猪养殖户的猪如果出现非正常死亡将获得80元钱的补贴,目的是为了疏导养殖户按照正常途径处理死猪,但记者的调查表明包括养殖户在内的村民并不清楚有80元钱补贴的规定;而按照浙江省有关补助病死猪的文件规定,自行处理的按每头80元的标准给予补助,集中处理的补助经费拨付给营运单位,现实的情况是补贴还没有落实到养殖户身上,因此养殖户没有无害化处理死猪的积极性,死猪贩卖销售被严厉打击之后,养殖户为图省事就偷偷把死猪扔了。因此,只有通过宣传教育让社会公众知晓政府为促进生态文明型物流发展出台了哪些优惠政策,提高整个社会的生态文明型物流意识,这样才有利于推进区域生态文明型物流的发展。

二、加强对区域生态文明型物流的研究,培养促进其发展的人才

区域生态文明型物流发展是新生事物,其研究是一个崭新的课题。它需要以马克思物质变换及流通理论、现代物流学、生态文明学、区域经济协调发展理论为基础,研究内容包括物流运作和管理过程减量化、绿色化、循环化、低碳化的技术支撑体系、物流标准化和信息化建设、物流参与主体的利益协调、物流相关政策法规的完善等众多方面。促进区域生态文明型物流发展除了改善区域经济社会发展环境之外,还需要大量会经营懂管理善于把生态化技术应用于区域物流实践的多方面人才。因此,在国家作出总体科学研究和人才培养战略的基础上,各级政府应出

台激励政策,采取措施调动高等院校、科研机构、各类企业的积极性,实现官产学研通力合作与相互促进,深入研究绿色循环低碳物流理论,加速把相关理论应用到区域生态文明型物流实践。同时,应加大对现代物流教育的投入力度,多层次培养一大批能够满足区域生态文明型物流发展需求的人才队伍。

第五节　健全国际竞争与合作机制

竞争与合作机制是生态文明经济协同发展规律的重要体现,发展区域生态文明型物流要在竞争与合作中实现共赢。竞争是合作的前提,合作是竞争的基础,没有竞争就没有分工协作的深化和合理化,也就没有经济与社会的发展和进步;同样,没有分工合作,企业则会陷人恶性竞争,造成资源浪费,也就不可能真正提高效率和效益。竞争与合作在经济行为中往往是相互渗透的。竞争能够提高经济活力,使社会生产更加富有效率。但是,国际竞争带来的消极影响越来越广泛且深刻,世界各国越来越需要国际合作带来的好处:合作产生的"规模经济",通过合作消除"外部不经济",摆脱博弈中的"囚徒困境",减少世界经济遭遇的"不确定性"[①]。"经济全球化、物流无国界",在全球范围参与竞争与合作,发展生态文明型物流,提升我国物流服务水平已成为时代要求。发达国家在生态文明型物流方面具有优势,因此在参与国际竞争与合作的主体中就涉及国家和企业两个层面,国家通过谈判确定合作领域与技术标准,并通过制定政策影响企业的行动决策,起到主导、协调、规范的作用,而企业在国家政策框架下具体参与国际竞争与合作,是具体实施的微观主体。

一、国家层面的竞争与合作

生态文明型物流是适应生态文明经济的物流形态,在应对人类面临的资源能源、生态环境和健康安全等问题而采取的生态文明经济行动中,国际社会在相互竞争的同时需要同舟共济,加强协调,重视开展与其他国家或地区的合作。在区域生态文明型物流的发展实践中,协调国家间竞争与合作关系的一个明显特征是缺少一个强有力的能够统一立法、执法与监督的机构,国际法律制度之下的社会秩序主要是通过拥有主权的独立国家彼此达成自愿性质的协议形成。为此,发展区域生态文明型物流就需要将国家的部分主权让渡到国际制度的集体决策机制当中,由

---

① 江涌.漫谈国际经济中的竞争与合作[J].求是,2004(4):60-62.

国际组织来行使这种让渡的主权,但国际制度的最终执行仍有赖于主权国家的决策行为。目前,由西方发达国家主导的国际治理机制还难以体现国际社会制度的正义性,必须在理性合宜目标的指引下通过制度建设实现正义,促使国际合作走向制度化。从国际法原理判断,由于国家可以自由地退出国际合作协定,因此国家之间通过谈判是能够达成自愿性协议的。国家必须认识到作为主体虽然不直接进行生态文明型物流实践,但可以通过宏观调控和各种政策措施影响物流运行的方式和发展方向,与企业和消费者主体相比,国家对生态文明型物流发展的影响更根本、更具决定性。因此,国家必须采取一定的策略在参与国际竞争的同时促进国际合作的制度化,通过建立国际间的伙伴关系促进区域生态文明型物流发展。"一带一路"已成为国家发展的重要政策,即将进入实质性系统实施阶段[①]。我国应在"一带一路"实施过程中探讨区域生态文明型物流发展,在国际竞争与合作的实践中积累经验教训,推动区域生态文明型物流深入开展。

二、企业层面的竞争与合作

在经济全球化背景下,加强技术交流与合作,有效利用全球创新资源,不断加强原始创新能力、集成创新能力和引进消化吸收再创新能力是企业的必然选择。面对越来越剧烈的国际竞争环境,现代企业已开始设法通过提高供应链的竞争力来提高自身的竞争力。供应链管理必然要求供应链上的企业保持密切协作,但企业之间进行协作的目的是互惠互利并提高自身的竞争力,一个企业能够同其他企业进行协作发展就要求企业拥有核心竞争力,否则就会被排除在合作阵营之外。因此,在竞争中企业首先必须利用自身资源或组织管理能力参与到全球化分工网络,成为全球化分工的一员并在合作中不断学习,为提高竞争力积蓄力量,然后在通过自身的资源能力和本土化优势,有意识地去发现、创造用户需求,提升自己在物流网络中的作用和地位,使自己的核心竞争力逐步提高,最终实现资源能力到核心能力的跃进[②]。

绿色供应链已经成为不可扭转的国际趋势,以物流的绿色、循环、低碳化为手段促使供应链的绿色化,实现效益的增加与利益关系的优化是企业的理性选择。大型零售巨头沃尔玛超市在绿色供应链方面的管理和实施经验可以为众多企业提供借鉴。沃尔玛不仅重视本企业内部物流运作各个环节的高效与绿色化,还因为

---

① 徐寿波."一带一路"大物流战略分析与实施[J].重庆交通大学学报(社会科学版),2016(5):1-11.
② 鞠颂东.物流网络:物流资源的整合与共享[M].北京:社会科学文献出版社,2008:78.

自身拥有销售渠道的优势促使上游的供应商供应"绿色"商品。沃尔玛通过绿色供应链管理降低成本,从而实现供应链各参与方的共赢[①]。许多企业在生产过程中能耗高、效率低,其实改善的余地也很大,可以从绿色供应链这个杠杆下手,通过参与方的共同努力提高各方效益的同时提高生态效益。当然,在绿色供应链中,合作也是动态的,因此企业要充分利用云计算、大数据、物联网等新型网络技术,在合作竞争中充分发挥自己的优势,选择适合的努力方向,提高核心竞争力,在绿色供应链动态合作中,争取进入高端环节、关键位置,通过在供应链中竞争实力的提高而在区域生态文明型物流发展中掌握主动权。

---

① 杨速炎.绿色供应链竞争新利器[J].上海经济,2010(4):42-44.

第九章

结论与展望

第一节 主要结论

面对资源能源紧缺、环境污染严重、生态系统退化的严峻形势以及发展中不平衡、不协调、不可持续的问题,建设生态文明成为必然选择,也已经成为国家的发展战略。在生态文明建设的大背景下,物流发展必须与生产生活方式的绿色循环低碳转型相结合,发挥物流在破解生态系统退化和资源环境约束难题、协调区域发展等方面的积极作用。因此,在生态文明视野下探讨区域物流发展,对如何以生态文明理念指导区域物流实践、实现区域物流的绿色循环低碳转型、促进区域经济全面协调可持续、创造国际可持续发展的环境、提高区域生态文明建设水平、全面建成小康社会具有重要的理论与实践意义。本研究对国内外区域物流相关研究进行综述的基础上明确了进一步研究的方向,以马克思物质变换和流通理论、现代物流理论、区域经济协调发展理论和生态文明理论作为理论基础,通过研究,主要得出以下结论:

(1)区域物流发展是与区域经济社会发展和区域生态环境影响密切联系的,是物流与区域人口、资源、环境、经济、社会协调发展的动态过程,这一过程主要呈现以下一些特点:物流活动的空间范围不断扩大、物流资源整合的水平不断提高、区域物流可持续发展倍受关注、区域生态文明型物流是大势所趋。

(2)生态文明型物流是在生态文明理念的指导下促使经济物流、社会物流、自然物流有机融合,满足生产生活对优质高效物流的需求,促进自然—人—社会复合生态系统全面、协调、可持续发展的物流系统,是现代物流发展逐渐取代传统物流,不断获得物流经济效应、社会效益、生态效应相统一和最优化的过程。①生态文明型物流的表现形态主要包括循环物流、绿色物流、低碳物流、逆向物流、精益物流和敏捷物流。生态文明型物流的各种表现形态要协同发展才能获得经济效益、社会效益和生态效益相统一与最优化的系统效应。②生态文明型物流是一个表现形态多样、利益关系复杂、需要多方参与并采取综合措施的系统。生态文明物流系统结构由生态文明物流的目标与任务、技术体系、政策体系、参与主体和管理对象共同组成。③生态文明型物流的特征主要包括：物流形态的多样性；物流效应的统一性；物流主体的全面性；发展过程的曲折性。④生态文明型物流除了具有物流的基本功能，能够满足生产生活对优质高效物流的需求之外，还有其核心功能，即资源节约、环境友好、保证安康、促进和谐，实现自然—人—社会复合生态系统物质变换的良性运行。

(3) 区域生态文明型物流就是生态文明型物流在区域层面的落实。新中国成立至今，我国物流发展已经历了四个阶段，现在正处于为发展生态文明型物流积蓄力量的新阶段。我国与发达国家的物流发展过程并不同步，物流发展阶段呈现压缩性、跨越性特点，在总体发展水平落后于发达国家的情况下也具有后发优势，能够以相对较快的速度进入生态文明型物流的全面发展阶段。我国区域物流发展差异较明显、企业发展生态文明型物流的积极性还不高、物流运行态势离生态文明型物流要求差距较大。我国区域生态文明型物流发展处于初级阶段，发展相对滞后的原因除了认知、态度与行动存在差距之外，还有其他不少制约因素。

(4) 发达国家采取一系列政策与措施促进区域生态文明型物流发展，通过发挥先发优势在区域生态文明型物流发展方面成效明显，我国应该积极借鉴经验并结合实际设定区域生态文明物流的阶段性发展目标。①通过比较分析，把我国的物流成本占 GDP 比例降低 4.5% 左右应是近期比较适当的目标，而要实现这一目标，除了提高物流管理水平之外，通过产业发展的高级化是一种有效途径。②为提高我国物流的社会化程度与物流效率，近期目标应是把第三方物流市场规模占物流总成本的比例提高 2.5% 左右，运输仓储方面的人均产值至少提高两倍。为提高第三方物流的规模经济和市场绩效，我国要在规模企业内形成有效竞争的基础上提高第三方物流市场集中度，比如将第三方物流行业市场集中度 CR8 提高 5%、CR20 提高 10%、CR50 提高 15% 左右。我国短期目标应考虑把运输仓储方面的人均产值至少提高两倍，达到不低于美国的水平，除了提高传统物流的效率外（这方面发达国家虽然渐渐失去竞争力但效率还是比较高），也要考虑提高物流增值服务方面的比例。③在采取措施促进短期区域生态文明型物流发展目标尽快实现的同时，也要为区域生态文明型物流与生态文明经济互促发展做好规划。

(5) 为促进我国区域生态文明型物流的发展，需要选择适当的物流发展模式、协调区域生态文明型物流参与各方的利益关系、探讨有效的保障措施。为实现区域生态文明型物流发展的阶段性目标并为实现区域生态文明型物流与生态文明经济互促发展打好基础，区域生态文明型物流发展可以选择物流减量化、循环化、绿色化和低碳化等基本模式，区域生态文明型物流基本模式的有机融合形成区域生态文明型物流与生态文明经济互促发展的模式。一方面，生态文明经济带动区域生态文明型物流发展，另一方面，发展区域生态文明型物流助推区域农业现代化、工业生态化、产业结构高级化与优化。区域生态文明型物流发展模式要能够顺利运行，必须协调好企业、政府（含中央政府与地方政府或下级政府）、消费者、媒体、非政府组织、高等院校与科研机构等区域生态文明型物流参与主体各方之间及其内部的利益关系，各方及其内部的利益是否协调将深刻影响区域生态文明型物流的可持续发展，利益协调得当将促进区域生态文明型物流的发展，反之则阻碍其发展。为保证区域生态文明型物流发展，必须构建生态文明制度、科技支撑、宣传教育与人才培养、规划建设及其实施等体系以及形成相互激励与监督、国际竞争与合作的机制，完善促进区域生态文明型物流发展的保障措施。

第二节 不足与展望

本研究提出物流发展必须与生产生活方式的绿色循环低碳转型相结合，发展生态文明型物流的观点；对我国区域生态文明型物流发展阶段性目标的确定、区域生态文明型物流的发展模式、区域生态文明型物流相关主体的利益关系协调和发展生态文明型物流的保障措施进行了探讨。

由于生态文明理论指导区域物流实践的研究还属于起步阶段，区域生态文明型物流的实践还处于不发达阶段，现实素材和可供借鉴的成果还较少，加之本人能力所限，研究中难免存在不足。主要包括：

（1）由于针对物流的统计时间较短，更没有针对逆向物流、绿色物流等生态文明型物流的专项统计数据，因此在定量化研究方面难以深入，为了弥补不足，只能以问卷调查获取的数据取代。但因为各方面条件限制，所调查的有效样本只有430多个，所获取的数据在典型性与全面性方面尚有不足。

（2）生态文明型物流的参与主体多样，利益关系错综复杂，本研究主要对生态文明型物流参与主体的利益关系作静态分析，还可以从多方利益动态博弈作更深入的研究。区域生态文明型物流的发展模式也有待在实践中进一步检验与修正。

因此，扩大问卷调查的范围，增加有效样本的数量，并采用更全面的数理分析工具对问卷调查获得的数据进行分析,以便得出更有针对性的政策启示是需要深入研究的方向之一。从多方利益动态博弈对区域生态文明型物流参与主体的利益进行分析,从而为设置更有效的激励与监督机制提供政策建议是需要深入研究的方向之二。

附录

附录1　区域绿色(生态文明型)物流问卷调查

亲爱的朋友:您好!

本调查问卷的对象为关注绿色(生态文明型)物流发展的同仁,通过问卷了解绿色(生态文明型)物流发展的总体评价、基本认识、情感和态度、行为,了解影响区域绿色(生态文明型)物流发展的因素、障碍,以期获得研究绿色(生态文明型)物流的第一手资料。本调查问卷以无记名方式进行,调查问卷结果仅限于单纯的研究目的,保证不会泄露您的任何信息。您的帮助将对本研究目的的实现起重要作用,在此深表谢意。希望您按自己的想法、做法或了解的情况诚实回答每一项问题。本调查问卷题目较多,再次对您在百忙之中抽出宝贵时间表示深深的谢意!

一、**基本情况**(单选)

1. 您的性别是?
    A. 男　　　　　　　　　　　　B. 女
2. 您出生背景是?
    A. 农村　　　　　　　　　　　B. 城镇
3. 您开始关注物流的时间有多久?
    A. 不到3年　　B. 3~5年　　C. 6~10年　　D. 11年以上
4. 您所在单位的性质是?
    A. 党政机关　　B. 事业单位　　C. 生产企业　　D. 商贸企业
    E. 物流企业
5. 您在单位的身份是?
    A. 普通职工(员)　　B. 中层管理人员　　C. 高层管理人员
6. 您的职业所属领域是?
    A. .政府　　　　　B. 媒体　　　　C. 教育科研　　　D. 医疗卫生
    E. 中介咨询　　　F. 批发零售　　G. 物流配送　　　H. 生产加工
    I. IT/通信　　　　J. 金融银行保险　K. 其他

7. 您的年龄是？
   A. 20 岁以下   B. 21～25 岁   C. 26～30 岁   D. 31～40 岁
   E. 41～50 岁   F. 51 岁以上

8. 您的平均月收入是？
   A. 1500 元以下   B. 1501～2499 元   C. 2500～3499 元   D. 3500～4499 元
   E. 4500 元以上

二、对区域绿色物流发展的总体评价（1.很不同意；2.不同意；3.一般；4.同意；5.很同意）

A1. 我国物流专业化发展水平高、物流企业规模合理、物流业能耗低。

A2. 我国物流作业效率高,经济活动中所付出的物流成本低。

A3. 我国物流基础设施的配套性和兼容性好,很少有重复建设的现象。

A4. 我国物流信息化程度高,企业绿色经营意识强,物流运作的生态化水平高。

A5. 我国地方保护主义问题少,绿色产品流通顺畅,假冒产品少,市场秩序良好。

A6. 我国包括采购、生产、销售等正向物流体系及退货、回收等逆向物流体系健全,高效运行的物流技术体系也已建立。

A7. 我国区域物流主体合作水平高,绿色供应链管理已得到较好落实。

A8. 我国政府部门、物流供给方、物流需求方、中介企业能够密切配合,区域物流资源能够得到充分利用。

三、对发展区域绿色物流的基本认识（1.很不同意；2.不同意；3.一般；4.同意；5.很同意）

B1. 区域绿色物流发展的主体涉及企业、政府、公众、媒体、科研机构、非政府组织等。

B2. 企业绿色物流管理对保护生态环境至关重要。

B3. 政策的支持、环保法律体系的完善是发展区域绿色物流的关键。

B4. 公众绿色消费意识的提高有利于区域绿色物流的发展。

B5. 媒体的客观公正报道、对污染环境等不良行为的曝光,有助于净化发展区域绿色物流的社会环境。

B6. 科研机构的绿色技术创新及其现实应用在区域绿色物流发展过程中具有重要作用。

B7. 诸如环保组织、行业协会等的非政府组织的积极参与,对促进区域绿色物流发展很有帮助。

四、对发展区域绿色物流的情感和态度(1.很不同意;2.不同意;3.一般;4.同意;5.很同意)

C1. 企业要对物流的环境影响负责,不能为了实现自身利益而破坏生态环境。

C2. 政府要完善环保法律体系并严格执法、出台支持政策促进区域绿色物流发展。

C3. 公众要主动提高绿色消费意识,积极参与有利于发展区域绿色物流的活动。

C4. 媒体要以建设生态文明为己任,传播绿色理念,为发展区域绿色物流服务。

C5. 非政府组织要积极参与区域内外公共事务的治理,在发展区域绿色物流中发挥其应有的作用。

C6. 科研机构要更多地进行绿色技术创新,满足区域绿色物流发展过程中对技术的需求。

C7. 区域绿色物流的各参与主体要互相协作、责任公担、利益公平分享。

五、发展区域绿色物流的行为(1.很不同意;2.不同意;3.一般;4.同意;5.很同意)

D1. 企业已经做到优先采购绿色材料,在产品设计阶段就考虑环境影响,方便物品的回收和再利用。

D2. 企业已做到积极进行绿色合作,供应链上企业间的信息传递及时、能实现有效共享。

D3. 企业高层管理者已经做到重视环境审计与环境成本核算、重视员工环保意识的提高。

D4. 企业已做到选择清洁运输方式、绿色包装材料,循环利用包装物,进行废旧产品回收网络建设,对整个物流系统进行绿色设计。

D5. 为树立企业绿色形象、提高顾客满意度、避免绿色贸易壁垒,企业已大力实施绿色供应链管理。

D6. 企业已尽力减少三废,降低环境影响,改善企业的环保形象。

D7. 环保法规已不断完善,环保执法效果良好,政府出台一系列政策已经有效地促进区域绿色物流发展。

D8. 公众绿色消费意识强,绿色消费市场旺盛,能够以实际行动参与物流绿色化。

D9. 媒体自由且负责任地引导社会舆论监督,已在区域绿色物流发展中发挥重要作用。

D10. 非政府组织在联系政府与企业、公众等方面起桥梁纽带作用,在区域协调与公共事务治理方面成果显著。

D11. 科研机构积极主动服务企业和社会,对促进区域绿色物流发展、绿色科技转化为现实生产力已有明显成效。

D12. 区域绿色物流发展的参与主体相互配合,已形成较和谐的利益协调机制。

六、影响区域绿色物流发展的因素(1.很不同意;2.不同意;3.一般;4.同意;5.很同意)

E1. 绿色循环低碳技术开发难度大、成本高、风险大,获利不稳定,研发动力不足。

E2. 缺乏诚信市场,绿色循环低碳产品由于缺乏成本优势在竞争时处于不利地位。

E3. 生态环境对可持续发展很重要,但如果污染环境有利可图还是会不顾环保。

E4. 进行绿色循环低碳物流创新的前提是可以获得不低于传统物流运作的利润。

E5. 如果寻求政府庇护有利于开拓市场、增加收益,就会尽力去做。

E6. 包括技术、资金、信息等的绿色循环低碳服务体系不完善,国家对绿色物流的政策支持力度不够。

E7. 环保制度一方面是不够健全,另一方面是对现有的法律法规落实不到位,造成违法成本低,守法成本高。

E8. 中央政府与地方政府存在利益冲突,地方总是以对己有利的方式在执行政策时变通执行中央决策。

E9. 地方政府间存在利益冲突,它们一方面争项目和政策倾斜,另一方面进行地域发展的自我保护。

E10. 地方政府以追求和实现预算规模、行政权力、政府机构规模的最大化为目标。

E11. 政府官员运用所掌握的权力追逐个人利益的增加和权力的扩张。

E12. 民众要对政府及官员行为进行有效监督,困难很大,政策执行的监督约束机制乏力。

E13. 明知是假冒名牌或产品质量不高,但因为收入有限还是选择便宜货。

E14. 选择绿色物流方式如果会增加开支会力不从心,结果往往放弃。

E15. 非政府组织更容易被企业收买,也易受制于政府权威,而民众对其影响有限。

E16. 科研院所服务企业和社会的积极性不高,科研人员更关心自己的荣誉和利益,却忽视把绿色科技转化为现实生产力。

E17. 媒体监督受限较多,独立性不全,对促进区域物流绿色化的重要作用发挥不够。

E18. 区域物流参与主体各有自己的盘算,担心局面失控,阻碍合作的深入,难以获得 1+1>2 的系统效应。

E19. 物流供应方首先考虑的是从物流服务中能够获利多少,而物流需求方则考虑与哪家物流商合作成本低,至于如何减少物流运作对环境的影响则无力顾及。

E20. 企业保证生存在先,力求发展在后。在总体竞争力不高的情况下,保护生态环境方面的竞争力被放在次要位置。

七、您认为区域绿色物流发展的最大障碍是什么?(单选)

    A. 物流人才缺乏,物流业也难以吸引并留住高端人才

    B. 绿色科技的发展水平不高,难以支撑企业绿色物流发展对技术的需求

    C. 地方政府行动上不重视区域合作,企业难以实现跨区物流的合理化与绿色化

    D. 法制不健全,支持政策少,绿色市场混乱,污染环境的行为得不到有效惩处

    E. 企业和消费者的绿色物流观念不强,绿色物流的供需都不足

    F. 还处于工业化深入发展阶段,传统经济比重大,绿色、低碳经济比重小

    G. 区域物流参与主体的利益难以协调,没有形成促进区域物流发展的机制

八、您认为促进区域绿色物流发展的措施包括哪些?(多选;最多选 5 项)

    A. 进行绿色教育,提高公众绿色消费与维权意识,形成物流绿色发展的人文环境

    B. 提高物流设施、设备的配套性及物流资源的整合程度

    C. 加大绿色科技创新投入并把绿色科技及时应用于物流实践

    D. 提高人民对政府的有效监督,避免政府的不作为或乱作为

    E. 健全包括环境保护等的法律体系,扫除违法成本低、守法成本高的不合理现象。

    F. 提高媒体引导舆论监督的有效性,杜绝企业对生态环境不负责任的行为

    G. 通过税收、信贷等优惠政策激励企业发展绿色物流

    H. 探讨企业、政府、消费者、媒体、非政府组织、科研机构等主体共同关注并促进区域物流发展的机制

    I. 积极借鉴发达国家物流发展的经验并参与国际物流的竞争与合作

    J. 其他(请注明)

附录2 我国现代物流业发展相关的主要政策文件

[1]《关于加快我国现代物流发展的若干意见》,国家经济贸易委员会等2001年3月颁布,国经贸运行〔2001〕189号。

[2]《关于促进我国现代物流业发展的意见》,国家发展和改革委员会等2004年8月颁布,发改运行〔2004〕1617号。

[3]《关于建立全国现代物流工作部际联席会议制度的通知》,国家发展和改革委员会2005年2月颁布,发改运行〔2005〕288号。

[4]《关于促进流通业发展的若干意见》,国务院2005年6月颁布,国发〔2005〕19号。

[5]国家标准《物流术语》GB/T 18354—2006,全国物流标准化技术委员会2007年5月颁布。

[6]《关于印发粮食现代物流发展规划的通知》,国家发展和改革委员会2007年8月颁布,发改经贸〔2007〕2136号。

[7]《商务部现行有效规章目录》,商务部2008年3月公布,公告2016年第69号。

[8]《关于印发物流业调整和振兴规划的通知》,国务院2009年3月颁布,国发〔2009〕8号。

[9]《关于推动农村邮政物流发展意见的通知》国务院办公厅转发交通运输部等部门2009年5月颁布,国办发〔2009〕42号。

[10]《关于促进制造业与物流业联动发展的意见》,全国现代物流工作部际联席会议办公室印发2010年4月印发。

[11]《关于印发农产品冷链物流发展规划的通知》,国家发展和改革委员会2010年6月颁布,发改经贸〔2010〕1304号。

[12]《关于加强地沟油整治和餐厨废弃物管理的意见》,国务院办公厅2010年7月颁布,国办发〔2010〕36号。

[13]《关于促进物流业健康发展政策措施的意见》,国务院办公厅2011年8月颁布,国办发〔2011〕38号。

[14]《关于建立完整的先进的废旧商品回收体系的意见》,国务院办公厅2011年10月,国办发〔2011〕49号。

[15]《关于加强鲜活农产品流通体系建设的意见》,国务院办公厅 2011 年 12 颁布,国办发〔2011〕59 号。

[16]《关于印发全国现代农业发展规划(2011—2015 年)的通知》,国务院 2012 年 1 月颁布,国发〔2012〕4 号。

[17]《中共中央国务院关于加快推进农业科技创新持续增强农产品供给保障能力的若干意见》中共中央国务院 2011 年 12 月颁布,中发〔2012〕1 号。

[18]《关于印发"十二五"国家战略性新兴产业发展规划的通知》国务院 2012 年 7 月发布,国发〔2012〕28 号。

[19]《关于深化流通体制改革加快流通产业发展的意见》,国务院 2012 年 8 月发布,国发〔2012〕39 号。

[20]《关于印发服务业发展"十二五"规划的通知》,国务院 2012 年 12 月发布,国发〔2012〕62 号。

[21]《中共中央国务院关于加快发展现代农业,进一步增强农村发展活力的若干意见》,中共中央国务院 2012 年 12 月发布,中发(2013)1 号。

[22]《关于印发降低流通费用提高流通效率综合工作方案的通知》,国务院办公厅 2013 年 1 月颁布,国办发〔2013〕5 号。

[23]《关于印发循环经济发展战略及近期行动计划的通知》,国务院 2013 年 1 月颁布,国发〔2013〕5 号。

[24]《关于加快国际货运代理物流业健康发展的指导意见》,商务部 2013 年 1 月颁布,商服贸发〔2013〕11 号。

[25]《关于进一步降低农产品生产流通环节电价有关问题的通知》,国家发展改革委办公厅 2013 年 5 月发布,发改办价格〔2013〕1041 号。

[26]《关于印发全国物流园区发展规划的通知》,国家发展改革委等 2013 年 9 月颁布,发改经贸〔2013〕1949 号。

[27]《关于印发煤炭物流发展规划的通知》国家发展改革委 2013 年 12 月颁布,发改能源〔2013〕2650 号。

[28]《关于印发物流业发展中长期规划(2014—2020 年)的通知》,国务院 2014 年 9 月颁布,国发〔2014〕42 号。

[29]《关于促进商贸物流发展的实施意见》,商务部 2014 年 9 月,商流通函〔2014〕790 号。

[30]《关于加快发展生产性服务业促进产业结构调整升级的指导意见》,国务

院 2014 年 7 月颁布,国发〔2014〕26 号。

[31]《关于调整铁路货运价格进一步完善价格形成机制的通知》国家发展改革委 2015 年 1 月颁布,发改价格〔2015〕183 号,2015 年 2 月 1 日起实行。

[32]《关于积极推进"互联网＋"行动的指导意见》,国务院 2015 年 7 月颁布,国发〔2015〕40 号。

[33]《关于智慧物流配送体系建设的实施意见》,商务部办公厅 2015 年 7 月印发,商办流通函〔2015〕548 号。

[34]《关于推进国内贸易流通现代化建设法治化营商环境的意见》,国务院 2015 年 8 月颁布,国发〔2015〕49 号。

[35]《关于印发加快海关特殊监管区域整合优化方案的通知》,国务院办公厅 2015 年 8 月颁布,国办发〔2015〕66 号。

[36]《关于促进农村电子商务加快发展的指导意见》,国务院办公厅 2015 年 10 月颁布,国办发〔2015〕78 号。

[37]《关于推进农村一二三产业融合发展的指导意见》,国务院办公厅 2015 年 12 月颁布,国办发〔2015〕93 号。

[38]《关于继续组织实施社会物流统计报表制度的通知》,国家发展改革委 2016 年 1 月颁布,发改运行〔2017〕552 号。

[39]《关于取消一批职业资格许可和认定事项的决定》,国务院 2016 年 1 月颁布,国发〔2016〕68 号。

[40]《关于加强干线公路与城市道路有效衔接的指导意见》,国家发改委等 4 部门 2016 年 4 月发改基础〔2016〕1290 号,自发布之日起实施。

[41]《关于做好现代物流创新发展城市试点工作的通知》,国家发展改革委 2016 年 5 月发布,发改经贸〔2016〕1104 号。

[42]《关于推动电子商务发展有关工作的通知》,国家发展改革委等 7 部门 2016 年 5 月发布,发改办高技〔2016〕1284 号。

[43]《关于转发国家发展改革委营造良好市场环境推动交通物流融合发展实施方案的通知》国务院办公厅 2016 年 6 月发布,国办发〔2016〕43 号。

[44]《关于推动交通提质增效提升供给服务能力的实施方案》的通知,国家发展改革委、交通运输部 2016 年 6 月印发,发改基础〔2016〕1198 号。

[45]《关于转发国家发展改革委营造良好市场环境推动交通物流融合发展实施方案的通知》国务院办公厅 2016 年 6 月发布,国办发〔2016〕43 号。

[46]《国有粮油仓储物流设施保护办法》,国家发展改革委 2016 年 6 月制定,国家发展和改革委员会令第 40 号。

[47] 关于印发《"互联网＋"高效物流实施意见》的通知,国家发展改革委 2016 年 7 月发布,发改经贸〔2016〕1647 号。

[48] 关于印发《中长期铁路网规划》的通知,国家发改委等 3 部门 2016 年 7 月发布,发改经贸〔2016〕1647 号。

[49]《关于加快推进粮食行业供给侧结构性改革的指导意见》,国家粮食局 2016 年 7 月发布,国粮政〔2016〕152 号。

[50]《关于推进改革试点加快无车承运物流创新发展的意见》,交通运输部办公厅 2016 年 8 月发布,交办运〔2016〕115 号。

[51]《关于请组织申报"互联网＋"领域创新能力建设专项的通知》,国家发展改革委办公厅 2016 年 8 月发布,发改办高技〔2016〕1919 号。

[52]《关于印发降低实体经济企业成本工作方案的通知》,国务院 2016 年 8 月发布,国发〔2016〕48 号。

[53]《关于转发国家发展改革委物流业降本增效专项行动方案(2016—2018 年)的通知》,国务院办公厅 2016 年 9 月发布,国办发〔2016〕69 号。

[54]《关于启动实施交通物流融合发展第一批重点项目的通知》,国家发展改革委办公厅等 2016 年 10 月发布,发改办基础〔2016〕2293 号。

[55]《关于推动实体零售创新转型的意见》,国务院办公厅 2016 年 11 月发布,国办发〔2016〕78 号。

[56]《关于开展加快内贸流通创新推动供给侧结构性改革扩大消费专项行动的意见》,商务部等 13 部门 2016 年 11 月发布,商秩发〔2016〕427 号。

[57]《关于清理规范涉及铁路货物运输有关收费的通知》,国家发展改革委 2016 年 11 月发布,发改价格〔2016〕2498 号。

[58] 关于印发《"十三五"长江经济带港口多式联运建设实施方案》的通知,国家发展改革委等 3 部门 2016 年 12 月发布,发改基础〔2016〕2588 号。

[59]《关于进一步贯彻落实"三大战略"发挥高速公路支撑引领作用的实施意见》,国家发展改革委、交通运输部 2016 年 12 月发布,发改基础〔2016〕2806 号。

[60] 关于印发《推动交通物流融合发展近期重点工作及分工方案》的通知,国家发展改革委办公厅等 2016 年 12 月发布,发改办基础〔2016〕2722 号。

[61]《关于全面加强电子商务领域诚信建设的指导意见》国家发展改革委等 9

部门 2016 年 12 月发布,发改财金〔2016〕2794 号。

[62] 关于印发《商贸物流发展"十三五"规划》的通知,商务部等 5 部门 2017 年 2 月发布,商流通发〔2017〕29 号。

[63]《关于继续组织实施社会物流统计报表制度的通知》,国家发展改革委 2017 年 3 月发布,发改运行〔2017〕552 号。

[64] 关于印发《粮食物流业"十三五"发展规划》的通知,国家发展改革委、国家粮食局 2017 年 3 月发布,发改经贸〔2017〕432 号。

[65]《关于加快发展冷链物流保障食品安全促进消费升级的意见》,国务院办公厅 2017 年 4 月发布,国办发〔2017〕29 号。

[66]《关于印发"十三五"铁路集装箱多式联运发展规划的通知》,国家发展改革委等 3 部门 2017 年 4 月发布,发改基础〔2017〕738 号。

[67]《关于促进市域(郊)铁路发展的指导意见》,国家发展改革委等 5 部门 2017 年 6 月发布,发改基础〔2017〕1173 号。

[68]《关于印发 2017 年推荐性物流行业标准项目计划的通知》,国家发展改革委办公厅 2017 年 6 月发布,发改办经贸〔2017〕950 号。

[69]《关于进一步推进物流降本增效促进实体经济发展的意见》,国务院办公厅 2017 年 8 月发布,国办发〔2017〕73 号。

[70]《关于对运输物流行业严重违法失信市场主体及其有关人员实施联合惩戒的合作备忘录》,国家发展改革委等 20 部门 2017 年 8 月发布,发改运行〔2017〕1553 号。

[71]《商贸物流园区建设与运营服务规范》等 17 项国内贸易行业标准,商务部 2017 年 8 月批准,商务部 2017 年第 42 号公告。

[72]《关于积极推进供应链创新与应用的指导意见》,国务院办公厅 2017 年 10 月发布,国办发〔2017〕84 号。

[73] 对《仓储拣选设备管理要求》等 7 项已不适应行业发展需要的推荐性物流行业标准予以废止,国家发展改革委 2017 年 12 月发布,国家发展改革委公告 2017 年第 16 号。

[74] 关于印发《城乡高效配送专项行动计划(2017—2020 年)》的通知,商务部等 5 部门 2017 年 12 月发布,商流通函〔2017〕917 号。

[75]《关于推进电子商务与快递物流协同发展的意见》,国务院办公厅 2018 年 1 月发布,国办发〔2018〕1 号。

[76]《关于做好2018年降成本重点工作的通知》,国家发展改革委等4部门2018年4月发布,发改运行〔2018〕634号。

[77]《关于推进农商互联助力乡村振兴的通知》,商务部2018年5月发布,商建函〔2018〕204号。

[78]《汽车物流统计指标体系》等32项推荐性物流行业标准,国家发展改革委2018年7月公布,国家发展改革委公告2018年第8号。

参考文献

[1] 曹东,赵学涛,杨威杉.中国绿色经济发展和机制政策创新研究[J].中国人口·资源与环境,2012(5):48-54.

[2] 陈宝丹.广东省农产品绿色物流系统构建及其运作模式研究[J].中国农业资源与区划,2016,37(8):198-203.

[3] 陈广仁,唐华军.供应链管理的开放式创新机制:基于物联网的"零边际成本"的理论假设[J].中国流通经济,2017(8):105-115.

[4] 陈维亚,陈治亚.第三方物流企业规模经济的实证研究[J].商业经济与管理,2008(12):17-22.

[5] 邓水兰,温诒忠.我国发展低碳农业存在的问题及对策[J].南昌大学学报(人文社会科学版),2011,42(5):88-92.

[6] 邓小平.邓小平文选:第3卷[M].北京:人民出版社,1993.

[7] 段华薇,严余松,马常松.区域物流中心城市物流系统规划研究:以绵阳市涪城区物流系统概念规划为例[J].物流工程与管理,2014(5):4-7.

[8] 高红贵.中国绿色经济发展中的诸方博弈研究[J].中国人口·资源与环境,2012,22(4):13-18.

[9] 葛学平.美国现代物流发展的三方互动模式研究及启示[J].中国港口,2011(4):60-62.

[10] 郭晓莉,宗颖生.低碳经济下我国农产品现代物流发展对策[J].中国流通经济,2012,26(6):41-44.

[11] 何黎明.中国智慧物流发展趋势[J].中国流通经济,2017,31(6):3-7.

[12] 胡鞍钢.中国创新绿色发展[M].北京:中国人民大学出版社,2012.

[13] 胡国珠,储丹萍,胡彩平.环境成本内部化对我国出口竞争力的影响研究[J].经济问题探索,2010(9):124-128.

[14] 胡锦涛.坚持走中国特色自主创新道路 为建设创新型国家而努力奋斗:

在全国科学技术大会上的讲话[M].北京:人民出版社,2006.

[15] 黄志钢.构建"经济带":区域经济协调发展的新格局[J].江西社会科学,2016(4):39-42.

[16] 江泽民.论科学技术[M].北京:中央文献出版社,2001.

[17] 姜旭.日本物流[M].北京:中国财富出版社,2018.

[18] 李碧珍,林湘,杨康隆.福建省低碳物流发展的实践探索及其模式选择[J].福建师范大学学报(哲学社会科学版),2015(1):36-43.

[19] 李创,高震.我国制造业发展低碳物流之路探析[J].现代管理科学,2017(1):109-111.

[20] 李健,田丽,王颖.考虑非期望产出的区域物流产业效率空间效应分析[J].干旱区资源与环境,2018,32(8):67-73.

[21] 李莉.中国农村逆向物流发展对策研究[J].改革与战略,2015,31(11):90-92,153.

[22] 李文生.珠三角地区区域物流与区域经济协同性研究[J].改革与战略,2016(8):86-91.

[23] 廖福霖.生态文明学[M].北京:中国林业出版社,2012.

[24] 林卿.中国多功能农业发展与生态环境保护之思考[J].福建师范大学学报:哲学社会科学版,2012(6):147-153.

[25] 林坦,刘秉镰.从近年来的基金项目看我国物流的研究趋势[J].中国流通经济,2011(8):31-35.

[26] 刘秉镰,王燕.区域经济发展与物流系统规划[M].北京:经济管理出版社,2010.

[27] 马化腾.分享经济:供给侧改革的新经济方案[M].北京:中信出版社,2016.

[28] 马克思,恩格斯.马克思恩格斯全集:第23卷[M].北京:人民出版社,1972.

[29] 马克思,恩格斯.马克思恩格斯全集:第24卷[M].北京:人民出版社,1972.

[30] 马克思,恩格斯.马克思恩格斯全集:第25卷[M].北京:人民出版社,1974.

[31] 马克思,恩格斯.马克思恩格斯全集:第31卷[M].北京:人民出版社,1998.

[32] 马克思,恩格斯.马克思恩格斯全集:第35卷[M].北京:人民出版社,1971.

[33] 马克思,恩格斯.马克思恩格斯全集:第42卷[M].北京:人民出版社,1979.

[34] 马克思,恩格斯.马克思恩格斯全集:第 48 卷[M].北京:人民出版社,1985.

[35] 毛泽东.毛泽东选集:第 5 卷[M].北京:人民出版社,1977.

[36] 聂正彦,李帅.物流业对我国区域经济增长的影响分析:基于面板分位数回归方法[J].工业技术经济,2015(10):77-82.

[37] 蒲业潇.理解区位基尼系数:局限性与基准分布的选择[J].统计研究,2011,28(9):101-109.

[38] 秦立公,田应东,胡娇.城市低碳物流体系构建及效度测定:以桂林市为例[J].生态经济,2018(3):37-43.

[39] 汝宜红.循环物流系统[M].北京:中国铁路出版社,2009.

[40] 沈玉芳,王能洲,马仁锋.长三角区域物流空间布局及演化特征研究[J].经济地理,2011(4):618-623.

[41] 宋少文.循环物流链风险及其管控模式的建立[J].商业经济研究,2016(7):66-68.

[42] 唐建荣,杜娇娇,唐雨辰.区域物流效率评价及收敛性研究[J].工业技术经济,2018(6):61-70.

[43] 王健,刘丹,魏重德.制造业与物流业联动发展理论与实践[M].上海:同济大学出版社,2010.

[44] 王倩.循环经济与发展绿色物流研究[M].北京:中国物资出版社,2011.

[45] 王伟,封学军,黄莉.区域物流系统演化机理及其布局优化[M].北京:电子工业出版社,2011.

[46] 王宪,毛立群,荣永昌.美国物流的发展及借鉴[J].中国物流与采购,2012(7):72-73.

[47] 王长琼.绿色物流[M].2 版.北京:中国物资出版社,2011.

[48] 习近平.习近平谈治国理政:第 2 卷[M].北京:外文出版社,2017.

[49] 徐娟.湖南省区域物流业发展评价指标体系构建与综合评价[J].商业经济,2017(9):68-69.

[50] 徐寿波."一带一路"大物流战略分析与实施[J].重庆交通大学学报(社会科学版),2016,16(5):1-11.

[51] 徐湘匀.论区域物流规划下的农村物流体系构建[J].农业经济,2018(3):126-127.

[52] 杨浩雄,黎毅.基于博弈论的企业实施绿色物流的动因研究[J].物流技术,2009,28(6):25-27.

[53] 杨蕾,郑晓凤.京津冀都市圈区域物流与区域经济增长关系实证研究[J].物流技术,2012(10):6-8.

[54] 杨南熙,陈思茹,刘德智.可持续视角的区域物流公共信息平台运营模式[J].长安大学学报(自然科学版),2015,35(4):119-124.

[55] 张广胜.物流竞争力对区域经济发展影响机制研究:基于京津冀、长三角、珠三角经济圈实证研究[J].企业经济,2015(8):151-155.

[56] 郑凯,朱煜,汝宜红.低碳物流[M].北京:北京交通大学出版社,2011.

[57] 中共中央宣传部.习近平总书记系列重要讲话读本:2016年版[M].北京:学习出版社,人民出版社,2016.

[58] 中国物流与采购联合会.中国物流年鉴:2011[R].北京:中国物资出版社,2011.